U0502337

纪连海品三国

纪连海·著

东吴卷

中国出版集团有限公司
China Publishing Group Co., Ltd.

现代出版社

图书在版编目（ＣＩＰ）数据

纪连海品三国. 东吴卷 / 纪连海著. — 北京 ： 现
代出版社，2025. 3. — ISBN 978-7-5231-0745-4

Ⅰ. K236.07

中国国家版本馆CIP数据核字第2025R9V453号

纪连海品三国. 东吴卷

JILIANHAI PINSANGUO. DONGWU JUAN

著　　者	纪连海
选题策划	梁　惠
责任编辑	谢　惠
责任印制	贾子珍
出版发行	现代出版社
地　　址	北京市安定门外安华里504号
邮政编码	100011
电　　话	(010) 64267325
传　　真	(010) 64245264
网　　址	www.1980xd.com
印　　刷	三河市宏盛印务有限公司
开　　本	710mm×1000mm　1/16
印　　张	18.25
字　　数	241千字
版　　次	2025年3月第1版　2025年3月第1次印刷
书　　号	ISBN 978-7-5231-0745-4
定　　价	298.00元（全四卷）

目 录

iii

第一章

孙坚：东吴的奠基人，缘何死于无名小卒之手

在三国三大政权的第一任领导人里，曹操（155—220）和刘备（161—223）都经历了艰难的创业打天下的阶段，他们都是"创一代"，只有孙权（182—252）是个幸运儿，他的天下是他的父亲和兄长帮他打下的基础。孙权的父亲孙坚（155—192）是东吴政权的创业元老，那孙坚是如何从无到有创业起家的？

现在，社会上流传着的100个人创业，20%成功、80%失败的"二八现象"，似乎已经成为普遍规律。现代社会如此，汉末三国那个时代也一样，这20%的成功者的代表是刘备和曹操，这80%的失败者的代表是董卓和吕布、袁绍袁术兄弟、刘焉刘璋父子、公孙瓒、刘表等。当然，还有另外一种情况：创业，失败，再创业，再失败，直至成功。这个政权便是东吴。

一、孙坚家世很传奇

在东汉末年群雄争霸的诸侯之中，孙坚是比较特殊的一位。一方面，他在镇压黄巾起义、讨伐董卓等战争中战功卓著，在东汉末年很有名气；另一方面，他是小霸王孙策（175—200）、吴大帝孙权的父亲。因此，史料上关于孙坚的记载相对于其他诸侯而言比较翔实。

陈寿（233—297）的《三国志》对孙坚的评价是："孙坚勇挚刚毅，孤微发迹，导温戮卓，山陵杜塞，有忠壮之烈……然皆轻佻果躁，陨身致败。"

"导温戮卓",是指孙坚劝说张温提前杀掉董卓以免后患,但没能成功。这里,先抛开诸如"勇挚刚毅,孤微发迹,导温戮卓"的优点和"轻佻果躁"的缺点不谈,先看看"有忠壮之烈"这个评价。纵观陈寿《三国志》中对于其他诸侯,似乎还没有人能得到如此高的评价,这说明孙坚的"忠壮之烈"在三国及西晋时期都基本上是得到认可的。东晋南朝裴松之(372—451)在《三国志注》中也说"孙坚于兴义之中最有忠烈之称"。

由此可以看出,在中国古代的史学家眼中,基本上对孙坚的评价都是比较正面的。不过,到了现代,孙坚的形象却发生了根本性的改变,使得对这一人物的评价变得模糊和混乱起来。那么,到底哪一个才是历史上真正的孙坚呢?

这还得从孙坚的家世讲起。如果要了解孙坚其人,那么对其世系、出身做一番了解显然是必要的。但纵观《三国志》全文及裴松之《三国志注》,均未提及孙坚先人名讳、官爵,除了《三国志·吴书·孙坚传》中那一句模棱两可的"盖孙武之后也"之语,孙坚世系几乎无从查考。然而,在与裴松之同时代人物的一些著作中,却记载了一个神秘的种瓜人——孙钟。

据说这个叫孙钟的种瓜人,因为人品好而受到神灵护佑,泽被子孙。但这个种瓜人孙钟的身份,特别是他与孙坚的关系,在诸多作品中说法不尽相同。有说他是"坚之父"的,也有说他是"坚之祖"的,莫衷一是;而古汉语的简洁令这个"坚之祖"的意思不甚明了,究竟是指孙坚的祖父还是指孙坚的先祖,后人各有各的理解。这样一来,孙钟的身份认定,就显得扑朔迷离了。

关于这个种瓜人孙钟,其实还是有一点可以供我们思考的:历史记载为什么非要强调孙坚的祖上孙钟是个"种瓜人"?是不是就意味着孙钟生活的那个年代基本上很少有人会种瓜,以及是不是意味着孙钟给一方的父老乡亲带来了种瓜的手艺呢?如果是的话,孙钟又是跟谁在哪里学的种瓜的手艺呢？再想到孙权的"紫髯"，又会做何联想呢？下面将一一解答。

除了这位叫孙钟的先人，有关孙坚的出身是贫是贱，劳苦大众抑或地方豪强，后人也有不同见解。就这一问题做一考证，这对东吴政权的崛起来说是非常关键的一笔，也可以更深入地了解日后孙坚的所作所为。

要弄清楚孙钟的身份，不妨先看看孙钟与孙坚关系的两种说法均出自何处：

孙钟为"坚之祖"说，见于《宋书·符瑞志上》以及《太平御览·卷五五九》引《幽明录》。《宋书·符瑞志上》的撰者沈约（441—513）是南朝齐梁年间人，而《太平御览》虽然成书于宋代，但所引《幽明录》的作者刘义庆（403—444）却是南朝宋人，比沈约还要早。

孙钟为"坚之父"说，见于刘敬叔的《异苑》和《太平御览·卷九七八》所引《幽明录》以及鲁迅先生所撰《古小说钩沉》。刘敬叔和刘义庆一样，也是南朝宋这一时期的人，而鲁迅的《古小说钩沉》中相关内容则均为辑录或引《幽明录》。

除此之外，一些其他的书中也有类似或相关记载，但或者未言及孙钟与孙坚关系，或者成书年代较晚。总的来说，较为原始的记载基本就出自《幽明录》、《异苑》和《宋书》这三部书。其中，《幽明录》和《宋书·符瑞志上》的记载较为相近，大意都是孙钟种瓜，遇神仙指点，后来"祖坟冒烟"，泽被子孙；《异苑》则略有不同，虽然也是写孙钟种瓜，遇神仙指点，但"祖坟冒烟"的事却改成了孙钟死后神仙暗示孙坚，以及地里冒出沙子，喻指孙坚会做长沙太守。

上述三部书均为南朝时期著作，《幽明录》和《异苑》成书于南朝宋，《宋书》则系二十四史之一，乃南朝梁为前朝宋所撰正史。应该说，三部书的作者与裴松之基本上是同时代的人。于是，难免产生这样的疑问：为什么多部同时代的作品中都有提到孙钟，而裴松之《三国志注》中却不见孙钟的事迹呢?

众所周知,裴松之为《三国志》作注,可谓"不避繁芜,以常理推之"。因此,对于孙钟的故事,裴松之不应视而不见,然而孙钟其人又的确不见于裴注。难道裴松之当真疏忽了?

其实不然。倘若仔细查阅裴松之《三国志注》,就不难发现裴松之实际上是注意到了这个故事的。裴松之《三国志注》不但辑录了这个故事,而且其所注引的记载较之《幽明录》诸书更为原始,之所以没有引起注意只不过是因为其中没有提到孙钟的人名而已。裴松之《三国志注》引韦昭(204—273)《吴书》相关记载如下:

> 坚世仕吴,家于富春,葬于城东。冢上数有光怪,云气五色,上属于天,曼延数里。众皆往观视。父老相谓曰:"是非凡气,孙氏其兴矣!"及母怀妊坚,梦肠出绕吴昌门,寤而惧之,以告邻母。邻母曰:"安知非吉征也。"坚生,容貌不凡,性阔达,好奇节。

虽然《吴书》中没有提到孙钟,但数种说法中差不多都有提到孙家"祖坟冒烟"的事,其中《宋书·符瑞志上》与《吴书》对比,所记部分内容简直一字不差,都写的是"冢上数有光怪,云气五色"。以此推之,诸说应出同源。当然,刘敬叔的《异苑》的记载较为另类,权且不论。

《吴书》的撰写者韦昭是三国时东吴人,比刘义庆等人早了上百年,因而《吴书》所记显然更为原始。但与后世诸说相比,为何《吴书》中只记载"祖坟冒烟"之事,而缺失了孙钟种瓜遇神的故事呢?参考诸说,之所以如此有两种可能:一是根本没有孙钟此人,这个传说的原始形态就是如《吴书》中所记,后世诸说均以此为蓝本进行改造并创作出孙钟这个主人公来;另一种可能是孙钟确有其人,但《吴书》出于立场考虑认为不便直书孙坚祖上是瓜农，故而略去"孙钟种瓜遇神"之事，而只保留了"祖坟冒烟"的故事。

既然诸说同源，而《吴书》最早甚至可能是故事的原始出处，那么我们不妨以《吴书》的记载为基础并参考后世诸说分析一下孙钟的身份，究竟是孙坚的父亲、祖父还是更早的先祖？当然，这个分析的前提是我们认为孙钟确有其人。

按《吴书》所记，在人们发现孙氏"冢上数有光怪，云气五色"之后，"父老相谓曰：'是非凡气，孙氏其兴矣！'"，再后才"母怀妊坚"，于是孙坚出世。所以，这些故事里的"冢"，也就是神仙指点给孙钟的那个葬地，肯定不会是孙坚父亲的，否则父亲已然安葬，母亲何来身孕？这个"冢"，显然是孙氏更早的先人的（至少也得是孙坚祖父的），可以说是孙家的祖坟。但问题在于故事里的那个"冢"，即那个神仙为孙钟指点的葬地到底葬的应该是谁呢？

无非三种可能：孙钟的父亲、孙钟的母亲，或者孙钟本人。

按常理，这个"冢"不应当属于孙钟早已过世、已然入土安葬的父亲（否则就得挖祖坟，迁坟）；而对于父系社会来说，祖宗保佑通常指男性，因此这个"冢"也不应当是与孙钟相依为命的母亲的。说到底，这个"冢"只可能是留给孙钟自己的。关于这一点，《异苑》的记载如下：

> 孙钟富春人，坚父也。与母居，至孝笃性，种瓜为业。忽有三年少容服妍丽，诣钟乞瓜。钟为设食出瓜，礼敬殷勤。三人临去，曰："我等司命郎，感君接见之厚，欲连世封侯，欲数世天子。"钟曰："数世天子故当所乐。"因为钟定墓地，出门悉化成白鹄。一云，孙坚丧父，行葬地，忽有一人曰："君欲百世诸侯乎？欲四世帝乎？"笑曰："欲帝。"此人因指一处，喜悦而没。坚异而从之。可以作为旁证。

《异苑》虽然与《幽明录》所记不尽相同，但明确说了那个葬地是孙钟的，并且孙坚在孙钟的墓地里受到了神仙的指点。因此，我认为，在这个传说的原始版本中，神仙为孙钟指点的葬地应该是给孙钟本人的，如果这个"冢"是孙钟本人的，而前面已经提到那个"冢"从逻辑上不可能是孙坚父亲的，显然孙钟是"坚之父"的说法不能成立。

据此，《异苑》中的故事之所以有异于诸书，极有可能就是由于它在坚持"孙钟是孙坚父亲"和"墓地是孙钟的"这两大前提的同时，无可避免地要面对"冢上数有光怪，云气五色"与"母怀妊坚"之间的逻辑矛盾，故在两难之下不得不进行修正，于是删去了"祖坟冒烟"的故事。

既然"坚之父"的说法在逻辑上不能成立，即孙钟不可能是孙坚的父亲，那么孙钟会是孙坚的祖父吗？这就要从中国古汉语遣词造句的方法说起了。

古汉语虽然简洁，但事实上也尽量避免造成歧义，如在《三国志》和其他古人的著作中，其实都是清清楚楚地写着"祖父"，而并不会将"祖父"略写作"祖"。所以，我认为，"坚之祖"的意思并不是指孙坚的祖父，而应当是指孙坚的先祖。

于是，也不难得出结论：这个传说是讲孙坚的先祖，他因为至孝笃性、乐善好施受到上天的嘉奖，得以泽被后世，自孙坚始富春孙氏逐渐兴旺显达。

尽管孙钟很有可能是孙坚的某个先祖，但由于他实在是寂寂无名，所以无论韦昭修《吴书》还是陈寿作《三国志》，显然都不会有他的位置。这样一来，在修史时，孙坚仍然要面对世系不明的尴尬，并且这个尴尬的问题事实上也终于没能得以解决。面对这个问题，陈寿在《三国志·吴书·孙破虏传》中只是以一句"盖孙武之后也"草草掩过。

所谓"盖孙武之后也"，显然是一种不确定的语气。原因就在于，单就魏晋时期的史料而言，我们确实无法证实孙坚究竟是否孙武之后。不仅如此，除了《幽明录》，绝大多数有关孙钟的传说中都没有提及孙钟系孙武之后。也就是说，在唐以前，人们对孙坚（以及孙钟）与孙武的关系，均持审慎的态度。

从尊重历史的角度讲，陈寿《三国志》对孙坚世系的处理是理智并且负责任的。但在一个有着强烈"祖先崇拜"的传统社会，这显然也是令人遗憾的结果。于是，在之后的岁月中，一件不可思议却又合乎情理的事情发生了：随着时间的推移，特别是到了宋代，孙坚的世系竟然一扫昔日"模糊"的面貌而变得"清晰"起来。

在唐代林宝所撰《元和姓纂》一书中，有关孙氏的资料尚较为原始；但到了宋代，在欧阳修（1007—1072）等人所修《新唐书》的《宰相世系表》和邓名世《古今姓氏书辨证》中，孙家的世系发生了重大改变，不仅孙武的世系变得一清二楚，而且自孙武到孙坚这一段的世系也被修得一清二楚。

这个横空出世的孙姓世系，在其后的上千年中成为主流，虽然历代学者对此均有过这样或那样的意见。但直到近代，随着研究的深入，人们对这个孙姓世系所发出的质疑声才变得越来越大。

质疑的结果是，不仅孙坚与孙武的关系成问题，连孙武本人的身世也大有悬疑，而且孙膑与孙武的关系也是大有疑问的，这些问题至今未有定论。

倘若一定要追问孙坚究竟是不是孙武之后，仍然要回到陈寿那句"盖孙武之后也"来。

按《史记》之说，孙武原本齐人，后为吴将，为吴国兴起立下了大功。除此之外，各种史籍资料对孙武的生平，尤其是他的生前身后并没有太多记载，或许唯一能让人感到些许欣慰的是成书于东汉时期的《越绝书》。

据《越绝书》记载："吴县巫门外大冢，孙武冢也，去县十里。"倘若孙武确实终老于吴，而孙坚恰恰又是吴郡富春（今浙江省杭州市富阳区）人，这的确很容易使人在二者之间产生某种联想。

另外，从现有史料看，在孙武甚至更晚的时期，吴越一带似乎没有其他孙姓氏族。考虑到秦汉时期严格的户籍制度，姓氏迁徙并不是件很容易的事，虽然中原和荆楚地区的孙姓迁入吴越一带的可能性不能说没有，但应该不是特别大，似乎也未见到相关的史料记载。综合多方面来分析，孙坚作为孙武的后人，也是很有可能的。

当然，"可能"终究是可能，面对孙氏源流众多、相关史料又相当匮乏的状况，想在这个问题上做一个明确的判断确实是极其困难的，甚至根本就是一个无法完成的任务。或许正是由于上述原因，陈寿在既无法证实又无法证伪的情况下，只好用了一个"盖"字来表明自己的立场，而"盖"尽管不是很肯定的语气，但表明了作者的一种猜测。尽管已无从知晓陈寿作此猜测的理由，但作为著史者来说，这种猜测绝不会是完全毫无根据的凭空想象。

《三国志》全文及裴松之《三国志注》，均未提及孙坚先人的官爵。裴松之《三国志注》引韦昭《吴书》中说"坚世仕吴"，有人认为这种说法系撰者虚饰之辞而不足为信，但陈寅恪先生却依据自己的考证认为"孙氏为江东地区不以文化见称的次等士族"。

尽管与陈寅恪先生的看法有不尽相同之处，但仍认为陈寅恪先生所论实有阐奥发微之效。孙坚日后得以"少为县吏"，依汉末社会形势看，则其家境应不至于过分微寒，甚至在乡里还应当略有威望，而"坚世仕吴"从另一角度看，正说明孙氏一门未出朝臣大员，至多不过郡县百石之吏。由此来看，《吴书》说"坚世仕吴"则未必虚饰之辞，其遣词用句言简而意赅，诚不失史家风范。

当然，《吴书》中所云"冢上数有光怪，云气五色……坚生，容貌不凡，性阔达，好奇节"之事，则显然是附会神异之说，但考虑到时代特征亦不足为奇。

尽管《吴书》《幽明录》等书记载的有关孙钟的故事，有相当程度的虚构，加之语焉不详能说明的问题很有限，但细细品读后却会发现，其实这类故事恰恰也从某个角度反映了孙坚的家庭或家族背景。

首先，当人们发现孙家"冢上数有光怪，云气五色"之后，乡中父老都说"是非凡气，孙氏其兴矣"，既然说"孙氏其兴矣"，那反过来理解便有之前孙氏未兴之意，正与"坚世仕吴"相符。

其次，种瓜为生，虽然并不显达，但至少还算是良家，并且说到孙钟时差不多都提到他"至孝笃性"。同时，孙钟热情款待幻作凡人的司命，也称得上是"乐善好施"了，这些都是难得的优秀品质，也算是为孙氏的家风作一个注解。

另外，《吴书》说孙坚出生后"容貌不凡，性阔达，好奇节"，似乎又在暗示其性情有异于父亲。这一点从日后孙坚与父亲去钱唐（今浙江省杭州市钱塘区）途中遇到海贼的经历，也能看出些许端倪。在孙坚要求击讨海贼时，他父亲却认为这种事"非尔所图也"，而当孙坚智退海贼并"斩得一级以还"后，其父的反应是"大惊"，这就足以看出两人的个性有较大差异。这样，从孙坚的性情便可反过来推测其父应当是个较为本分的人，这一点从孙坚和他的同胞兄长孙羌的表字就能看出来，前者叫"文台"，后者叫"圣台"，而再拿"文"和"圣"对比一下孙策、孙权名字中的"策""权""符""谋"，这种反差是显而易见的。按《三国志·吴书·孙破虏传》的记载，孙坚智退海贼之后"由是显闻"，说明在此之前孙坚名头不响，而像他这种年纪的青年人，如果是世家子弟则应当是以知书达理而显名的，这就表明孙坚绝不是那种名门望族。

据此判断，孙坚家应当属于当地的富户，受教育程度虽然无法与世族大姓相提并论，但比穷苦百姓又要高出一筹。尽管世代向往着跻身官场，可由于先天不足，只能勉强在基层混个小吏。从《三国志·吴书·孙静传》中"坚始举事，静纠合乡曲及宗室五六百人以为保障，众咸附焉"来看，孙氏族群在当地是有一定的规模的，这可能也是孙家虽然一直没人做大官，但尚能保持"世仕吴"的原因之一。

如果说在孙坚的父辈、祖辈时富春孙氏还只是当地较大、较富庶的族群的话，那随着孙坚的崛起则富春孙氏便逐渐跻身于地方豪族之列了。

二、胆大心细才崛起

孙坚的崛起，还得从他和父亲的一次奇遇说起。

孙坚，字文台，吴郡富春人。据说，孙坚的母亲怀着孙坚时，曾梦见肠子从腹中拖出，并环绕吴地昌门。醒来后，孙母很害怕，便对邻居老太太诉说了此梦。老太太安慰说："说不定还是吉兆呢！"等到孙坚出生，确实容貌不凡。

根据《三国志·吴书·孙破虏传》记载，孙坚少时为县吏，为人非常豪爽。公元172年，十七岁的孙坚随其父一起乘客船从家乡去钱唐办事。他们到达钱唐时，正巧碰到了当地著名的海贼胡玉（既然连姓名也留垂青史，可见不是一般强盗），他领着一帮弟兄抢掠商人财物得手之后正在岸边上分赃。当时，过往的商旅行人一见此情此景都吓得止步不前，过往的船只也不敢向前继续行驶。

孙坚见状，对父亲说："此贼可击，请讨之。"孙父说："非尔所图也。"孙坚没有听从父亲的忠告，马上提刀大步奔向岸边，一边走还一边用手向东向西指挥着，好像正分派部署众人对海盗进行包抄围捕似的。海盗们远远望见这情形，错认为官兵来缉捕他们，遂惊慌失措地扔掉财货四散奔逃。孙坚不肯罢休，追杀一海盗后得胜而回，其父大惊。孙坚却因此声名大振，一举被吴郡太守看中，召其代理校尉之职。不久，声名大振的孙坚升任县丞。

还是在公元172年，东汉发生了一件对于孙坚来说非常大的事件，尽管当时可能连孙坚自己也没有意识到。这一年，在会稽（今浙江省绍兴市）称"越王"好几年的许生继任许氏家族新的家族首领。许生显然不满足"越王"的称号，改称"阳明皇帝"，并且与其子许韶一起在老巢句章（今浙江省宁波市江北区）煽动诸县起兵，居然也有了不小的声势，叛军有上万人之多。

此时，已经升为会稽郡邻郡吴郡司马（其实就是郡尉）的孙坚坐不住了，他迅速招募了千余吴郡"精勇"，和扬州的官军、会稽的官军一齐投入了平乱之战。很快，许生的造反就被镇压了。

关于这件事，《三国志》里记载得很简单。不过，对于孙坚来说，这件事情却是非常重要的，尤其是对于后来建国的东吴国中吴郡和会稽两郡的尖锐矛盾来说更是如此。

从历史上来看，会稽郡的许氏家族应该是属于地方的豪强。东汉末年，中央政府和地方豪强为了争夺廉价劳动力矛盾非常大，许氏家族的造反就是其极端表现之一。孙坚率领的吴郡"精勇"在参加这场战争的同时，对于会稽郡的其他地方豪强（比如当地最有势力的周家，代表人物为周昕、周喁、周昂三兄弟）也有严重的冲击。这些吴郡"精勇"在会稽除了平乱，还应该会做很多诸如烧杀抢掠的勾当，这从孙坚的为人来看是极有可能的！

这从孙坚向其妻吴夫人逼婚一事可见一斑。吴郡的吴家是同郡豪强，但孙坚因垂涎美女吴氏的美色，连"兔子不吃窝边草"的原则也抛弃了。结果，吴郡贵族吴家由于害怕孙坚，还是把美女吴氏嫁给了孙坚。当然，吴氏的因祸得福则是后话了。

孙坚既然对同郡豪族都不会手软，何况对邻郡的豪族，更何况其有造反的嫌疑，而他自己却是堂堂中央政府军的"司令官"之一。

不久，孙坚在会稽的行动，导致了会稽豪强对孙氏家族的强烈不满，这种不满情绪一直持续到东吴灭亡。

　　再说得胜而回的孙坚虽然受到了扬州刺史臧旻的表彰，可是好像并没有升官，而且还被调出了吴郡，甚至调出了扬州（其实，这很容易理解。当时，会稽豪强代表周氏三兄弟是属于官家的——当然，其势力远没有之后那么大，否则孙坚应该就消失在《三国志》里了——在他们的授意下，孙坚被远调是很正常的）。从此，一直到死，扬州在孙坚的政治、军事生涯中消失了，因为孙坚走向了新的人生道路。

　　孙坚被调出扬州后，最早担任的是徐州广陵郡盐渎县（今江苏省盐城市）县丞。这里值得我们注意的有以下两点：

　　第一，尽管孙坚被迫离开了家乡，可他在家乡的弟兄们（其实就是当地的小混混，他们中的主力就是前文所说的吴郡"精勇"）有相当一部分人跟了过来，这些人成了日后孙坚赖以起家的基本力量。所以说，被调离吴郡扬州之后，孙坚的地方政治力量被严重削弱，可是他的军事力量仍然被保存了下来。

　　第二，孙坚在治理盐渎县期间兴利除害，深受百姓的爱戴。据《盐城县志》记载，孙坚在家宅前开挖了一口深井，其父也在这一带开辟田地用井水种瓜。

　　有一天，孙坚在瓜井旁遇一白发老人，老人说："孙公首饮龙泉，来年必生龙子！"说完老人就不见了。第二年，孙坚的妻子就生了第二个儿子，取名时孙坚想起了白发老人的话，心想此子今后必掌大权，便取名孙权。古时"盐城八景"之一的"瓜井仙踪"，就指这口"井深水甜，大旱不涸"的古井。

　　孙坚任满离去，后来又起兵入吴，再后来孙权自立为吴王。这样，孙家发祥的故居和瓜井，被人们称为"真龙地"。明万历年间，盐城知县杨瑞云有《经孙司马坚故居二首》，其一曰："风景萧萧起暮愁，英雄去矣地还留。中原当日悲刘氏，建业行看有仲谋。近海鱼龙千叠浪，西风葭苇满城秋。只今吊故凭词赋，不尽凄凉对古邱。"清人刘沁区也有一首《瓜井》诗说："苔荒石礅古城隅，百丈何年断辘轳。秋圃纵横双鹤眇，灌蔬人尚说孙吴。"当年的古井遗迹，至今仍存在盐城中学的校园内。

几年后，孙坚又被调到下邳国担任盱眙县（今江苏省盱眙县）县丞，不久又被调为下邳县（今江苏省邳州市）县丞。虽说基本上是平级调动，可究竟也是从穷县往富县方向发展，那个下邳就是下邳国的首县。可以说，这十多年中，孙坚历任三县县丞，所到之处甚有声望，官吏百姓也亲近顺服；同他往来的人既有乡里耆旧名人，也有任侠好事的少年，而孙坚对他们像对待子弟、亲友一样抚养和接待，尽心尽力。

公元184年，经过多年在徐州边远地带的平淡生活后，孙坚的命运终于出现了转机——因为就在这一年，黄巾起义爆发了。

黄巾起义爆发之后，因为中央政府军实力实在太弱，所以不得不从地方上筹军。其时，身为下邳县丞的孙坚被朱儁征为佐军司马参战。朱儁是何许人也？为什么非得点名要孙坚帮助他呢？

那就要了解一下朱儁其人。

朱家在江东为四大姓之一，是江东最有势力的豪族，但朱儁的家则不属于豪族之列——因为他的家真的不属于富户之列。

朱儁，字公伟，是会稽上虞（今浙江省绍兴市上虞区）人。朱儁早年的生涯和刘备差不多，也是幼年丧父，随母以卖缯帛为生。朱儁因孝养母亲而远近闻名，得任县门下书佐。尽管朱儁的家境不富裕，但朱儁还是以"好义轻财"而著称，乡里都敬重他。此时，同郡人周规被公府征召做官，临行时借郡库钱百万，充当整备冠帻的费用。后来，郡中督责讨要，周规家贫偿还不了，十分窘迫。朱儁就把母亲经营贩卖的缯帛偷出，为周规还清了债务。朱母失去产业，深恚责之。朱儁却说："小损当大益，初贫后富，必然理也。"结果，朱儁的行为被上虞县长度尚（117—166）看中，度尚把朱儁推荐给会稽郡守韦毅，于是朱儁开始在郡中任职。后任太守尹端又任用朱儁为主簿，一时间其成为一郡的红人。

公元172年，许生在会稽造反，吴郡的孙坚率兵来到会稽作战，而朱儁此时应该与他有过接触，可能两人应该还挺合得来。后来，尽管孙坚在客地犯下许多触及当地豪族的恶行，可是由于朱儁并非当地豪族，所以对此并不是很在意。公元173年，尹端在讨伐许生的儿子许昭时大败，被州牧举奏，应问斩刑。朱儁悄悄到京师，花费数百金买通主持章奏的官员，把州牧的奏章加以改动，于是尹端才得输作左校（服劳役，是东汉朝廷对犯罪官员的一种惩罚）。尹端见罪过减轻大喜，但心中疑惑，不知为何得减罪过。当然，朱儁也始终没对人提起过。

尹端被调职之后，下一任太守徐珪荐举朱儁为孝廉，后又把他推荐做东海国任兰陵县（今山东省兰陵县）县令。这时，朱儁和孙坚同在徐州地区，应该又有了不少接触。

朱儁为官，有过人的才能，东海相又上表推荐。此时，正好交趾（一作交阯，今越南河内）群盗并起，州牧、郡守软弱无能，不能禁止。另外，交趾梁龙率众万人，和南海（今广东省广州市）太守孔芝一起反叛，攻破郡县。公元178年，朝廷便任命朱儁为交趾刺史——朱儁以区区一介县令被拜刺史，看来史书多半漏记了朱儁五六年的官宦生涯。

朱儁受到任命，回到本郡检选家兵，调发士众，得五千人，分两路直奔交趾。到州界后，朱儁整束兵众，屯驻不动，派使者到南海郡察看虚实，宣扬威德，以震慑敌人之心。接着，调集七郡兵士，一齐进逼，终于在公元181年斩杀了梁龙，逼降几万人，旬月之间州郡平定。朱儁以少胜多，平定交州七郡，展现了他优秀的军事才能。由于仅历时半月就平定了上万人的叛乱，朱儁受到东汉朝廷的高度赏识，被封都亭侯，食邑一千五百户，赐黄金五十斤，并征他入朝任谏议大夫。

公元184年黄巾起义爆发，作为讨伐黄巾起义军的两位将帅之一，朱儁奉命镇压黄巾军中的波才部。朱儁一下子就想到了当年在会稽并肩作战的老战友孙坚，遂请他出山，而孙坚也立马就答应了。孙坚除了带上本郡的兄弟们外，还在当地招募了不少士兵（其中包括后来的东吴第一武将、当时流寓淮泗的程普），共计千余人，随同朱儁出征。

在征讨黄巾军的过程中，孙坚随朱儁参与镇压黄巾起义，为佐军司马。《三国志·吴书·孙破虏传》中说，孙坚"与儁并力奋击，所向无前"。

孙坚作战悍猛，他带兵打仗也很有自己的特色。孙坚虽然身为将领，但打仗时特别喜欢一马当先冲在最前面，非常剽悍，经常将生死置之度外。可以说，孙坚把亲力亲为、身先士卒做到了极致。

一次，孙坚率兵追击黄巾军，打到距鸿沟不远的西华县（今河南省西华县），因乘胜追敌、单骑深入而身受重伤，从马上摔了下来，随时有生命危险。为了保命且不被敌人发现，孙坚卧在草丛里一动不动，属下怎么找都找不到他，好在最后"马驰还营，踣地呼鸣，将士随马于草中得坚"。十几天之后，伤势略好的孙坚再度带兵出征，"身当一面，登城先入，众乃蚁附，遂大破之"。此战过后，朝廷升任孙坚为别部司马。

孙坚作为一个军事将领有着自己鲜明的特点，他指挥作战从来都是冲在队伍的最前面，没有说让弟兄们出去厮杀而自己却躲在大后方的。打仗这件事，孙坚从来都是身先士卒。不仅如此，孙坚还经常单枪匹马深入敌军阵营，以至于总是把自己置于危险地带，而别人看他像个亡命之徒，一看就是不好惹的，气势上自然也要输一分。这跟"穷寇莫追"是一个道理，别人跟你拼命的时候，你是不敢跟他打的。我们现在都知道江东水军作战能力很强，陆军作战能力不行，但其实在孙坚打天下的时候，江东的陆军也是很强大的，颇有一点"官匪"之气，而这都是受孙坚的影响。

如果将之放到现在的商业战场上来看，孙坚就是那种想好了就豁出去干的人：业务能力强，做事效率高，指哪打哪、冲锋陷阵、敢为人先，从来没有犹豫和退缩。在平定叛乱这件事情上，孙坚也表现出了跟其他将领完全不一样的作风：当时，朝廷对行政区域的划分有清晰的界限，地方官只能管自己的辖区，其他地方你管不着。这就导致什么问题呢？由于当时各地叛军基本都是连州跨郡的，除了朝廷出马，各个地方的官员都是"各扫门前雪"，互不干涉。但是孙坚就不一样了，他身为一个小小的地方官，没有被自己的地位限制住，而是眼观全局、心系天下，看到隔壁州郡出问题就二话不说地冲过去帮忙，不管这地盘是不是自己的，也不管这事跟自己有没有关系。

黄巾起义平定后不久，凉州的边章、韩遂造反，中郎将董卓前往抵御讨伐，未见成效。公元186年，朝廷派司空张温代理车骑将军，西讨边章等乱兵。可能也是出于朱儁的力荐，或者孙坚曾与张温有过交情，张温让孙坚屯长安，留守关中。

张温率部驻扎长安，用诏书召见董卓，但董卓拖延时间，过了好半天才来。张温责备董卓，他应对时又出言不逊。当时，孙坚正好在座，见此情形便走到张温旁边跟其耳语，劝他诛杀董卓。孙坚说："明公亲率王兵，威震天下，何赖于卓？观卓所言，不假明公，轻上无礼，一罪也。章、遂跋扈经年，当以时进讨，而卓云未可，沮军疑众，二罪也。卓受任无功，应召稽留，而轩昂自高，三罪也。古之名将，仗钺临众，未有不断斩以示威者也。是以穰苴斩庄贾，魏绛戮杨干。今明公垂意于卓，不即加诛，亏损威刑。于是在矣。"张温仍然不肯采取行动，对孙坚说："君且还，卓将疑人。"

边章、韩遂听说张温大军将至，手下的乌合之众马上星落云散，请求投降。这样，张温未动一兵一卒即凯旋班师。朝廷因为张温的部队未同敌人作战，也就没有对张温评功论赏，但孙坚被拜为议郎。此时，长沙的区星又造反了，于是孙坚被任命为长沙太守，南征。此后，孙坚的人生又翻开了新的一页。

公元187年，长沙人区星起义，自称将军，聚众一万多人，攻围城邑。朝廷任命孙坚为长沙太守，前往剿灭。孙坚到郡，检选循吏，使之治民，并且明白交代："谨遇良善，治官曹文书，必循治，以盗贼付太守。"孙坚说到做到，立即率领将士谋划方略，仅一个月的工夫就打败区星，郡中震服。

当时，周朝、郭石等人也在零陵（今湖南省永州市零陵区）、桂阳（今湖南省郴州市）一带起义，与区星遥相呼应。孙坚就越过郡界前往征讨——当然，这在当时是不为中央政府所允许的——结果获得胜利。这样一来，三个郡都得到了平定，秩序井然。

据《吴录》记载，庐江太守陆康（126—195）的侄子当时任宜春县（今江西省宜春市）县令，被敌兵所攻，派人向孙坚求救。主簿劝孙坚不要越界征讨，孙坚回答："太守无文德，以征伐为功，越界攻讨，以全异国。以此获罪，何愧海内乎？"于是，孙坚整顿部伍，起兵驰援。敌人听说孙坚要来，闻风逃遁。此后不久，朝廷封孙坚为乌程侯。

从政治角度上来说，孙坚这种做法其实非常危险，因为他是带着军队在别人的地盘上打仗，不管去到哪里对别人来说都是威胁，很容易引起冲突，但是他完全不管这些。

由此可以看出，比起安守本分做官，孙坚更喜欢随性而为，路见不平拔刀相助。就说长沙太守一职，那可是地方最高行政长官，但是孙坚对自己的规划只有领兵打仗，也觉得自己的职责就是带兵打仗，其他的治理郡务的事儿都跟他没关系。

在官僚体系内，孙坚不是完全遵守规矩的那种人，还保留着草莽英雄的气概：做事情就是不管什么规章制度，甭管我是怎么办的，只要能办成就算我厉害。所以，孙坚的做事风格也受到了当时很多士族阶层的唾弃，他们都把孙坚的所作所为看作是野蛮行径，正规军队不会做这种越矩的事情。

孙坚在作战方面非常专业，是个出色的军事将领，但就是没什么政治头脑，想得比较简单。为什么说他想得简单呢？第一，他为了达成目的而罔顾军纪跨境作战，很容易得罪别人。第二，他这种做法完全脱离于官僚体系，对于官僚士族阶级来说就是个异类，很容易被士族阶级排斥在外。这就像在创业的过程中，无论干哪一行总免不了要跟这个圈子上下游形形色色的人打交道，如果为了自己方便舒坦得罪了相关的利益群体，那就很难在这个圈子里混下去。

好在孙坚在平定叛乱这件事上虽然铤而走险，但也取得了胜利，立了大功，帮朝廷解了燃眉之急，因此朝廷自然也就不说什么了。此后不久，朝廷封孙坚为乌程侯，加官晋爵。孙坚这次出兵庐江，最大的收获应该是结识了当地的豪族周家——当然，那时他不可能意识到庐江周家对他后继者的帮助竟会有那么大。

此后，孙坚开始从一个小将领逐渐发展成为割据一方的诸侯。孙坚这个人胆识过人、身先士卒、一心作战，这些都是他很好的品质，也是他在乱世中脱颖而出的关键。但是，物极必反，恰好是这些品质成了限制孙坚最大的瓶颈，也是他最终英年早逝、无法继续完成更大的事业版图的最关键原因。

孙坚跟刘备不一样，刘备是个有政治抱负的人，但是孙坚没有。孙坚作为草莽英雄，带兵打仗很厉害，也很爱国，一腔热血匡扶汉室，但他跟刘备最大的差别在于，他没有政治敏感度，更加没有政治抱负，没有远大的目标，难成大事。

三、征途漫漫先锋路

转眼间就到了公元189年，汉灵帝刘宏（157—189，168—189年在位）驾崩，大将军何进与十常侍争权同归于尽，董卓废汉少帝刘辩（173/176—190），改立陈留王刘协（181—234，190—220年在位）为帝，掌握朝中大权，在京城横行跋扈、恣意妄为。董卓的倒行逆施，引起了官民强烈反对，天下诸多州郡纷纷兴兵讨伐。

起初，议郎杨勋与左将军皇甫嵩秘密商议准备共同讨伐董卓，只是后来由于皇甫嵩被征调，杨勋势单力薄，才就此罢休。公元190年，冀州刺史韩馥、兖州刺史刘岱、南阳太守张咨和袁绍等十余人都纷纷起兵反对董卓，从此便掀起了大规模持续反抗董卓的斗争浪潮。

别人都已经开始反对董卓的残暴统治了，孙坚如何呢？

孙坚闻知董卓专权的消息之后，拊膺长叹："如果当年张温听了我的话，朝廷哪会有这场浩劫！"

就在天下诸多州郡纷纷兴兵讨伐董卓之际，孙坚也参与其事。

孙坚在创业初期干活很卖力，事事亲力亲为，也信奉"强者生存"的丛林法则，全靠武力解决问题。当时，这本来也没什么问题，但问题出在哪里呢？出在孙坚的队伍里。孙坚在北上讨伐董卓的时候加入了袁绍组织的讨董联盟，但讨董联盟的各路诸侯表面上是讨伐董卓、兴复汉室，实际上都各怀鬼胎，对大汉江山虎视眈眈。这也是讨董联盟注定失败的原因。自古以来，联盟都难以成功，因为大家的目标和利益不一致。

孙坚作为讨董联盟的一股强大势力，此时的他已经到了创业的第二个阶段——要给自己打天下、攻城略地了。但是，孙坚并没有意识到自己角色的转变，还是把自己定位成一个带兵打仗的将领，只知道打打杀杀而缺乏大局观，这样就导致了他最终以失败收场。孙坚失败的原因，总结起来主要是以下三点：

第一，得罪了不该得罪的人。孙坚在北上讨伐董卓的过程中，人挡杀人，佛挡杀佛，得罪了很多地方士族，最终辛苦打下的江山自己守不住，白白给别人做了嫁衣。

孙坚参加讨董联盟后干的第一件事不是和董卓集团开战，而是兵到荆州把矛头指向了同为讨董集团的荆州刺史王叡和南阳太守张咨。

早在孙坚平定荆南时，王叡就和孙坚打过交道。应该说，当时王叡和孙坚是并肩作战的战友（其实，当时刺史和太守的官阶是一样的，当然前者的社会、政治地位更高些，不过军事地位还不一定），可是王叡却很看不起孙坚，而且还是明着看不起。为什么呢？

话说在后来的晋朝以至更后来的南朝，王家都是数一数二的名门望族，而开创王家发达史的第一人是王祥，其伯父则是王叡。在当时，王叡属于一流名门，不免有些矜气，而孙坚属于暴发户，以军功立足，根本没有政治背景。这样一来，王叡轻视孙坚是理所当然的，而以孙坚的脾气来讲是一定会记仇的。所以，孙坚在当时就已经有了杀意，而这时时机成熟，报复的机会当然不容错过。于是，借着北上的机会，孙坚"过杀之"。

按理说，孙坚是长沙太守，王叡是荆州刺史，即便孙坚要杀王叡也不是一件容易的事儿。为什么孙坚不费吹灰之力就把王叡砍了呢？这里，就要介绍到一个名字叫作曹寅的武陵（今湖南省常德市）太守。

武陵太守曹寅与王叡也有着尖锐的矛盾。在荆州军准备北上讨伐董卓时，王叡曾扬言要杀曹寅，曹寅当然很害怕，当即先发制人，假冒案行使者、光禄大夫温毅的檄文下达给孙坚，檄文中数说王叡的罪过，命令孙坚将其处死。孙坚领受檄文，立即起兵前往。

王叡闻知有军队到来遂登楼观望，并派人询问这些士兵来此的意图。孙坚的前部回答："我们长久奔波在外，劳苦不堪，所得的赏赐还不够做衣服呢！这次来，不过是想请你开恩再赏些财物。"王叡信以为真，说："这有何难，我做刺史的难道还会吝啬吗？"当下传令打开库藏，让兵士们自己进去看还有什么东西可资用度。等到来兵涌到楼下，王叡才发现了孙坚，大惊，忙问："士兵们自来请求赏赐，孙府君怎么也在这里？"孙坚回答："奉案行使者檄文，特来取你的首级。"王叡又问："我犯了什么罪？"孙坚回答："坐无所知！"王叡走投无路，刮金饮之而死。

但令人奇怪的是，孙坚在杀了荆州刺史王叡后，不仅没有控制荆州这个历来的兵家必争之地，反而是继续北上荆州最北面的南阳郡（今河南省南阳市）。在南阳郡，孙坚又杀了荆州南阳太守张咨。其结果是荆州反被刘表（142—208）乘虚而入，孙坚不但要在不久以后再打荆州，而且最后还在这里丢了性命。

可是，孙坚为什么非得要在杀了王叡之后又再度开杀戒，一举除掉了荆州南阳郡太守张咨呢？

话说孙坚按着北上计划到达了荆州最北面的南阳郡，可是当地太守张咨却没有任何表示欢迎的举动，而其原因当然很容易理解。

豫州人张咨和王叡一样属于外乡贵族，两人之间的关系应该还可以。孙坚杀了王叡，张咨当然心里不太乐意，所以对孙坚爱搭不理的。另外，张咨也有这个资本。在东汉，南阳不但是帝乡，还是著名的繁华地区，而南阳太守在当时几乎和刺史、州牧的地位相当，他当然有理由小看孙坚了——虽然后者在荆南有着不一般的根基。

孙坚逼杀王叡之后，引军到达南阳。孙坚发公文给南阳太守张咨，请他供应军粮。当时，孙坚部下已有数万人，袁术也已上表奏请以孙坚为假中郎将。张咨问属下应该如何对待，属下说："孙坚不过是邻郡的一个太守，他无权调发我们的粮饷。"张咨认为言之有理，于是对孙坚不加理睬。

孙坚以牛酒为礼物去拜访张咨，张咨第二天只好也来答谢。孙坚设宴款待，酒酣，孙坚的主簿进来禀报："前移南阳，而道路不治，军资不具，请收主簿推问意故。"张咨见势头不好，想要离去，但四周已布满士兵，根本无路可走。一会儿工夫，主簿又进来向孙坚请示："南阳太守稽停义兵，使贼不时讨，请收出案军法从事。"等主簿说完，孙坚便令部下将张咨推出军门斩首。对此，南阳郡府官员大为震惊。

孙坚身为朝廷将领，打着北上讨伐董卓的名号，到一个地方便杀一个朝廷命官，杀完又风风火火地去下一个地方继续。这跟强盗土匪有什么区别呢？所以，孙坚这一路上虽然所向披靡，但是军队口碑非常差，各地军民都闻风丧胆，地方的世家大族也嗤之以鼻，老百姓更是惧怕他们——大家都担心孙坚会不会耍手段杀掉自己。于是，孙坚的部队所过之处再也没有谁会打开城门欢迎他们，也再没有谁会送给他们粮草。没了粮草，孙坚的军队自然寸步难行。

此时，孙坚再度犯了一个错误：杀了南阳太守张咨后，他却没有占南阳为己有，反被袁术做了南阳太守，这样他的粮草供应就要依赖袁术。

孙坚为什么会这样呢？

这是因为孙坚根本就没有想过像其他诸侯一样占地为王、逐鹿中原，或者说孙坚根本就没有这样的政治眼光和头脑。孙坚似乎就是为战争所生，所以对任何阻挠他去参加战争的人或者事都不能容忍。会稽郡平叛，孙坚勇往直前，得罪了当地及邻郡的各大豪族却浑然不知；长沙郡区星作乱，朝廷任命孙坚为长沙郡太守，孙坚一月之间便消灭了区星；周朝、郭石等人率众在零陵、桂阳起事，孙坚越郡讨击，三郡肃然。

孙坚平乱，可谓迅雷不及掩耳般干净利落，却又违反了朝廷法令。南阳太守张咨不肯给军粮，影响了孙坚讨伐董卓、光复汉室的宏愿，孙坚毫不留情地把他杀了。武陵太守曹寅伪造案行使者光禄大夫温毅的征讨文书送给孙坚，历数王叡的罪状并命令孙坚捉拿，孙坚想也不想就执行了；而当王叡问及理由时，孙坚的回答却是："因不知罪而获罪。"由此可见，不但王叡到死都没弄明白因何被杀，就连孙坚也不清楚事情的原委。

当然，这个时候的孙坚也知道自己在荆州已经快待不下去了，因为他在荆州地区已经是连杀两员朝廷任命的高级官员。在荆州人看来，孙坚简直太残忍了。继续北上行不行呢？也不行，毕竟孙坚杀的两个人也是山东官僚集团里的大人物！不过，事情在一个人出现后发生了转机，那个人就是袁术。从此，直到孙坚三十七岁去世，袁术都一直影响着他。

公元190年，孙坚以长沙太守的身份，借着讨伐国贼、兴复汉室的口号在荆南起兵。北上路途之中，孙坚先后杀掉了与自己有宿怨的、同为山东大官僚集团领导人物，即当时分别担任荆州刺史和南阳太守的王叡、张咨。

孙坚的举动遭到了绝大部分山东官僚集团上层人物的反对，但这时他已经有些走投无路了。很显然，以孙坚自己的实力是不可能一统荆州的，连回到家乡的实力也有些不够，况且又遭到当时盟军的敌视——处境可见一斑。

孙坚丢了自己的大本营，下一步该怎么走呢？这就要说到孙坚创业失败的第二个原因，那就是投靠错了人。

一个人自己的能力再强大，一旦找错合作伙伴那也是白搭，不管干活多卖力、业绩多好都不可能成功。孙坚就是这样一个找错了合作伙伴的人。

董卓提议废立皇帝的时候，袁绍就跟董卓翻脸走人，袁术也因为担心董卓牵连到自己逃往南阳郡投靠了南阳太守张咨。后来，张咨被孙坚给杀了，身为荆州太守的刘表就顺水推舟上表朝廷提拔袁术为南阳太守。这样一来，孙坚的大后方荆州被刘表夺去了，刚占领的南阳又迎来了新主人，可真是竹篮子打水——一场空。这就是孙坚莽撞行事需要承担的后果。

这时，按常人理解，孙坚的出路应该是投奔董卓，可是孙坚又不行。孙坚和董卓的关系，犹如赵云和袁绍的关系，两人是不可能走到一块的。当然，和赵云、袁绍比起来，董卓对孙坚还是不错的。不过，当时的董卓没有趁机笼络孙坚，而是起用了当年的"党锢名士"刘表出任新的荆州刺史。另外，为了安抚已经自愿流亡在南阳郡鲁阳（今河南省鲁山县）的袁术，董卓任命他为南阳太守——这对孙坚来说很有点为他人作嫁衣裳的味道。

没办法，孙坚经过深思熟虑，决定投靠驻守在南阳的袁术。袁术看中了孙坚过人的胆识和丰富的作战经验，很爽快地接受了孙坚，同时立马提名表奏孙坚为破虏将军兼领豫州刺史（豫州的大部在当时还不是袁术的控制区，实际上孙坚担任的是袁术的"征豫将军"）。于是，孙坚就在鲁阳休整部队，厉兵秣马，准备战斗。

然而，投靠袁术是孙坚人生中最大的败笔。为什么这么说呢？因为袁术不但不是君子，而且是孙坚一生中最大的小人。

随后不久，孙坚就干了一件非常漂亮的事情——温酒斩华雄！可《三国演义》中不是说关羽温酒斩华雄吗，怎么就成了孙坚温酒斩华雄了呢？

话说公元190年冬，在鲁阳稍事休整后，孙坚便想进军讨伐董卓。当然，"兵马未动，粮草先行"，孙坚已筹划让长史公仇称先源源不断地运送军粮。

时值隆冬季节，天寒地裂，外出押运粮草太辛苦了。为此，孙坚特意在鲁阳城东门外拉起帐幕，摆下酒席，欢送公仇称。一时间，箫管齐奏，斗酒不停，众官员全聚会在台上，众士兵威严地排列在台下。

谁知，董卓听说孙坚要起兵讨伐他，马上派手下大将胡轸率领步兵骑兵几万人突然开到鲁阳城前，将鲁阳城围得密密匝匝，摆出一副马上要攻打孙坚并志在必胜的模样。此时，军情十万火急。

但此时的孙坚正和部属饮酒谈笑，而胡轸的先遣骑兵已突然袭来。大敌当前，众官员呆若木鸡，惶惑地看着孙坚；重兵压境，士兵们惊慌失措，迷茫地望着孙坚。孙坚命令部队整顿阵容，不得妄动，而他自己则饮酒谈笑自若。敌人的骑兵越来越多，孙坚这才慢慢起身离开席位，引导将士们有条不紊地进入城内。孙坚对部将们说："向坚所以不即起者，恐兵相蹂藉，诸君不得入耳。"胡轸见孙坚兵马整齐、纪律严明、斗志旺盛，不敢攻城，撤兵离去。

孙坚不战而屈人之兵，显示了其善于用兵的胆略和才能。

公元191年春，孙坚继续北上，第一站是向豫州梁东（今河南省伊川县）进发，辗转攻打洛阳。不料，被董卓部下徐荣、李蒙率军包围，豫州兵全军溃败，孙坚和十几个骑兵突围逃出。

在梁东突围时，由于形势紧张、情状狼狈，孙坚只好脱下平日常戴的一顶赤罽帻（毛织物制的头巾），让亲信部将祖茂戴上以吸引敌人。董卓骑兵以为戴赤罽帻的是孙坚，纷纷前往追逐。孙坚这才有机会从小道逃出重围。祖茂被追兵搞得狼狈不堪，几乎无路可走。后来，祖茂心生一计，跳下马来把赤罽帻蒙在坟墓前的一根烧柱上，自己则伏在草丛中不动。董卓的骑兵远远看见赤罽帻，以为孙坚在此，便将这地方层层包围起来，走到跟前才发现哪有什么孙坚，只是个烧柱而已。这才撤兵离去。

孙坚遭此大败，几近丧生，但并未灰其心志。随后，孙坚一路收集散兵，进占阳人城（今河南省汝州市西），严加戒备，准备伺机再战一雪耻辱。董卓立即派胡轸、吕布带领五千人马，前往迎击。

四、江东猛虎死得奇

按理来说，胡轸、吕布率领的军队军力显然比上次梁东会战时要强，而孙坚手里的不过是些败军和新兵，军力与上次比要弱。这样的情况下，孙坚是必败的。可是，就是这场人人都认为孙坚必然会输掉的战斗，孙坚居然赢了，而且赢得非常漂亮。这是怎么一回事呢？话还要从胡轸、吕布二人的严重不和谈起。

在董卓军中，一直存在着并州派和凉州派的矛盾。这次董卓派军迎击孙坚的两位大将——统帅胡轸属于凉州派，而副帅吕布则属于并州派。正是因为胡、吕二人的不和，才给孙坚以可乘之机。

事情的经过是这样的：董卓听说孙坚进占阳人城，立即派胡轸为大都护、吕布为骑督带领五千人马，前往迎击。胡轸性急，出兵时预先扬言："这次去，要当斩一青绶，部队才会整齐纪律。"诸将听胡轸这样说，心中颇为不快。

这里要注意，所谓"青绶"是指系官印的青色丝带，也借指官印本身。在古代，青绶是官员身份的象征，不同级别的官员佩戴的绶带颜色和质地有所不同。在汉代，佩绶制度非常详细，规定了不同级别的官员应佩戴的绶带颜色和质地。例如，汉高祖时期，三公为金印紫绶，而御史大夫、九卿和二千石以上官员则为银印青绶。青绶的颜色呈紫青色，既体现了古代对色彩的审美，也象征着佩戴者的身份和地位。

部队行至广城（今河南省汝州市西），离阳人城还有几十里。此时，天色已经很晚了，兵马劳累，应当驻军休息，而董卓预先制订的作战计划也要求在广城住宿，秣马厉兵，养精蓄锐，然后再乘夜进兵，天明时分攻城。但诸将都嫌忌胡轸，想败坏他的大事，不想让他成功。于是，吕布等人便说："阳人城中敌兵已经逃跑，应该快点去追赶，寻求战机。否则，就没有机会了。"胡轸便率军连夜出发。

到了阳人城下，城中守备十分严密，偷袭已经是不可能的了。这时，部队饥渴困顿、士气低落，加上是在夜间，没有堑壕工事防御。将士们刚刚解甲休息，吕布又令人传布谣言，说孙坚率城中将士乘夜来袭。军众在黑夜中不明真假，慌乱奔逃，弃盔甲，失鞍马，十分狼狈。孙坚乘势出城追击，不仅使得胡轸全军溃败，而且还一举斩杀了董卓的爱将华雄。孙坚阳人城一役获胜，名声大起，威望更著。

因此，历史上真正做到温酒斩华雄的是孙坚，而不是关羽。

阳人城战后，有人乘机挑拨袁术，说："孙坚倘若占据洛阳，发展势力，将难以制约。如果任其发展，岂不是除却一狼，又增一虎吗？"听了挑拨之言，袁术真的怀疑起孙坚来，不给孙坚运送军粮。孙坚军中无粮，焦虑万分。当时，孙坚驻地阳人城距离袁术所居鲁阳一百多里，遂连夜乘马直奔鲁阳拜见袁术。

在这个时期，孙坚、孙策父子对袁术可谓忠心耿耿，至于孙策后来的背叛实在是因为袁术自己太不像话了。

在袁术帐中，孙坚心情异常激动，在地上画来画去分析形势和各方面的利害关系，说："所以出身不顾，上为国家讨贼，下慰将军家门之私仇。坚与卓非有骨肉之怨也，而将军受谮润之言，还相嫌疑！"袁术心中怀愧，不能自安。

孙坚接着说："大勋垂捷而军粮不继，此吴起所以叹泣于西河，乐毅所以遗恨于垂成也。愿将军深思之。"袁术马上下令给孙坚调拨军粮，孙坚立即回营。

"疑人不用，用人不疑"，但袁术偏偏用人还要疑人。可想而知，孙坚跟着袁术处处受制，其实根本得不到重用。相反，袁术只是把孙坚当作一柄利刃而并非合作伙伴，一直在利用他。所以，孙坚只要一日在袁术手下，就不可能再往上走，也不可能图谋大业。此时，孙坚可能还没有意识到这个问题，他还在一门心思领兵打仗。

有了后勤的保障，孙坚继续北上。这时，董卓才发现孙坚的厉害，尽管多年以前在平定凉州的叛乱时两人有过一面之交。

董卓惧怕孙坚的勇武威猛，派部将李傕前往劝说，想与孙坚结为姻亲之好，并且让孙坚开列子弟中能任刺史、郡守的名单，答应保举任用他们。在利诱面前，孙坚一身正气，义正词严地说："卓逆天无道，荡覆王室。今不夷汝三族，悬示四海，则吾死不瞑目。岂将与乃和亲邪？"当即下令向洛阳的"南大门"大谷关（今河南省洛阳市洛龙区寇店镇水泉村）进军，一直挺进到距离洛阳九十里的地方。

孙坚一口回绝了董卓，不仅表现了他卓然不群的英雄气概，也使董卓大有感触。董卓曾对长史刘艾说："关东的部队屡遭失败都怕了我，只有孙坚颇能用人，应该告诉将领们让他们有所防范。孙坚确有过人之处，其才可用！"

刘艾说："孙坚虽然时出奇计，但到底不如李傕、郭汜。听说他在美阳亭（今陕西省扶风县）北率领一千多人与敌合战，差一点丢了命呢！"

董卓说："孙坚当时率领的是乌合之众，兵不如虏精，且战有利钝，不可完全以成败论。不过，这回他跟从诸袁小儿，倒真是自寻死路了！"还说："只要杀掉二袁、刘表、孙坚，天下自然会服从我！"

依照董卓的意思，唯有二袁（袁绍、袁术）、刘表、孙坚才是其心腹大患。董卓迁都长安，不能不说与孙坚有一定的关系。

此时，董卓亲自出马和孙坚在洛阳郊外展开会战，结果遭到孙坚重创。董卓留下吕布掩护，自己转守渑池（今河南省渑池县）和陕城（今河南省三门峡市）。孙坚继续挥兵进攻洛阳，与吕布接战。

无心恋战的吕布迅速败走，孙坚进入洛阳。当时，洛阳空虚，数百里内没有烟火。孙坚入城，见此惨状，无限惆怅，潸然泪下。孙坚一边安抚百姓，一边清扫汉室宗庙，用太牢之礼祭祀。这表现了孙坚忠君爱国的一面。

就在这时，一个偶然的机会，孙坚得到了汉王朝的传国玉玺。这是怎么回事呢？

据裴松之《三国志注》引《吴书》记载，孙坚当时驻军洛阳城南甄官署（今河南省洛阳市汉魏故城南甄庄村一带）。

甄官署，古代官署名，是提供建筑材料及建筑中所用装饰用品的部门。甄官署负责供应宫廷用瓷，承担皇帝赐给大臣丧葬用的明器。自东汉历代沿置，所属有前、后、中甄官令，掌烧制砖瓦、陶器，雕制石人、石兽、碾硙等物。甄官窑就是烧制这些用品的官窑。

一日，甄官署内的甄官井上，早晨有五彩云气浮动，众军惊怪，没人敢去汲水。孙坚命人卜到井内察看，却打捞出了传国玉玺。玉玺方圆四寸，上纽交五龙，缺一角，其文字是"受命于天，既寿永昌"。据说，这是当年张让等作乱，劫持天子出奔，左右分散，掌玺人将其投到井中的。

但这件事到底是真是假呢？我认为，是假的。原因如下：

第一，从此事引用人自己的思考来看，孙坚得到玉玺之事典出裴松之《三国志注》中，但裴松之自己都不相信。裴松之《三国志注》曰："臣松之以为孙坚于兴义之中最有忠烈之称，若得汉神器而潜匿不言，此为阴怀异志，岂所谓忠臣者乎？吴史欲以为国华，而不知损坚之令德。如其果然，以传子孙，纵非六玺之数，要非常人所畜，孙皓之降，亦不得但送六玺，而宝藏传国也。受命于天，奚取于归命之堂，若如喜言，则此玺今尚在孙门。匹夫怀璧，犹曰有罪，而况斯物哉！"

第二，从此事的原始出处《吴书》和《山阳公载记》来看，裴松之引用的《吴书》和《山阳公载记》两书并非正史，可信度有些令人怀疑。《吴书》的作者韦昭原本就是东吴的太史令，为增加孙氏政权"上顺天意"的合法色彩，而特意加上玉玺这段"有德者居之"的故事也是有可能的。

第三，从陈寿创作《三国志》不引用此故事来看，众所周知其参考了《吴书》《魏略》等著作，像这样的记载肯定是看过的，之所以不录入《三国志》肯定是认为其与事实不符。试想，如此大逆不道之事如果真有发生，以忠、孝为第一道德标准的古人是绝对不会忽略的。

那此后的孙坚又怎么样了呢？

孙坚显然没有什么大野心，在占领都城后依旧分兵出新安（今河南省新安县、义马市与渑池县交界地区）、渑池，往西出函谷关向董卓的新据点长安进攻。

董卓为防孙坚再来进击，也分兵驻守各处险要，自己则入镇长安。孙坚则在修复完被董卓挖掘的汉室陵墓后引兵回到鲁阳。此时，董卓在撤离洛阳后曾对他的长史刘艾说，"关东诸将数败矣，无能为也。唯孙坚小戆，诸将军宜慎之。"

的确，孙坚在关东官僚集团中并不是什么大人物，可他却是击败董卓军最大的功臣，与董卓的作战也最为彻底。可惜，《三国演义》为了烘托刘备，把孙坚的事全安在了刘备头上，实在是太过分了。

正当孙坚兵进渑池准备一举打到长安时，他做梦也想不到的敌人出现了。

公元191年仲夏，正当孙坚率军前往长安准备和董卓军展开又一场大战之时，袁术从鲁阳发来了急信。

原来，当时，关东州郡长官为了扩大势力地盘，纷纷兼并割据。袁绍、袁术虽为兄弟，可互相间也尔虞我诈、钩心斗角。由于袁术派孙坚去攻打董卓，孙坚自然作战在外，而勤王军的盟主袁绍却趁着孙坚远行改派会稽人周昂（一说周喁）担任豫州刺史，率兵袭取曾作为孙坚豫州刺史治所的阳人城。袁绍也真不把劳苦功高的孙坚放在眼里了！

孙坚得此消息，十分感慨："同举义兵，将救社稷。逆贼垂破而各若此，吾当谁与戮力乎！"说完，仰天长叹，泪如雨下。

当时，豫州属于袁术的势力范围，袁术推荐孙坚为豫州刺史，实际上是让孙坚来替他抵抗北方的袁绍。此时，袁术本人正坐守南阳与荆州的刘表对抗。很显然，袁术的用心主要在刘表身上，他把孙坚基本上当作盾而不是矛，而孙坚出于一片忠君爱国心，冒险单兵与董卓军作战，实际上对袁术而言是件很不愿意看到的事情。

按袁术之意，先取荆州，后取江东，然后挥师北上，一举而天下定。袁绍当然也看穿了袁术的心思，所以趁孙坚西征之机攻打豫州，使袁术腹背受敌。就这样，孙坚只好奉命退兵。在袁术的帮助下，孙坚顺利地击退了周昂，在豫州巩固了政权。

此时，袁绍正忙于处理冀州问题，无暇继续派兵。于是，暂时缓了口气的袁术做了个决定，让孙坚出征刘表。这个决定即使从后世来看也是很正确的——无论从战略上讲，还是从战术上讲——可是对于孙坚而言，他的死期却临近了，尽管这完全是意外。

这里，简单介绍一下刘表其人。

刘表，字景升，和刘备一样是汉室宗亲。巧合的是，他们都是从汉景帝这一支分出来的。刘备自称是汉景帝之子中山靖王刘胜之后，因为刘胜受封的中山国在今天的河北，所以他这一支的后人就都生活在河北，而刘备是涿郡人。刘表则是汉景帝之子鲁恭王刘馀之后，因为刘馀受封鲁国，所以这一支的后人就生活在山东。

刘表生于公元142年，山阳郡高平县（山东省微山县）人。《三国志》说刘表"身长八尺余，姿貌温伟"，可谓一表人才。东汉末年，其时十分流行人物品评，而一个人要成为一个人物，要出人头地，要进入上流社会，必须有著名的人物给他一个评价，这样才能得到社会的承认。曹操也曾经准备隐居读书二十年，换一个"名士"的头衔出来做官。刘表年轻的时候就得到了一个"八俊"的评价，且为汉室宗亲，按说通过察举制度去做官也不是难事。

青年时期的刘表虽然与七位贤士同号为"八友"，但他没有仿效当时流行的隐居山林的清流作风，而是积极地投身仕途，被大将军何进辟为掾属，很受何进的赏识。后来，刘表被擢升为北军中候，掌管禁军。

公元190年，荆州刺史王叡被孙坚杀死，何进向朝廷推荐了刘表担任荆州刺史。刘表一生中最重要的荆州割据时期就此开始。

公元191年秋冬之际，孙坚开始转战于荆北，刘表也派黄祖在樊城（今湖北省襄阳市樊城区）、邓县（今湖北省襄阳市樊城区邓城村）之间迎战。到了公元192年春天战争进入高潮，孙坚率军在樊、邓一带击溃了刘表的大将黄祖，乘胜追击，渡过汉水，兵锋直抵襄阳（今湖北省襄阳市）。刘表闭门不战，派黄祖乘夜出城调集兵士。黄祖带兵归来，孙坚复与之大战。黄祖败走，逃到岘山（在今湖北省襄阳市）之中，孙坚追击。

就在此时，董卓被他自己的义子吕布杀死。应该说，此时此刻的袁术已经胜利在望了。如果孙坚不日攻克襄阳，继而铲除刘表、平定全荆州，再加上此时身在北方的董卓已经被杀身亡，那么很有可能出现由袁术一统天下的情形，历史也就完全有可能就此改写了。

可是，一件非常意外的事发生了。

孙坚与黄祖大战，黄祖败走逃到岘山之中，孙坚追击。这次孙坚对黄祖在襄阳城外的追击，按照史书的记载，那是"单马行岘山"。"单马行岘山"，这一鲁莽的军事行动使孙坚付出了惨重的代价。正当孙坚"单马行岘山"追击黄祖的时候，其手下败将黄祖的部将从竹林间发射暗箭，孙坚中箭身死，年仅三十七岁。

这就不得不说到孙坚创业失败的第三个原因，也是最直接的原因，就是成也"身先士卒"，败也"身先士卒"。对孙坚来说，正是应了那句成语，"成也萧何，败也萧何"。

孙坚打仗总是勇当先锋，喜欢冲在最前面，还经常亲自深入敌军腹地。作为将领，这通常说来没问题，甚至还有鼓舞士气、团结军队的作用，毕竟将军都亲自上阵杀敌了，作为士兵怎么可以退缩呢？

但是别忘了，到了这个时候，孙坚已经不仅仅是一个带兵打仗的将领而已了，他早已经成为割据一方的势力，可以跟各路诸侯并肩而坐了。此时，孙坚手下有诸多大将能用，他自己完全不需要事必躬亲，只要在后方指挥作战，就能发挥最大的作用。

然而，孙坚显然没意识到这一点，还是凭借着一腔热血上阵奋勇杀敌。

孙坚虽死于意外，但这背后似乎又透露着一种必然性。一是他一门心思带兵打仗，不知道得罪了多少人，结果没人家会算计，自己辛苦打下的江山就这么被别人不费吹灰之力地拿走了。这就是董卓说孙坚的"戆"。二是他不懂得人心险恶，也不会识人看人，所以投靠错了袁术，这就决定了他的发展前景不可能好。三是他还不知道自己身份地位的转变，身为将帅却干着一兵一卒的活儿，白白给对手制造了刺杀他的机会。这就好比我们下象棋里的"将"，手下明明有一堆"车、马、炮、象、士"和无名兵卒，但他不用而非要自己跨越"楚河汉界"去打仗，这不是千里送人头吗，谁能保得了呢？

孙坚是一个站在时代关口的草莽英雄，他能力出众，也在乱世中展现了自己的能力，但是他又缺乏政治远见和全局视野，这就决定了孙坚只能是一个出色的将领，而无法成为一个杰出的政治家、谋略家。董卓评价孙坚"小戆"的评语实在恰如其分。

一代豪杰的死往往很突然、很意外，而孙坚的死是袁术由盛转衰的转折点，同时也推迟了南中国的统一近三十年。

第二章

孙策：倘若活得更长久，三国走向未可知

孙坚死了，袁术也开始由盛转衰，这使得南中国的统一进程被推迟了近三十年之久。可以说，孙坚的死给孙家留下了诸多难题。从某种角度来说，孙坚对后来孙策的兴起和东吴政权的创立都没有多大直接影响，他自己奔波一生却无立锥之地，最后连妻儿老小都要寄人篱下。因此，有人戏称孙坚"三十七岁，留下的只有一个寡妇和五个孩子"，虽然有些偏颇，但也不无道理。实际上，东吴政权的真正奠基人则是孙坚的长子孙策。

一、艰难的子承父业

话说孙坚的妻子吴夫人出身吴郡豪族，早年父母皆亡，留下她和吴景等兄妹几人，便由族人做主迁徙到钱唐（今浙江省杭州市）寄养。当时，孙坚正因击杀海贼而扬名吴地，他听说吴氏才貌俱佳，便央人去提亲。但吴家富、孙家贫，两家地位悬殊，且孙坚轻狡任侠、不事耕耘，吴氏族人不大愿意。媒人去了三趟都没说成这门亲事，孙坚不由得由惭生恨，放出风声要报复吴家。这个时候，吴氏站出来对族人说："何爱一女以取祸乎？如有不遇，命也。"就这样，成就了一门婚事。因此，孙坚一直对吴夫人心生感激。吴夫人为孙坚育有四子，其中长子孙策、次子孙权、三子孙翊（184—204）、四子孙匡。孙坚的妾室（一说丁氏，吴国太的原型），生五子孙朗（一称孙仁）和小女孙尚香——《三国演义》中欲嫁刘备的孙权之妹孙尚香。公元229年春，

孙坚的次子孙权正式登基称帝后，追谥其父孙坚为武烈皇帝。此外，孙坚还有两个兄弟——孙羌和孙静。

公元184年，孙坚受朱儁之邀，投入了镇压黄巾起义的战争。那年，作为孙坚长子的孙策，才刚刚九岁。

孙坚要跟着朱儁北上镇压黄巾起义，而要行军打仗就得先安置好一家老小。于是，孙坚就让长子孙策率领家族中的妇女儿童，从自己所在地的下邳（今江苏省徐州市邳州区）举家迁徙到扬州州治九江郡寿春县（今安徽省寿县）。孙坚之所以把一家大小交给九岁的孙策，也是没有办法的办法：当时次子孙权刚两岁多，三子孙翊刚出生不久，而妻子吴氏正处在产后将养身体的状态之中，需要人照料。由此看出，当时三十岁的孙坚也是够拼的，倒是正应了"人生能有几回搏"的话。

九岁的小孩儿在现在不过是三年级的小学生，而在当时孙策已经到了可以支撑家门的年纪。作为将门虎子的孙策，没有辜负父亲孙坚的期望，并在寿春结交了大量的当地贵族，表现出极不一般的人格魅力，且人缘非常好。为什么孙策人缘这么好呢？因为他本来就长得好看，而且性格又好，善于交际。史书上说孙策"美姿颜，好笑语，性阔达听受"，当时人们称呼他"孙郎"，而"郎"就是美男子的意思。

小小年纪的孙策，其人缘好到什么程度呢？孙策结交了大量的当地贵族，"声誉发闻"，"是以士民见者，莫不尽心，乐为致死"。有人听说孙策的故事后，还大老远地从庐江郡舒县（一说今安徽省庐江县，一说今安徽省舒城县）赶过来拜会他，而这个人就是我们熟悉的周瑜（175—210）。

周瑜出生在一个士族家庭，高祖父周荣曾任尚书令，从祖父周景、从伯父周忠皆官至太尉位列三公，其父亲周异则为洛阳令。

周瑜长得高大英俊，《三国志》上说"瑜长壮有姿貌"。周瑜志向远大，自幼刻苦读书，尤喜兵法，但他生逢乱世，时局不靖，烽火连延，战端四起，于是总想廓清天下。

此时，周瑜听闻孙策的名声，特地从老家庐江的舒城赶到寿春同神交已久的孙策相见。周、孙两人同岁，且均少年有志，英达夙成，因而寿春一见便如故，从此成为知己。

公元189年，孙坚开始北上讨伐董卓。与此同时，出于某种原因——很有可能是关东大官僚集团的压力，孙策又要搬家了。可把家搬到哪里才安全呢？周瑜劝孙策移居舒县以便往来，而孙策非常高兴地应允了。此后，孙策便把家迁到了舒城。周瑜则把家里靠道边的大宅院让出来给孙策居住，且升堂拜母，有无共通。实际上，孙策是住在了周瑜的家里，而周瑜还经常以财力对孙策进行帮助。

很快，孙策就得到了另外一位著名隐士的投效。他是谁呢？这还要从公元192年孙坚战死之后说起。

公元192年，孙坚战死襄阳。公元193年，十八岁的孙策把父亲孙坚安葬在了曲阿（今江苏省丹阳市），同时家人也一起来到了曲阿。不过，他们却并没有在曲阿停留，不久就渡江北上来到徐州广陵郡（今江苏省扬州市）的江都（今江苏省扬州市江都区）。

孙策为什么要到江都，史书没有给出明确的答案。不过，《三国志》里有这么一句，"徐州牧陶谦深忌策"。不管出于何种原因，对于孙策的突然造访，陶谦是很不欢迎的。孙策自己不久也明白了这一点，于是在吕范、孙河（孙策同辈远亲，曾过继给姑姑家改姓俞，后回到自家又改回孙姓）的帮助下，一家人又回到了曲阿。从《三国志·吴书·吕范传》来看，这段过程还颇显得有些惊心动魄。

吕范，字子衡，汝南郡细阳县（今安徽省太和县）人。吕范年轻时只是一名汝南郡的县吏，后来避难至寿春，结识了当时在袁术手下效力的孙策。孙策认为吕范与众不同，以礼相待，于是吕范将自己的百余名门客交由孙策指令，自此跟从孙策。

当时，孙策的母亲吴夫人身处江都，于是孙策派遣吕范、孙河迎吴夫人回曲阿，让母亲暂栖于舅氏吴景之处。徐州牧陶谦认定吕范是袁术一方的内应，下令各县通缉吕范。吕范知情后，亲自招募能手引领门人偷偷将吴夫人接走，再迅即回到孙策之处，成功完成使命。

尽管孙策的江都之行并没有取得预期的成功，但他获得了广陵著名隐士张纮的投效。

在后汉三国的历史上，张纮文采飞扬、名声卓著，甚至连大才子陈琳遇到他也甘拜下风，认为自己和张纮比起来是"小巫见大巫"。不过，对于张纮来说，这种评价还不能概括地说明他的历史地位。

历史上的张纮，不但是后汉末年的文学家、一代名士，同时还是一位对东吴政权草创、建立、巩固都起到关键作用的谋略家。

那张纮到底做了什么让人如此地高看他呢？

张纮是广陵人，早年到洛阳求学，钻研《易》《尚书》《韩诗》《礼记》《左氏春秋》等古代典籍。回到家乡后，张纮被推荐为茂才，但其并没有接受。裴松之《三国志注》引《吴书》云："大将军何进、太尉朱儁、司空荀爽三府辟为掾，皆称疾不就。"这大约在公元189年之前，说明此时张纮已经闻名遐迩了。

随着局势的日益混乱，张纮为了躲避战乱而迁居江东。此时，正值孙策招募队伍，张纮便和同郡秦松、陈端一起投奔了孙策。

《三国志·吴书·张纮传》中说张纮被授予正议校尉一职，从此成为东吴谋主（出谋划策的主要人物）。《三国志·吴书·孙策传》云："彭城张昭、广陵张纮、秦松、陈端等为谋主"；而《三国志·吴书·陆绩传》云："孙策在吴，张昭、张纮、秦松为上宾，共论四海未泰，须当用武治而平之。"这说明张纮和张昭一样，共同参与了孙策在江东一系列战役的谋划，足见张纮在这个时期的地位。

《三国志注》引《吴书》中记载："纮与张昭并与参谋，常令一人居守，一人从征讨。"后来东吴的继任者孙权对张纮也是非常尊重，《三国志注》引《江表传》中说："初，权于群臣多呼其字，惟呼张昭曰张公，纮曰东部，所以重二人也。"

当然，张纮光有名气、受人尊重是不够的，还必须有具体的行动、举措证明其作用和能力。通过历史记录可以发现，此时的张纮对于孙策来说是非同寻常的重要，因为他为孙策提供了一个堪与《隆中对》媲美的未来发展"总体方案"，明确了孙策的发展方向。

根据《三国志·吴书·孙策传》注引《吴历》记载，孙策在江都的目的之一就是结纳豪俊之士，待养成羽翼再为父报仇。此时，名士张纮因丧母时居江都，而孙策几次拜见和他研究天下大势。

孙策先说出了自己的看法："方今汉祚中微，天下扰攘，英雄俊杰各拥众营私，未有能扶危济乱者也。先君与袁氏共破董卓，功业未遂，卒为黄祖所害。策虽暗稚，窃有微志，欲从袁扬州求先君余兵，就舅氏于丹杨，收合流散，东据吴会，报仇雪耻，为朝廷外藩。君以为何如？"

张纮推托："既素空劣，方居衰绖（古人丧服胸前当心处缀有长六寸、广四寸的麻布，名衰，因名此衣为衰；围在头上的散麻绳为首绖，缠在腰间的为腰绖。衰、绖两者是丧服的主要部分，这里指服丧）之中，无以奉赞盛略。"

孙策进一步请求："君高名播越，远近怀归。今日事计，决之于君，何得不纾虑启告，副其高山之望？若微志得展，血仇得报，此乃君之勋力，策心所望也。"说到动情之处，孙策眼中不觉落下泪来。

张纮见孙策言辞慷慨，神色间流露着悲壮之气，不禁深受感动，终于对孙策说出了自己的看法："昔周道陵迟，齐、晋并兴；王室已宁，诸侯贡职。

今君绍先侯之轨，有骁武之名，若投丹杨，收兵吴会，则荆、扬可一，仇敌可报。据长江，奋威德，诛除群秽，匡辅汉室，功业侔于桓、文，岂徒外藩而已哉？方今世乱多难，若功成事立，当与同好俱南济也。"

张纮为孙策制订的未来发展"总体方案"是：先到丹杨征募天下闻名的丹杨兵，然后一统吴会（泛指江浙地区），接着统一荆、扬（泛指整个南方地区）做跨世纪的齐桓、晋文，最后伺机北上而天下定。这就是所谓"江都方案"。

这个未来发展"总体方案"受到后世研究者的高度评价。这个建议有的是属于当前的，有的则是远景，就是孙策政权建立和发展的蓝图。从此，张纮成为孙策政权的重要谋士之一。张纮的建议简单明了，既没有《隆中对》中所谓"复兴汉室"的空洞口号，也没有《隆中对》中那些遥远而未必正确的战略远景，而是一针见血地为东吴的发展指明了方向。由此可见，张纮此人的远见卓识。学者田余庆先生也在《秦汉魏晋史探微》一书中称赞张纮："孙策后来鼎足欲江外，也已在张纮的筹划之中。"

由此可以看出，孙策与其父孙坚相比，他之所以更具王者风范，是由于他在正式发家之前就已经把谋士确定了，同时更确定了将来的发展方向。从这个角度来说，孙策的确是一个非凡的战略家。

当时，孙策听了张纮的一番话语，心中鼓荡难平："一与君同符合契，同有永固之分，今便行矣，以老母弱弟委付于君，策无复回顾之忧。"

公元193年，孙策赶赴寿春去见袁术，希望袁术归还其父孙坚的旧部。孙策流着眼泪对袁术说出了自己的想法："亡父昔从长沙入讨董卓，与明使君会于南阳，同盟结好；不幸遇难，勋业不终。策感惟先人旧恩，欲自凭结，原明使君垂察其诚。"袁术聆其语言，察其举止，知道他大有过人之处，但要马上将孙坚旧部还给他又心有不甘。于是，袁术便说："我已任命你的舅父吴景为丹杨太守、你的堂兄孙贲为都尉。丹杨是出精兵的地方，你可去投奔他们，然后召集兵勇。"

孙策便接了母亲吴夫人，带着汝南人吕范和同宗孙河到了丹杨曲阿。孙策来丹杨的目的，根据前面分析的张纮为孙策提供的未来发展"总体方案"来看，就是为了在这里取得兵源。

当时，丹杨太守吴景是孙策的亲舅父。此前，孙坚妻弟吴景随孙坚征伐有功，受封骑都尉。不久，袁术上表吴景为丹杨太守，并令吴景攻打原来的丹杨太守周昕。在迅速打败了周昕之后，吴景占领了丹杨。

此时，孙策前来投奔自己的亲舅父吴景。很自然，在老孙家极其需帮助的时期，吴家拉了孙策一把。在舅父吴景的帮助下，孙策有了一支数百人的军事力量——虽然数量不多，但都是精兵。

值得指出的是，吴景的任命是袁术所授，袁术在当时的江东其实是获得了许多当地豪族支持的——包括庐江的周瑜家。当然，后来随着孙策在江东的崛起，这些豪族把更多的"选票"投给了孙家。

依靠舅父吴景的力量，孙策便召募到兵勇数百人，但不幸遭到自称为泾县（今安徽省泾县）大帅的山越人头领祖郎的袭击，差一点丢了性命。

按着"江都方针"的第二步，孙策为了重新获得父亲孙坚的重大遗产——孙坚生前的一支不小的军事力量——刚刚十九岁的孙策在公元194年只好又去见袁术，走了四年前父亲的老路——投靠袁术。

袁术对孙策还是不太放心，并没有把孙坚的旧部完全给孙策，只给了他千把人。对此，孙策显然是非常失望的。不过，"人在矮檐下，怎敢不低头"，孙策也只能暂且认命了。当然，此后的孙策渐渐流露出英雄本色，开始了他真正的历史生涯，此后的他才引起了人们的注意。

在袁术军中，孙策很快就锋芒毕现，以至袁术手下的大将乔蕤、张勋"皆倾心敬焉"，就连袁术本人也常常感叹说："使术有子如孙郎，死复何恨！"

这一年，刚刚立足于长安的"正统"东汉朝廷，其实际领导人之一的李催派官居太傅的马日磾到关东安抚群雄（其实是想获得关东一部分军阀的支持）。

这个马日磾是何许人呢？马日磾与袁术之间会有怎样的事情发生呢？这要先从马日磾的身世说起。

马家的祖先是战国时赵国名将赵奢。赵奢曾在阏与（今山西省和顺县）之战中大败秦军，功勋卓著，被赵惠文王赐号为"马服君"。自此，赵奢的后人便以"马"为姓。汉武帝刘彻在位年间，马家移居茂陵（今陕西省兴平市）。王莽新朝前后，马家兄弟四人马况、马馀、马员、马援都做到了二千石的高官。这其中最有名气的还是伏波将军马援（前14—49）。马馀是马援的兄长，马馀的儿子是马严、马敦，而马严的儿子就是大名鼎鼎的马融（79—166）。按照《后汉书》的记载，马日磾则是马融的族孙。

二、破刘繇占据江东

袁术的老巢不是在荆州南阳郡的鲁阳城，那怎么两三年的工夫就转到扬州九江郡的寿春了呢？马日磾与袁术之间会有怎样的事情发生？这与孙策的崛起又有什么关系呢？

公元192年初，在孙坚临死前，袁术的军势已达到最大。当时，除了南阳郡外，袁术还掌握着豫州的颍川、汝南、陈国、沛国，司隶的河南，在江东扬州的九江、吴、丹杨也有大量的势力。这时，袁术的主攻对象是刘表。不久，孙坚的意外死亡打乱了袁术的全盘计划，于是袁术转而北上和异母兄袁绍重新开战。

公元192年夏，几乎在长安董卓、王允相继死于非命的同时，兖州刺史刘岱在讨伐黄巾起义余党时战死，于是袁绍任命替刘岱报仇并同时收编了青州三十余万黄巾军的曹操为新任兖州刺史。与此同时，长安的东汉朝廷派金尚担任新的兖州刺史。

由于金尚晚到一步，曹操已经上任，但或许是不想辱命而归，也或许是不想重新回到战火之中的长安城，金尚却没有返回首都，而是依附在了袁术身边。此时，袁术因为孙坚的离世实力大减，非但失去了对南方刘表军的军事主动权，甚至被刘表切断了粮道，造成补给的困难。于是，袁术乘机打着东汉朝廷的旗号，带着金尚进攻兖州，第一站就是处在兖、豫、司之交的曹操的"根据地"陈留（今河南省开封市）。

袁术从鲁阳出发，途经豫州后进入陈留，把主力部队驻扎在了封丘（今河南省封丘县），之后又有黑山军余部以及匈奴于扶罗等助战。然后，袁术派刘详率领一部分军队屯兵封丘东北的匡亭（今河南省长垣县）。袁术的意思是兵分两处，互为掎角之势，不管曹操进攻哪里都能互相策应，但这在后来的战斗中被证明是一大败笔。

曹操从鄄城出发攻击匡亭，其目的是引诱袁术的主力从防御工事齐备的鄄城走出来。袁术果然上当，在匡亭的野战中大败，退保封丘。曹操追到封丘城下，袁军趁尚未完全被包围之际弃城后继续南撤逃入襄邑（今河南省睢县）。曹操追兵立至，采用水攻，而袁术又败，南逃至宁陵（今河南省宁陵县）。曹操又追至宁陵。

这时，经过匡亭的惨重失败，加上陆续的封丘、襄邑、宁陵之战的消耗，以及沿途的逃兵等，可以想见袁术所带的北上大军应该所剩无几了。正如袁术后来在给吕布的书信中所说："甫诣封丘，为曹操逆所拒破，流离迸走，几至灭亡。"

此时，袁术只有九江郡的寿春可去，因为那里有孙坚的旧部。袁术到了九江寿春后，立即获得了孙坚旧部和当地豪族的支持，获得了很大的补充，随后又用武力铲除了当地的旧军阀——扬州刺史陈温被杀（一说陈温病死）。

从此，袁术在九江寿春立足了。

就在此后的公元194年，孙策来到袁术麾下。当时，袁术除了九江郡外，还基本控制了丹杨郡和吴郡，也算是一个不小的割据势力，虽然与两年前相比已经大大不如了。这就是九江寿春成为袁术老巢的原因。

为了获得关东（函谷关以东）军阀的支持，刚刚立足于长安的"正统"东汉朝廷的实际领导人之一李傕派官居太傅的马日磾来到关东安抚群雄，而马日磾来到了袁术的大本营寿春。

马日磾来到寿春先拜袁术为左将军、封阳翟侯、持假节之后，自然还把袁术军中的其他各位将领也加了些朝廷的官衔，其中给孙策加的是怀义校尉。不过，马日磾的寿春之行是他东行的最后一站，因为袁术把他和金尚一起软禁在了寿春。

就在此时，孙策的声望更加高涨，而这又是因为什么呢？

根据《三国志》记载，孙策手下有一骑兵，犯罪后为逃避责罚逃进袁术的军营，藏到了马棚里面。孙策派人追捕，直入袁术营中将罪犯搜出，并当场斩首。事情结束后，孙策才去拜见袁术，说明情况，向他道歉。袁术说："兵人好叛，当共疾之，何为谢也？"这件事进一步提高了孙策的声誉，军中对孙策也更加敬畏。

孙策声誉日益高涨，自然引起了反复多变、言而无信的袁术的嫉妒。

袁术起初许诺任用孙策为九江太守，不久却改用丹杨人陈纪。后来，袁术攻打徐州，向庐江太守陆康索求三万斛军粮，但陆康不给，袁术大怒。正巧孙策曾去拜访陆康，陆康只让主簿接待，自己不出来相见，为此孙策怀恨在心。因此，袁术派孙策去攻打陆康，并且又许诺说："前错用陈纪，每恨本意不遂。今若得康，庐江真卿有也"。

孙策奉命出击，拿下庐江。但袁术居然又出尔反尔，任用他的老部下刘勋当了庐江太守。就这样，孙策对袁术一次比一次感到失望。那么，这个时期的孙策应该怎么办呢？这里，先介绍一下刘繇（156—197）。

刘繇，东莱郡牟平人（今山东省烟台市牟平区）。牟平刘氏是西汉皇室后裔，出自汉高祖刘邦的孙子、齐悼惠王刘肥（？—前189）的孙子牟平侯刘渫。刘渫的子孙世代居住于此，形成汉朝宗室齐王藩族的一个重要分支——牟平刘氏。

西汉时，牟平侯共传七世。王莽篡汉后，牟平侯被贬为庶民。东汉时，牟平刘氏虽然恢复了皇族宗室身份，但因其与当朝皇帝血缘关系过于疏远，实际的地位已大为下降。牟平刘氏要提高自身宗族的地位，只能靠家族成员重新在社会上拼搏奋斗。

牟平刘氏传到刘本时，家族开始中兴。据《三国志注》记载，刘本曾拜师学习儒家经传，博览群书，终于学有所成，被时人称为"通儒"。后来，刘本又被推举为"贤良方正"。

刘本有三个儿子——刘宠、刘舆（一作刘方）、刘韪。

刘宠曾两次出任地方官，八次担任九卿之职，四次位列三公，最后官至太尉，是活跃在汉桓帝刘志、汉灵帝刘宏时期的重要政治家。刘宠为政清廉，更为世人称道，是东汉后期著名的清官。

官至山阳太守的刘舆有两个儿子，其中长子刘岱官任侍中、衮州刺史等职，次子就是刘繇。

刘繇，字正礼，年轻时就胆略过人。刘繇十九岁时，他的叔父刘韪被强盗劫持为人质。刘繇闻讯后，为搭救其叔父，硬是结集十多人混进贼窝，趁隙将盗匪头目斩首，将刘韪从强盗手中抢救了出来，而其也因此名声远扬。不久，刘繇因其表现深受乡民爱戴，很快被推举为"孝廉"而进入仕途。

刘繇进入仕途后由于铁面清廉而深受好评，甚至当时的乡亲之间亦流传只要能得到刘岱与刘繇，就等同得到了龙与麒麟一样。

东汉末年，刘繇见天下将乱，便辞官到淮浦（今江苏省涟水县）一带避难，以等待发迹的有利时机。后来，朝廷命刘繇接任扬州刺史，随后又加封为扬州牧、振武将军。此时，刘繇为了统领扬州，而定寿春为"根据地"。但刘繇出任扬州牧时扬州的局势很乱，他这个由朝廷正式委派、任命的官员的到来，无疑成为当地割据势力一个很大的威胁。

因此，刘繇来到扬州后，立即受到当地各支割据势力的强烈排挤和攻击。其中，最引人注意的还是大军阀袁术控制了淮南一带，另置扬州刺史，公开与刘繇对抗。由于扬州过去的治所是寿春，而寿春已被袁术占领，刘繇便在孙策的舅父吴景和堂兄孙贲的协助下南渡长江在曲阿设立州治。说到这里，就不得不讲到孙策的破刘繇之役了。

再说孙策一举拿下庐江之时，刘繇担心袁术任命的吴景、孙贲会与袁术、孙策联手吞并自己，于是刘繇就用武力逼赶吴景和孙贲。吴景和孙贲不敌，只好退居历阳（今安徽省和县）。

刘繇又派樊能、于麋驻扎在横江（今安徽省和县东南长江北岸），让张英驻扎在当利口（今安徽省和县东，当利水入长江处），以与袁术对抗。袁术则任用自己的老部下惠衢为扬州刺史，以吴景为督军中郎将，和孙贲一起率兵进击张英。刘、袁双方对峙了好长时间，但仍没有结果。

吴郡都尉朱治（156—224）是孙坚的老部下，过去曾任孙坚的校尉，太傅马日磾在寿春的时候曾任命其为副官，后又被任为吴郡都尉。朱治发现袁术政德不立，便劝说孙策趁机收取江东。

孙策接受了朱治的建议，马上去见袁术。孙策对袁术说："家有旧恩在东，原助舅讨横江；横江拔，因投本土召募，可得三万兵，以佐明使君匡济汉室。"此时，袁术明知孙策对自己不满，但他认为刘繇占据曲阿，王朗占据会稽，孙策未必能有什么作为，于是就答应了孙策的请求，并表奏朝廷任命孙策为折冲校尉，代理殄寇将军，配备一千多的士卒及相应的军需品以及战马几十匹，宾客中愿意跟随者数百人。

公元195年，孙策率部东进。一路上，不断有人来投，队伍不断扩大，到吴景的驻地历阳时已至五六千人。此时，孙策的母亲吴夫人已先从曲阿迁来历阳，于是孙策又将其迁往阜陵（今安徽省全椒县）居住。

孙策从历阳渡江打败刘繇，刘繇放弃丹徒西逃。孙策又令朱治从钱塘进攻吴郡，吴郡太守许贡在由拳（今浙江省嘉兴市）抵抗朱治。朱治大败许贡，许贡逃走依附山贼严白虎。于是，朱治代理吴郡太守的职责。袁术得知孙策击走刘繇后，上表奏请孙策为殄寇将军，然后把周尚召回寿春，并派自己的堂弟袁胤取代周尚任丹杨太守。就这样，孙策威震江东。

公元196年秋，孙策进攻会稽。会稽功曹虞翻（164—233）劝太守王朗暂避锋芒，但王朗不听，发兵固陵（浙江省杭州市萧山区）阻击孙策。孙策几次从水上发动进攻，均未奏效。

孙策的叔父孙静建议声东击西，从固陵南面数十里的查渎进兵，以"出其不意，攻其不备"。孙策依计而行，大军在夜里一面到处点燃火把迷惑、牵制正面之敌，一面又分出兵马悄悄从查渎出击。王朗出于意外，大惊，派周昕率兵仓促迎战，孙策斩杀周昕，长驱直入。王朗溃败，带虞翻乘船逃到东冶。孙策鼓勇追击，王朗、虞翻投降。

最终，孙策平定江东，任命吴景为丹杨太守，朱治为吴郡太守，自己兼任会稽太守，仍以虞翻为功曹。

公元197年，袁术正式称帝。孙策给袁术写信，劝其不可，但袁术不听所劝，于是两人绝交不再有往来。此时，已经"挟天子以令诸侯"的曹操派议郎王浦携带汉献帝的诏书给孙策，任命他为骑都尉，袭父爵为乌程侯，兼任会稽太守，并命他与吕布、陈瑀等一起讨伐袁术。孙策觉得自己统领兵马，骑都尉的职务有点低，想得到将军的封号以自重，遂派人向王浦微露其意。于是，王浦当即以"皇帝"的名义宣布孙策权代明汉将军。

当时，陈瑀军驻海西（今江苏省灌南县）。孙策按诏书要求整顿士马，要去与吕布、陈瑀会面，谋划军机，参同形势，但他率军走到钱塘时情况却发生了变化。

原来，陈瑀要乘机夺取孙策的地盘。当时，陈瑀派人秘密渡江，拿着三十多个印信给各地散寇及诸县大帅让他们做内应，等孙策的部队一开走就马上攻取他的郡县。

孙策发现这一阴谋大怒，派吕范、徐逸统兵直扑海西，大破陈瑀，俘获其将士、妻儿等共四千多人。陈瑀逃奔袁绍。

公元198年，孙策派徐琨赶走袁术所派的丹杨太守袁胤，平定宣城以东各地，迎接刚从袁术处回来的吴景担任丹杨太守。之后，孙策亲自进攻丹杨泾县（今安徽省泾县）以西，先进击陵阳（今安徽省青阳县）擒获祖郎，又进击勇里（今安徽省泾县）擒获自封丹杨太守的太史慈（166—206）。孙策平定丹杨回师吴郡后，拜太史慈为折冲中郎将，授祖郎为门下贼曹。

同年，孙策派张纮向东汉朝廷贡献礼物，规模是上次的两倍。曹操为了拉拢孙策，与之结纳，上表奏准任命他为讨逆将军，封为吴侯。

三、决裂袁术定江南

与此同时，有两位日后东吴历史上非常重要的人物前来投奔孙策。他们是谁呢？周瑜和鲁肃（172—217）。这里先简单介绍一下鲁肃。

鲁肃，字子敬，徐州临淮郡东城（今安徽省定远县）人。《三国演义》将其塑造成一个忠厚老实之人，但与史实完全不符。

鲁肃出生时其父就去世了，其出生后与祖母共同生活。鲁家虽异常富有，但由于祖辈无人出仕为官，故并不属于士族阶层，只是属于在地方上有些势力的豪族。据考证，鲁肃体魁貌奇，少时就胸有壮志，好出奇计，且爱击剑骑射。鲁肃性格好施舍人，同时由于家道殷富而常招聚少年一起讲兵习武：

晴天，偕众往南山射猎；阴雨，则聚众讲习兵法，以此练习武艺。

公元184年，黄巾起义爆发，东汉王朝受到毁灭性的打击。在东汉朝廷镇压农民起义的过程中，各地封建割据势力不断扩大，群雄四起，天下大乱。此时，鲁肃不仅不治家事，相反大量施舍钱财、出卖土地，以周济穷困、结交贤者。为此，鲁肃深受乡民拥戴。

公元198年，周瑜任居巢（一说在安徽省桐城市，一说在安徽省六安市）长，闻鲁肃之名，带数百人前来拜访，请他"资助"一些粮食。当时，鲁肃家里有两个圆形大粮仓，每仓装有三千斛米。当周瑜刚说出借粮之意，鲁肃毫不犹豫地立即手指其中一仓赠给了他。经此一事，周瑜确信鲁肃是与众不同的人物，主动与他相交，两人建立了如同春秋时公孙侨（？—前522，史籍中以子产通称）和季札（前576—前485）那样牢不可破的朋友关系。

关于"侨札之分"的典故，指吴王寿梦第四子季札出使郑国之时，见到了主持郑国政务的公孙侨，他们一见如故，就好像是多年的知心之交。季札给子产赠送白绢大带，子产给季札献上麻布衣服。后世则以"侨札之分"比喻朋友之交。

此前一年，孙策曾经的上级、周瑜现在的上级袁术当了"天子"。

公元197年，袁术在寿春正式称帝自为天子，自称"仲家"，设置公卿百官，郊祭天地，还要把吕布的女儿接来做太子的"冢妇"（正妻）。这里要注意的是，袁术没有即帝位。据曹操在《自明本志令》里说，袁术因自己仍在，所以只是称天子而没有立即即帝位："人有劝（袁）术使遂即帝位，露布天下，答言'曹公尚在，未可也。'"

袁术自称天子后很快成为众矢之的，不久就接连遭到孙策、吕布、曹操三方的叛盟与打击。首先是孙策在江东脱离袁术而自立，逐走袁术任命的丹杨太守袁胤，并连带使得袁术的广陵太守吴景、将军孙贲在收到孙策的书信后也弃袁术投孙策，使得袁术丧失广陵、江东等大片土地，势力为之大挫；

其次是吕布大败袁术军，在淮北大肆抄掠；最后是曹操在袁术侵陈郡时大败袁术，袁术再度奔逃到淮南。

"屋漏偏逢连夜雨"，时隔不久，袁术又于公元197年的冬天碰上大旱灾与大饥荒，实力严重受损，且江淮之间处处可见人吃人的惨剧。为了重整士气，袁术以临淮鲁肃为东城长，并仍以周瑜为居巢长。可是，鲁肃会答应袁术的任命吗？

当时，东城为袁术的辖地。鲁肃发现袁术部下法度废弛，不足与成大事，率百余人南迁到居巢投奔周瑜。南迁时，鲁肃让老弱之人在前，自率敏捷强悍的青年在后。袁术得知鲁肃迁居，急速派人赶来阻拦。鲁肃排开精壮人等，张弓搭箭，对追兵说："你们都是男子汉，应该明白大势。方今天下纷纷离乱，有功得不到赏赐，无功也受不到责罚，为何要逼迫我呢？"说着，鲁肃命人将盾牌立在地上，远远开弓射去，箭把盾牌都射穿了。追兵一方面觉得鲁肃的话有道理，另一方面估计凭自己的力量也奈何不得鲁肃而只好退回。于是，鲁肃顺利到达居巢。

鲁肃到了居巢，得到了周瑜的热情接待。

公元198年，周瑜和鲁肃二人经居巢回到吴郡（今江苏省苏州市）。孙策闻周瑜和鲁肃归来亲自出迎，授周瑜建威中郎将，调拨给士兵两千人、战骑五十匹。此外，孙策还赐给周瑜鼓吹乐队，替周瑜修建住所，赏赐之厚无人能与之相比。孙策还在发布的命令中说："周公瑾雄姿英发，才能绝伦，和我有总角之好、骨肉之情。在丹杨时，他率领兵众，调发船粮相助于我，使我能成就大事。论功酬德，今天的赏赐还远不能回报他在关键时刻给我的支持呢！"

周瑜时年二十四岁，吴郡人皆称之为周郎。与此同时，孙策也非常赏识与周瑜同行的鲁肃，而鲁肃也把家留在了曲阿。但时隔不久，鲁肃的祖母去世，鲁肃不得不回东城去办理丧事。

公元199年，孙策正准备与曹操、董承、刘璋并力讨伐袁术、刘表，但在军队已经整装待发的时候袁术病死了。

袁术的长史杨弘、大将军陆勉欲率部投奔孙策，不料被与曹操关系很好的庐江太守刘勋截击，全体被俘。袁术的堂弟袁胤、女婿黄猗等人也慑于曹操的威力不敢守卫寿春，抬着袁术的棺木，带领袁术的家小和部曲男女到皖城（今安徽省潜山县）投奔刘勋。

刘勋的兵力骤增，但粮草不继。刘勋便派堂弟刘偕向豫章（今江西省南昌市）太守华歆（157—232）借粮，但华歆也正缺粮，只好派人领着刘偕到海昏（今江西省永修县）、上缭（今江西省永修县）向刘繇的旧部告借三万斛粮食。刘偕去了一个多月才借得两千斛，于是报告刘勋并让其领兵前来攻袭。当时，刘勋兵力太强，因此孙策想借机剪除他，也写信来劝刘勋攻袭海昏、上缭。信中，孙策屈己下人，说："上缭地方十分富饶，希望你能兴兵讨伐，我愿出兵做你的外援。"决定攻取上缭的刘勋悄悄率军经过彭泽（今江西省彭泽县）来到海昏，但当地守将坚壁清野只留下一座空城，以致一无所获。

当时，孙策引兵西征黄祖，正走到石城（今安徽省池州市贵池区），听说刘勋已到海昏，立即让孙贲、孙辅率领人马驻在彭泽准备拦击刘勋，而他自己则与周瑜率兵两万进袭刘勋的大本营皖城，一举攻克并俘虏三万多人。于是，孙策任命李术为庐江太守，拨给他三千人马保守皖城，其余人众全部移往吴地。

刘勋闻讯大惊，星夜回军彭泽。孙贲、孙辅出兵截杀，刘勋大败，逃往流沂（今湖北省黄石市）向黄祖求救。黄祖派他的儿子黄射率水军五千人来援，孙策挥师进攻，刘勋败逃投奔曹操，同时黄射也逃跑了。这样，孙策又得到刘勋两千多兵士和一千多艘战船。

孙策乘胜进攻黄祖，于公元200年初进军至沙羡（今湖北省武汉市江夏区）。刘表派侄子刘虎和南阳人韩晞带领长矛队五千人赶来支援黄祖。不久，孙策率周瑜、吕蒙、程普、孙权、韩当、黄盖等将领同时并进与敌大战，黄祖几乎全军覆没后脱身逃走，韩晞战死，士卒溺死者达万人。这一战，孙策缴获战船六千艘。

孙策又一鼓作气东进豫章，驻军椒丘（江西省南昌市新建区），华歆举城投降。孙策从豫章郡中分出一部分设立庐陵郡（今江西省泰和县），任孙贲为豫章太守、孙辅为庐陵太守，而留周瑜镇守巴丘（今湖南省岳阳市）。孙策还先后击破邹伦、钱铜、王晟、严白虎等部，于是江南平定。

曹操闻孙策平定江南，叹息说："猘儿难与争锋也!"于是，曹操把兄弟的女儿许配给孙策的弟弟孙匡，又让儿子曹章娶了孙贲的女儿，并以礼征召孙权、孙翊，命扬州刺史严象推举孙权为茂才。

四、遇刺身亡留疑难

公元200年春夏之际，孙策出去打猎。正当孙策快如疾风地奔驰时，突然从草丛中跃出三人，弯弓搭箭向他射来。孙策仓促间来不及躲避，面颊中箭。这时，后面的扈从骑兵赶到，遂将三人杀死。这是怎么一回事呢？原来，许贡上表给汉献帝刘协，说孙策骁勇，应该召回京师控制使用，免生后患。此表被孙策的密探获得，孙策便下令绞死了许贡。许贡死后，其门客潜藏在民间寻机为其报仇，这次终于得手。

就这样，年仅二十五岁的孙策死了。孙策死后留下了诸多"难题"，其中第一个难题就是他的死亡过程及原因。

关于孙策的死亡过程，历史上有三种说法：

第一种说法，据《三国志·吴书·孙策传》记载，认为孙策是仇人许贡的门客刺杀之后中箭，自知不久于人世，便马上请来张昭等人托以后事。孙策说："中国方乱，夫以吴、越之众，三江之固，足以观成败。公等善相吾弟！"接着，孙策叫来孙权给其佩上印绶，说："举江东之众，决机于两阵之间，与天下争衡，卿不如我。举贤任能，各尽其心，以保江东，我不如卿。"然后，孙策嘱咐弟弟孙权说："内事不决问张昭，外事不决问周瑜。"当天夜里，二十五岁的孙策去世。后来，孙权称帝后，追谥孙策为长沙桓王。后人有诗称赞孙策说：

独占东南地，人称"小霸王"。运筹如虎踞，决策似鹰扬。

威震三江靖，名闻四海香。临终遗大事，专意属周郎。

第二种说法，据裴松之《三国志注》引《吴历》记载，孙策受伤，大夫告诉他说这伤可治，但应好好养护，一百天不能有剧烈活动。孙策拿过镜子自照面目，对左右说："脸成了这个样子，还能建功立业吗？"于是奋起虎威，推几大吼，伤口全都裂开了，后于当夜死去。

第三种说法，据《搜神记》记载，孙策死于东汉末期道士于吉为祟。孙策杀死于吉，此后每一独坐都感到于吉好像就在左右，心中恼火。这次调治箭伤刚有起色，引镜自照，又见于吉立在镜中，回头看却不见于吉，如是再三。孙策摔破镜子，奋力大吼，伤口崩裂而死。

于吉是东汉末期的道士，被认为是道教经典《太平经》的作者。根据《三国志注》引《江表传》记载，于吉经常往来于吴、会稽两地，建造精舍，烧香读道书，制作符水给人治病。根据《三国志·吴书·孙策传》记载，公元200年，于吉被孙策以"幻惑人心"的罪名斩首。

那么，关于孙策死亡过程的上述三种说法，究竟哪一种更加符合历史真实呢？这就仁者见仁、智者见智了，但相对而言更加相信第一种说法。

孙策死亡的过程够复杂了，但更加复杂的则是孙策的死因。

关于孙策的死亡原因，一般比较可信的是《三国志·吴书·孙策传》的记载，认为孙策在平定江南之后于公元200年春夏之际，在出去打猎的过程中遭到仇人许贡的门客刺杀而身亡。

当然，这种简单的死亡原因还是有很多漏洞的。为什么呢？

根据《三国志·吴书·郭嘉传》记载："孙策转斗千里，尽有江东，闻太祖与袁绍相持于官渡，将渡江北袭许。众闻皆惧，嘉料之曰：'策新并江东，所诛皆英豪雄杰，能得人死力者也。然策轻而无备，虽有百万之众，无异于独行中原也。若刺客伏起，一人之敌耳。以吾观之，必死于匹夫之手。'策临江未济，果为许贡客所杀。"

这段记载说的是，孙策在扫平吴会、尽有江东之时，曹操正在与袁绍相持于官渡并准备官渡之战，孙策也在趁这个大好时机调兵遣将准备做那种鹬蚌相争——渔翁得利之事，争取偷袭北方成功，同时击败曹操、袁绍两大势力而一举统一中国。此时，曹操众将惶恐不安，而"天才"的郭嘉（170—207）越众而出，侃侃而谈，豪言"孙策必死，不足为惧"。结果，真如郭嘉所料，孙策"临江未果"，遇刺身亡。

《三国志》作者陈寿著书从简，稍有可疑的史料一概摒弃，而关于这段"神乎其技"的论断却赫然昭之于世。裴松之《三国志注》对这段记载就颇有微词，他认为："（郭）嘉料孙策轻佻，必死于匹夫之手，诚为明于见事。然自非上智，无以知其死在何年也。今正以袭许年死，此盖事之偶合。"

裴松之的观点是：第一，郭嘉铁口判命，判死孙策是"明于见事"。第二，非为"上智"，郭嘉虽然判定孙策死于"匹夫之手"，却料不定死于何时，也就是说如果孙策晚死几年，在官渡大战时出兵北进，那么这个"神算"就没有意义了——因为孙策死于公元200年夏，就在此时官渡大战全面爆发。这也太巧合了吧？

那么，究竟是陈寿记载的选材有问题还是其中另有隐情，抑或是当时的人都明白是怎么回事，只是我们后人不明白呢？这还要从孙策对江东的统治说起。

公元196年，曹操"挟天子以令诸侯"，招揽名士，壮大声势，如孔融等人皆应招而来。与此同时，江南的一场巨大变革也正在进行。孙策出兵江东，转斗千里，攻破吴郡、会稽等地，声势日隆。

孙策虽然在形式上尽有江东之地，但仅仅是在"形式上"。东汉末年，构成统治力量的并非汉朝廷中央，也非官派郡守，而是那些握有兵马、称雄一方的士族豪强。

当时，孙策对当地豪强采取的是高压政策，不断对其打击和杀戮。孙策此举的目的是打击当地的"地头蛇""土皇帝"，进而全有江南、保有长江。在孙策的高压政策下，江东士族和地方豪强联合反抗，而且十分激烈，以致江东孙氏与当地士族和地方豪强关系相当恶劣。

根据史料记载，孙策当政时期，被他打击和杀戮的当地豪强、郡守、头目等的人数非常之多，他们当中比较有代表性的有：前吴郡太守盛宪、现吴郡太守许贡、扬州牧刘繇、会稽太守王朗、山越大帅严白虎、乱贼许昭、太平道首领于吉、陈登（163—201）的叔父陈瑀，以及当时寄寓江东、后来官至蜀汉太傅的许靖。

当然，他们之所以如此激烈地反对孙策，除了孙策的残酷镇压以外，还有一个原因就是孙策系出袁术一系，而袁术于公元197年僭号称帝，所以郡守、名流、士族对孙策自然不会待见。

无论怎么说，孙策与江东豪强的关系势同水火，这一点是显而易见的。郭嘉与孙策素未谋面却知道其"轻而无备"，那么想来这个结论知道的恐怕就不止郭嘉一个人。因此，郭嘉据此两点断言孙策必死于"匹夫之手"，倒也不算神乎其技。

真正神奇的是，郭嘉预测的时间是在公元200年3月至5月之间。在这段时间内，公元200年3月曹操东征刘备胜利回师官渡，到公元200年5月北援白马，而这3月到5月之间正是所谓"相持于官渡"的时间，孙策则恰恰离奇地死于此时。这才是真正的"铁口判命"，裴松之将这一现象解释为"此盖事之偶合"。

但是，真的仅仅是"偶合"吗？

《三国志·吴书·孙策传》记载："先是，策杀贡，贡小子与客亡匿江边。策单骑出，卒与客遇，客击伤策。"这段记载在讲一件事情，吴郡太守许贡被孙策杀死，后在孙策落单期间，许贡的门客暴起刺杀了孙策。时间就是公元200年5月。

孙策之死，与郭嘉的预言到底有什么因果关系？他的死与那场决定天下命运的官渡大战又有什么样的联系？

统观全局，纵横比较，我们或许会看到一些别样的东西。

公元208年，曹操做了一件"好事"，他把远在塞外的蔡琰重金买了回来，而蔡琰就是著名的蔡文姬。曹操为什么要这么做呢？因为蔡琰的父亲、著名的文学家蔡邕（133—192）与曹操是莫逆之交。

根据《后汉书·王充传》注引袁山松的《后汉书》记载，蔡邕早年任职朝廷，后来官运不济离开庙堂，远走江东吴会之地。在江东吴会之地，蔡邕一住就是十二年，直到公元195年才离开。这十二年间，蔡邕与当地文士、郡守、士族交往颇深。据《永乐大典》（残卷）记载，蔡邕不但与曹操关系莫逆，还与孔融是好朋友，而孔融与孙策打击的曾做过吴郡太守的盛宪关系又非常密切。

当然，如果说仅凭这一点东西还不能断定孙策的死与北方的曹操集团有什么必然联系的话，自然是有道理的，毕竟互相交往不能说明政治利益。但是，下面要说的故事则很能说明一些问题。

汉末大乱，有一个人远避吴郡，而其祖父曾经官至吴郡太守，因此他在太守舍中看到了祖父的画像，结果当场大哭。这个"好孩子"是谁呢？他就是曹氏的"千里驹"，被曹操待若亲子的曹氏族子——曹休！或许曹休的祖父做吴郡太守已经"年代久远"无可考证，但他与当时在任的吴郡太守盛宪或许有某种关系（他们也许是曾经的上下级，正如盛宪与许贡），否则在太守官邸何须悬挂前任太守画像？

通过这两件事情可以看出，北方的曹操集团与江东的士族集团其实存在着千丝万缕的联系。许靖寄寓交趾，发送书信要求结纳曹操；许贡也曾献计曹操，建议迅速整治孙策。这中间的林林总总不是三言两语可以道完的。

如果说这一切还不足以说明曹操集团和孙策之死的联系，那么下一条历史记载则表达得更加直观。

根据西晋人虞溥（238—300）的《江表传》记载："广陵太守陈登治射阳，登即瑀之从兄子也。策前西征，登阴复遣间使，以印绶与严白虎余党，图为后害，以报瑀见破之辱。"

至此，我们几乎可以下断言：即使曹操集团与孙策的死没有直接关系，但其预料孙策之死的准确度几乎可以精确到"月"，江东豪强与江北曹操集团的联系不可谓不紧密，而这一情况的"导演"很可能就是"间谍卧底"高手陈登。

如今，历史已经远去，记载大多湮没，留下的只有后人无尽的唏嘘。或许，我们还在叹息"小霸王"死于"匹夫之手"，从而未能在公元200年的中原逐鹿中与曹操一争雄长。

如果认为孙策的死真的是"间谍卧底"高手广陵太守陈登一手"导演"的话，那新的问题就出来了：广陵太守陈登背后的真正黑手又是谁呢？我认为，这个广陵太守陈登背后的真正黑手很有可能就是曹操，而曹操很可能事先已经安排了孙策的仇人——许贡的门客暗中刺杀孙策的事。可是，相关的证据呢？

当曹操听闻孙策袭取江东，常常叹息："猘儿难与争锋也。"他先后以汉朝廷的名义任命孙策讨逆将军，封吴侯；又与孙氏结亲，目的无非是一个——"是时袁绍方强，而策并江东，曹公力未能逞，且欲抚之"。

到公元200年的关键时刻，曹操的这种招抚手段却已经失效了。那年春天，袁绍合并十万骑，气势汹汹地直扑黄河渡口白马，而曹操在那里只有于禁和乐进苦苦支撑，直到夏天曹操才北进支援。曹操两个月在官渡无所作为的原因，其实就是在防备背后的孙策。正是在此时，曹操幕僚一起商议对付东吴的策略，于是就上演了郭嘉"神机妙算"的那一幕。现在看来，那与其说是"神机妙算"，倒不如说是"既定方针"。

君不见孙策陨殁未几，曹操立刻北进白马，其无后顾之忧以至于此。更有甚者，孙策死后，反应最激烈的是两个人——孔融和孙权。

孔融与孙策不沾亲、不带故，那对孙策的死何必惊慌呢？因为孔融知道他的兄弟盛宪活不成了，所以他上书求曹操营救盛宪。但孙权的反应比孔融还快，当即就杀了盛宪。孙权即位后一改孙策的高压政策，对豪强采取怀柔手段，但唯独不放过盛宪，其中原委恐怕不难体会。巧合的是，杀死孙翊（184—204）的妫览、戴员也是盛宪旧部。更为奇怪的是，孔融举荐给曹操的人才没有一个得到善终，而盛宪的儿子却位至"征东司马"。

孙权日后处处与江东豪强周旋，最终到了晚年却大开杀戒，终于将对孙氏集团构成威胁的江东豪强诛戮殆尽，免除了心腹之患。比如虞翻，他与孔融、王朗、盛宪等人交往甚厚，最终自然难逃劫难。

综上所述，孙策杀戮豪强、"轻而无备"固然是他遇刺的内因，但曹操指使的陈登形成的外因看似是必然中的"偶然"，其实却改变了历史进程。至于郭嘉的"铁口判命"，如果离开了陈登高超的"卧底暗杀"技术，便没有任何意义。

退一步说，即便不是曹操指使陈登暗算孙策，从江东豪强与北方曹操集团的联系来看，曹操集团事先对于孙策的死有所预感也是十分正常的。在曹操幕僚中，预料到孙策死期不远的当不止郭嘉一人。

孙策死后留下的第二个问题就是他的精神遗产和继承人问题。

史书称"孙策为人，美姿颜，好笑语，性阔达听受，善于用人。是以士民见者，莫不尽心，乐为致死"。从某种程度上说，孙策能够占据江东，跟他礼贤下士、善于用人大有关系。通过几件事，可以看出孙策的这一特点。

一是重用旧臣，用人不疑。

孙策刚出道的时候，只有吕范、孙河二人经常跟从，危难不避。孙策待吕范如亲戚一样，往往带他一起升堂见母，饮宴欢叙。孙策入据曲阿，增兵到两万多人，把吕范部下的兵士也增加到两千多人。有一天，吕范一面陪孙策下棋，一面对他说："将军的事业越来越大，士兵也越来越多，而各种纲纪尚不完备。我愿暂为都督，帮助将军做好这些事情。"孙策说："你是著名士大夫，手下拥有不少兵将，且在疆场上已立大功，哪能委屈你管这些军中琐细事务呢？"吕范说："我舍弃乡土，跟你到处奔波，并非求取妻子儿女和荣华富贵，我是想经时济世做出一番大事业来。你我二人，譬犹同舟涉海，如一事不妥，双方都受损失。我这也是替自己考虑，不光是为你着想。"孙策听了，只是笑，不说话。吕范当即告别出来，脱掉外衣换上骑兵将领的衣服，然后提着马鞭来到孙策阁门，自称兼任都督之职。这样，孙策给了吕范兵符，让他执掌军中诸务。吕范加意留心，整顿纲纪，军中肃睦，威禁人行。

孙策任命张纮为正议校尉、张昭为长史，他们二人一人居守一人从征，出谋划策，言听计从。孙策以师友之礼对待张昭，文武之事都由张昭主理。张昭常收到北方士大夫的书信，信中把所有的功劳都归于他，并对他大加赞美。为此，张昭感到进退两难。孙策知道后却非常高兴，说："从前管仲治理齐国，人们开口'仲父'、闭口'仲父'，而齐桓公成了霸主的第一位。现在张昭贤能，人们开口、闭口褒扬夸奖他，而我能重用他，这功名还不是归我吗？”

二是不计前嫌，重用祖郎、太史慈等降将。

关于祖郎，前面已有涉及；关于太史慈，后面还会讲到。此处暂且不表。

三是抚视孤寡，不欺弱者。

孙策攻克皖城，袁术妻儿老小寄住在此，均被俘获。孙策对他们体恤抚慰，下令不得侵扰。后来，孙策收复豫章，又收拾安排刘繇的丧事，且很好地看顾他的家属。因此，天下士大夫均对孙策大加称誉。

孙策这样做当然是出于建立自己的势力范围的需要，而且以不影响他的功业为前提，其中有两件事可以说明。

会稽郡属员魏腾有一次违背了孙策的意旨，孙策执意要杀掉他。众人一再劝阻，孙策就是不听。这时，吴太夫人站在井边对他说：“你刚刚立足江南，诸事尚在草创，尚未稳固。应该优待、礼遇贤能之人，舍弃他们的过错，表彰他们的功劳。魏腾循例尽职，你却要杀他，这样一来明天大家都会背叛你。我不忍心见你自罹祸难，还是先投井自杀了省心。”孙策大惊，顿悟，马上放了魏腾。

有位叫高岱的名士隐居在余姚，孙策让张昭去请他，自己谦恭等待。听说高岱精通《左传》，孙策也预先玩读，想跟高岱讲论一番。有人乘机离间，先对孙策说：“高岱认为你英武有余、文采不足，你跟他讲《左传》，他如果回答说不懂，便是他瞧不起你了！”孙策暗记在心。那人又对高岱说：“孙策为人，最不喜别人超过自己。他如果问你《左传》的事，你就说不知道，这才合他的意。如果跟他讲论辩难，可就危险了！”高岱信以为真。孙策和高岱见面之后果然说起《左传》，高岱连连回答“不知道”“不懂得”。孙策发怒，以为高岱依恃才能轻慢自己，便把他关了起来。听说高岱被囚禁，他的朋友和当时好多人都在露天静坐，请求孙策释放他。孙策本无杀高岱之意，但登上高楼看见几里地远近坐满了请愿之人，而孙策讨厌高岱能得众人之心，便下令杀了他。

尽管发生了这样的事，但礼贤下士、敬重人才仍是孙策一生待人接物的主流，而这也确实在客观上使江东人才济济，并为孙权建立吴国奠定了基础。

按理来说，孙策具备了成就霸王之业的很多特质，比如说英勇果敢、惜才爱才，但是他还是成了短命英雄，没能等到建立东吴政权。这就要说到孙策跟父亲孙坚的相似之处，他们都好战、轻敌，不知轻重。

还是同样的问题，孙策一路抢占地盘，势必会得罪很多人，而此时的他身居高位也四面树敌，自然应该多注意一点，不要总是自己一个劲地往前冲，身边好歹要有几个贴身护卫。但是孙策不管这些，他自己高兴打猎就自己出去，结果在打猎途中被其曾经杀死的许贡的门客暗箭射伤。随后不久，孙策很快就死了。这就是典型的因小失大，孙策眼看着父亲孙坚死于暗箭，却没有学到父亲死亡的教训，实在是不应该。

这也告诉我们：在"创业艰难百战多"的日子里，创业者就像在走钢丝桥，哪怕百战百胜，但只要一步走错就会满盘皆输、功亏一篑。

第三章

孙权："生子当如孙仲谋"，孙老二到底有多强

孙坚、孙策虽然都过早地死去，但他们却拉起了一支有很强战斗力的队伍，也占据了一块相当大的地盘：会稽郡，即今浙江省的绍兴地区；吴郡，即今浙江省的杭嘉湖地区和江苏省苏南大部分地区；丹杨郡，即今江苏省的苏南局部、苏中大部和安徽的皖东地区；豫章郡，即今江西省的南昌市；庐陵郡，即今江西省的吉安市。这就为孙坚次子、孙策二弟孙权在江南建国奠定了良好的基础。

一、守住江山第一务

孙策死后，孙权正式登上了政治舞台。至此，历史终于朝着真正的"三国演义"的方向大踏步前进了。宋人辛弃疾《南乡子·登京口北固亭有怀》云："天下英雄谁敌手？曹刘。生子当如孙仲谋。"三大英雄人物，在此悉数登场。问题在于，被曹操称为"生子当如孙仲谋"的孙权，论能力不如曹操，论团队不如刘备，为何也可以雄霸一方呢？孙权到底强在哪里呢？

孙权最大的特点，即他的第一个过人之处，就是他具有同时代的其他几位不可比拟的超强内部整合能力：无论是父亲孙坚留下来的元老，抑或是兄长孙策留下来的重臣，在孙权这里都能做到人尽其才；而孙权自己发掘任用的人才，更是让东吴政权如虎添翼。正是因为孙权治下的东吴上下齐心协力，不但稳住了内部的基本盘，而且还能打败来自北方的强敌曹魏政权，又从威

震华夏的关羽手里轻而易举地抢回了荆州，从而让东吴政权越做越大。

那么，孙权的内部整合能力比曹操和刘备还强吗？当然。拿孙权跟曹操、刘备二人比较，一定要注意两个前提：一是年龄，孙权比曹操小二十七岁，比刘备小二十一岁。孙权是后起之秀，社会经验自然要比曹操、刘备少很多。二是身份，曹操和刘备的身份是创业者，孙权的身份是守业者。要知道，创业难，守业更难。

东汉末年，创业成功、守业失败的例子实在是太多了，比如袁绍、刘表等。从某种程度上说，就连刘备也是一样，都属于自身创业成功但后代守业失败的典型。反观继承者孙权，不但成功守住了父兄打下的江山，而且大大地扩张了父兄打下的地盘：向北从曹操父子手里抢夺，向西从刘备父子手里抢夺，但都抢占了大片疆土，从而使东吴异军突起，一跃成为三国诸侯割据势力中无论是面积还是人口都位居第二的强大王者。

想一想，孙权的两个对手：曹操"挟天子以令诸侯"，占据了政治高位；刘备以汉室"正统"自居，占据了道德高位。年轻的孙权处在两强夹缝中，居然能够虎口夺粮，从曹操和刘备手中攻城略地抢占地盘，绝对是"官二代"中的最强者。

孙权能力出众，跟他的成长环境分不开。

孙权的少年时代是不幸的，为了生存跟随兄长孙策先后搬过好多次家。在不断搬家的过程中，孙权体会到了民间疾苦。父亲孙坚战死时，孙权才九岁，他在母亲吴夫人的严格管教之下刻苦读书。后来，当兄长孙策开始四处征战时，孙权也一直跟随转战各地，因此他见过世面，也立过战功，有时还能用书本上学到的知识给兄长出谋划策。这段经历不但让孙权初步具备了文韬武略的才能，还让年轻的他在父兄的军队中有了初步的名望。

当然，孙策一直很注重培养孙权这个弟弟。公元196年，为让孙权早日成才，孙策任命十四岁的孙权为阳羡（今江苏省宜兴市）长，代行奉义校尉。

如此,孙权这个十四岁的少年,不但读过书,而且带过兵、上过战场,有过实战经验,更是担任过基层的领导职务。

相比之下,刘备的儿子刘禅就逊色多了。刘备是老来得子,对儿子刘禅可是宝贝得很,他一出生就受到家族上下所有人的疼爱。正因为刘备的儿子刘禅没什么机会历练,所以他继承蜀汉之后也没什么大的成就。当然,这也不能完全怪刘禅,只能怪刘禅的成长环境。

孙权在识人、用人方面也是非常有才能的。他继承父兄两代的优势,不但留下三代老臣黄盖、程普等名将,而且继续任用跟随孙策打天下的二代能臣诸如张昭、周瑜、吕范。除此之外,他还成功挖掘了连孙策也没能发掘的谋臣,诸如鲁肃、步骘、顾雍(168—243)等人。孙权的过人之处在于其面对内部诸多势力时都能够妥善安排,从而完成内部整合。

孙策选择继承人的时候,考虑的已经不是打天下而是守江山,所以他没有选择性格跟自己很像的三弟孙翊,而是选择了稳中求进、可以守江山的二弟孙权。

孙策去世时,十八岁的孙权要承担起保卫江东的任务实在是很艰难。

当时,江东的东吴政权只是初具规模,政权并不牢固:外有强敌曹操、刘表;境内北面的陈登也一直有吞并江表(指长江以南,意为江外)之志,境内南面的山越人也纷纷割据自保,伺机作乱;更有甚者,孙策对仍存异心的江东世家大族采取了血腥的镇压政策,相当于给孙权留下了一个难题。同时,孙权本人又没有为江东的基业立过任何大的战功,而他身边的那些武将都是身经百战的将军,他们怎么会服从孙权这个年轻后生的指挥呢?

故而孙权最初掌管江东时,局势一度非常动荡不安:庐江太守李术公开反叛,孙坚长兄孙羌之子孙辅与曹操暗中往来,孙坚幼弟孙静之子孙暠更是企图发动政变夺取政权。可以说,孙权的这些亲戚,没有一个是省油的灯。

关键时刻,首先出面支持孙权的是张昭、周瑜、吕范、程普等老臣。周瑜和张昭主动分管一些琐碎的行政事务,全力支持和辅佐孙权,迅速安定了江东局势。张昭脱下了孙权的丧服,给他换上了军装,然后扶他上马巡视三军;周瑜也亲自出面把好朋友鲁肃推荐给孙权。

这里就说到孙权成功挖掘了长兄孙策没能发掘的人才了。

公元198年,周瑜带鲁肃投奔孙策。结果,周瑜受到重用而鲁肃却什么也没得到。公元200年,孙权继任后,周瑜再度向孙权推荐了鲁肃,结果鲁肃受到重用。

孙权马上与财大气粗的鲁肃结交,说出自己的心思,求得鲁肃的见解,听取了鲁肃"剿灭黄祖,讨伐刘表,占据整个长江一带,然后称帝,兼并天下"的建议。鲁肃这番"鼎足江东而后进取天下"的"规划"始于公元200年,比诸葛亮的《隆中对》还早了六年有余。与鲁肃榻饮密议之后,孙权心里对鲁肃却是甚为激赏,与之日益亲密,不时面谈请教。鲁肃逐渐成为江东政治舞台上极为活跃的政治家。

此后,孙权在周瑜、鲁肃和张昭的辅佐下,对内采取了"分部诸将,镇抚山越,讨不从命"的策略,上台伊始就一改孙策诛戮英豪的旧例而招延俊秀、聘求名士。当时,除了任中司马的诸葛亮兄长诸葛瑾(174—241),孙权手下还有博览群书、精通天文和数学的陆绩(188—219),擅长军事的吕蒙(178—220),素孚众望的凌统(189—217)等,就连冤家对头陆康的侄子陆逊(183—245)也一并延揽入幕府。此外,黄盖、太史慈等旧将都忠心辅佐孙权,因此江东的基业也渐渐巩固。

孙权对投奔他的敌将甘宁亦是十分喜爱,不计前嫌而委以重任。

甘宁,字兴霸,巴郡临江人,自小就侠气冲天,因杀人而逃亡江湖。后来,甘宁学习兵法,投奔刘表,无奈刘表瞧不上他,他又转投黄祖,曾一箭射死孙权西征大将凌操。然而,甘宁虽然立功无数,却得不到重赏,反而遭到斥骂。后来,黄祖部下大将苏飞暗暗指使他投靠孙权,通过吕蒙的引荐为孙权麾下大将，开诚布公地谈起江夏形势，请求孙权"先讨黄祖，趁势西上，荆州可得，巴蜀亦可夺"，并忠心耿耿地为孙权上阵杀敌。

"一朝天子一朝臣"，这句看似反映了历史现实的话，对于历史的发展来说其实未必有促进作用。其实，这句话放在现代的公司管理中也是一样，毕竟一个公司要想做大做强就需要调动所有员工的积极性：既要让元老们发挥余热，又要最大限度地调动中坚力量的积极性，更要让新加入公司的年轻人有展示才华的空间。当然，仅有上述这些还远远不够，还要改善公司已经被固化的形象问题。

对于刚刚继任的孙权来说，他需要改变的是父兄留给世人的"生猛"硬汉形象。

历史上，无论是孙坚还是孙策，留给他人的形象都是过于刚猛暴戾。孙权上台以后，一改父兄生性中暴戾的部分，特别善于"以情感人"，具体表现为善于同所有属下进行"亲切友好"的情感交流，让他们获得亲情般的温暖。同时，孙权一改兄长孙策对江东豪强大族的粗暴作风，改之以招延聘求才俊、名士。

对于这些人才，孙权都特别尊重和爱护。史书记载，孙权曾亲自去拜访顾雍的母亲，"（顾雍）迎母于吴。既至，权临贺之，帝拜其母于庭，公卿大臣毕会"。孙权对顾雍的母亲能用如此大礼，不管他是真心的还是在做戏，都足以让大臣们感到暖心，进而誓死效忠孙权。

在公元221年刘备举全蜀汉之兵讨伐东吴时，孙权就派了诸葛瑾——蜀汉丞相诸葛亮的兄长——前去讲和。当时，张昭担心诸葛瑾会一去不回，但孙权说："孤与子瑜有死生不易之誓，子瑜之不负孤，犹如孤之不负子瑜也。"从这里可以看出，孙权最擅长的就是攻心，打信任牌，打感情牌，且这招屡试不爽。

说到这里，还要单独讲一下周泰这个人。

孙策平定江东时，下蔡（今安徽省凤台县）人周泰加入孙策的军队，紧随孙策左右并屡立战功。孙权爱其为人，就向孙策请求让周泰跟随自己。周泰多次在战场上保护孙权的安危，身上受的伤多达几十处。如果不是周泰，孙权很有可能会步其父兄的后尘。

公元217年，孙权任命周泰为平虏将军，负责守卫濡须口（在今安徽省含山县西南六十里濡须山与无为县西北五十里七宝山之间），同时任命名将朱然和徐盛两人担任周泰的副手。孙权知道朱然和徐盛两人不服气，便借巡视的名义亲自到了濡须口，然后大摆宴席款待众将领。

宴席间，孙权起身拿起酒樽，"行酒到泰前，命泰解衣，权手自指其创痕，问以所起。泰辄记昔战斗处以对"，"权把其臂，因流涕交连，字之曰：'幼平，卿为孤兄弟，战如熊虎，不惜躯命，被创数十，肤如刻画，孤亦何心不待卿以骨肉之恩，委卿以兵马之重乎！卿吴之功臣，孤当与卿同荣辱，等休戚。幼平意快为之，勿以寒门自退也。'"。孙权遣使者授周泰御盖，于是诸将心服。这番话说得有真情实感，感人至深，诸将能不服吗？

再来说说孙权的第二个过人之处。事实上，孙坚之死也好，孙策之死也罢，都是死于身先士卒、亲力亲为。当然，身先士卒、亲力亲为是优点，但同时也是冒险。如何既能做到身先士卒、亲力亲为，又能保护好自己，不做无谓的牺牲呢？孙权继任后，没有走父兄的老路，打仗的时候进退有度。

孙权是个孝顺的孩子，当年父亲孙坚死于岘山乱石之下死不瞑目，而兄长孙策未能杀黄祖报父仇便英年早逝，因此为父报仇的重任落在了孙权的肩上。当孙权在江东站稳了脚跟之后，连续三次出兵讨伐黄祖替父报仇。

第一次是在公元203年，孙权打得黄祖落荒而逃，一直退到夏口（今湖北省武汉市汉阳地区）。这一次，孙权做到了兵法上所说的"穷寇莫追"，而没有犯他父兄曾犯过的错误。在孙权看来，既然一时半会儿消灭不了黄祖，那就"大丈夫报仇十年不晚"好了。

公元207年，孙权二次西征，行军途中因得到母亲吴太夫人病重的消息，不得不退兵。

公元208年，孙权第三次亲率大军西征。这一次，吕蒙率部歼灭了黄祖的主力部队，凌统率部攻陷了黄祖的老巢江夏。黄祖无力抵抗孙权逃离江夏，却被骑士冯则追上枭首。得到黄祖首级后，孙权带着一万多战俘班师，并将黄祖首级献祭于亡父孙坚。

孙权虽亲自带兵出征，但具体征伐则交由属下。所以，孙权比起父兄可能更加具备领导者的气质，能够带领自己的团队长远发展。同时，孙权对属下进行明确分工，让其充分发挥各自的职能，而他自己更多的是运筹帷幄做决策，并善于听取属下的意见。

在这一方面，孙权刚上任的时候就做得很好。

二、三分天下成伟业

公元208年，曹操南征，大败刘备。曹操占领江陵后给孙权写信，直言要取东吴之地。孙氏阵营内部分化为主战、主和两派，主战派以鲁肃、周瑜为代表，主和派以张昭为代表。张昭在当时影响力很大，但孙权有意与曹操一战，故派鲁肃面见刘备。

鲁肃在当阳找到了处境狼狈的刘备，向刘备询问今后的去向。刘备回答说，想到苍梧（今广西壮族自治区梧州市）去投奔在那里担任太守的吴巨。鲁肃劝阻刘备说，吴巨所处之地偏僻，没有作为，迟早会为人所吞并，不是托身的地方。然后，鲁肃介绍了江东的实力和孙权的为人，指出刘备只有联合江东抗曹才有出路。刘备接受鲁肃的意见，放弃投奔吴巨的计划，改向东行。刘备在沿途与部将关羽的万余水军和刘表另一个儿子刘琦所率的万余人会合后退守到樊口（今湖北省鄂州市），后派诸葛亮随鲁肃至柴桑（今江西省九江市）会见孙权，商讨两方联盟的大事。此时，孙权心里安定了。

当时，周瑜奉命出使鄱阳（今江西省鄱阳县），未在江东。鲁肃请求急速将周瑜召回担任抗曹主帅，以作抗曹的军事准备。孙权接受主战派鲁肃的建议，将周瑜召回商讨对策。周瑜一到达柴桑便力挽狂澜地说明了曹操的种种弊端：曹军劳师远征，此其弊一也；水土不服，此其弊二也；后方有患，此其弊三也。同时，周瑜直言：况且孙将军神武雄才，江东兵精粮足，若联合刘备，必定能击溃曹军。

孙权听后，当即表示要跟曹操决一死战，并说："君言当击，甚合孤意，此天以君授孤也。"孙权果断决定，以周瑜、程普为左右都督，与刘备合兵同曹操决战。周瑜用黄盖之谋，以五万人于赤壁大破曹军。刘备、周瑜等又追击至南郡，曹操只好撤回北方。这就是历史上大名鼎鼎的赤壁之战。

赤壁之战后，曹操虽没有实现吞并荆州和江东的目的，但占了襄阳，消除了从南部给许下（许昌）的威胁，总算有所得。孙权在赤壁大战的胜利，也使其加强了孙氏政权在江东地区的割据地位。孙权占有了荆州的东部江夏等郡，扩大了地盘，巩固了江东"根据地"，所得不少。当然，成就最大的是刘备集团。刘备原本奋战半生在北方从未取得立足之地，但如今逐步在荆州站稳了脚跟，先后取得长江以南的武陵、长沙、桂阳、零陵四郡，自号左将军、领荆州牧，设大营于油江口（今湖北省公安县），后易其名为公安。就这样，曹、刘、孙三家瓜分了荆州，同时也埋伏下孙、刘两家争荆州的祸根。

公元211年，周瑜染病去世。孙权任命鲁肃接管所有周瑜统率的军队。同时又把东吴政权的治所迁至秣陵（今江苏省南京市），改名建业，并在城西二里外山上建"石头城"用以储备军粮器械。曹操料孙权有北进之意，便于公元213年初亲率十万大军进攻孙权。当曹操进至濡须口时，孙权以舟师围攻曹操水军，俘获三千余人，溺亡数千人。在与之相持一个多月后，孙权成功地劝退了曹操。

公元215年，刘备收取益州。与此同时，孙权遣诸葛瑾讨还荆州，刘备不从。孙权以吕蒙为将，连下长沙、桂阳、零陵三郡。刘备亦起兵五万赴公安，关羽将三万于益阳与鲁肃对峙，大战一触即发。然而，曹操于此时率主力西征汉中，刘备面临腹背受敌的极大威胁，遂与孙权议和。最终，长沙、江夏、桂阳归属孙权，南郡、零陵、武陵归属刘备。

公元217年，鲁肃病逝。公元219年夏，孙权欲攻合肥，魏军大部调到淮南防备吴军，而镇守荆州的蜀将关羽趁机发动襄樊之战。在此期间，据称关羽曾数次辱骂孙权所派的使者，后来还派人"擅取湘关米"，于是孙权以此为名出征荆州。吕蒙兵不血刃，袭取刘备统治下的南郡、零陵、武陵三郡；将军潘璋部下马忠也将关羽擒杀。

孙权算得上是三国继承人里最优秀的，他也许比不上曹操和刘备，但如果跟当时其他的"官二代"继承人相比，其能力绝对"碾压"全场。孙权从小就跟着父兄四处征战，积累了很多实战经验，而对于江东集团来说孙权继任时是有实干本领、能够真正掌舵的。

三、治下江南大开发

公元221年，孙权遣使向曹魏称臣。公元222年，魏文帝曹丕册封孙权为吴王。同年，在夷陵之战中，孙权手下大将陆逊大败刘备。公元229年5月23日（农历四月十三日），孙权于武昌（今湖北省鄂州市）南郊即皇帝位，国号"吴"。这就是历史上的吴大帝孙权。随后，因夏口、武昌并言黄龙、凤凰见，遂改元黄龙，大赦天下。孙权追尊父亲孙坚为武烈皇帝，兄长孙策为长沙桓王，同时立长子孙登（209—241）为皇太子，并以诸葛瑾的长子诸葛恪（203—253）为太子左辅、张休（205—245）为右弼、顾谭为辅正（205—246）、陈表（204—237）为翼正都尉。

当然，孙权称帝后面临的一个非常关键的问题，仍然是如何处理与曹魏和蜀汉两国的关系。孙权明白当务之急还是应该全力修复、继续巩固吴蜀联盟，全力打击人口最多、面积最大、实力最强的曹魏。为此，孙权一称帝就马上遣使入蜀，告以并尊二帝之议。不久，蜀汉遣卫尉陈震使吴，祝贺孙权称帝。吴与蜀联盟，约中分天下，以豫、青、徐、幽属吴，兖、冀、并、凉属蜀，司州以函谷关为界。显然，吴、蜀意在图谋瓜分曹魏，双方的胃口还都不小。

如今，西边的蜀汉已经与东吴结成联盟，东吴的都城武昌便完全失去了西防蜀汉的军事价值。因此，称帝不久的孙权很快决定迁都建业，留太子孙登及尚书九官于武昌，使上大将军陆逊辅太子，并掌荆州及豫章三郡事。

孙权之所以迟迟到了公元229年才最终决定称帝，这主要的原因在于东吴的国力和经济实力。

魏国：曹操在北方经营多年，又是中原地区，开发已久，实力自不必说。曹操终其毕生之力致力于统一做"周文王"（约前1152—约前1056），而其死后世子曹丕称帝就理所当然了。

蜀国：刘备在曹丕称帝后也接着称帝，但是另一种情况，不是取决于自身国力，而是一个策略问题。刘备一开始就是以"帝室之胄"之名起家的，这是收买人心的一面旗帜。蜀自荆州丢失以后国力受损，刘备打出"汉贼不两立，王业不偏安"的旗号称帝，目的是振奋人心。

东吴则不同了，没有曹魏的经济基础，也没有蜀汉的尊贵血统，没有什么可以依靠的。孙权在刘备东征时，派都尉赵咨使魏向曹丕称臣，目的是借此壮大自己的声威，避免两线作战，从而集中兵力西进。孙权屈身忍辱，称臣受封的奇策大得实惠,加强了孙权对江南地区的统治。当然,孙权没有称帝还有其他原因,那就是江南地区还不是很稳定,如山越经常作乱。

孙权缓称帝是一着妙棋,与袁术智术短浅而急于称帝并最终昙花一现相比,实在是高出许多。如此,历史掀开了新的一页。

此时,孙权终于逐渐认识到,积极开发江南才是自己立国的根本。

东吴政权作为我国历史上东南地区第一个大的地区性政权,在开发东南地区经济和发展海外贸易方面具有重要的历史作用。

一是东吴建都武昌、建业,使长江中下游经济得到切实发展。

从三国分立到孙皓降晋前后共六十年,东吴两次建都武昌并为时近十年,而建都建业的时间则长达五十年。东吴两次建都武昌,主要是从军事上考虑的。其时,三国鼎立、战乱频仍,荆州为三国军事争夺的重点,而武昌地扼长江中游,西援西陵,东达建业,军事上可应付自如。然而,为什么东吴却又长期以建业为都呢?

这是因为建业在军事上同样具有重要地位。建业地处长江下游,上游"一旦有警","水道溯流二千里","不相赴及",因此它是控扼长江下游的军事要地。更重要的是,建业在政治上、经济上又优于武昌。从政治上说,东吴立足江东,掌权者除周瑜、鲁肃等皖北地主集团,主要靠吴地顾、陆、朱、张四大家族的支持,这些大族的"根据地"在长江下游。从经济上说,吴会地区为东吴政权经济命脉之所系。这两点正是武昌无法与建业相比的。后来,孙皓(242—264)迁都武昌时,左丞相陆凯(198—269)曾目睹"扬土百姓溯流供给,以为患苦",上疏谏曰:"又武昌土地实危险而嵯峨,非王都安国养民之处,船泊则沉漂,陵居则峻危,且童谣言:'宁饮建业水,不食武昌鱼,宁还建业死,不止武昌居'。"这说明地居长江中游的武昌,尽管在军事上有重要地位,但当时在政治上、经济上的弱点则是十分明显的,因此东吴长期定都建业。

东吴对长江中下游地区的重视和着力经营，使长江中下游经济得到切实发展。

首先，长江中下游地区是东吴的重要农业屯垦区。东吴屯田分军屯和民屯，设典农校尉、典农都尉、屯田都尉等职官管理，屯田兵且耕且战，屯田户只需种田而免除民役。

长江中游地区为东吴对魏、蜀用兵之地，驻扎着相当的兵力。东吴实行全军皆农制度，士兵"春惟知农，秋惟收稻，江渚有事，责其死效"，因此凡有吴军驻屯之地即是军屯区，著名的有长沙沤口、陆口、蒲圻屯、夷陵屯、江津屯、黄军浦屯、巴山屯、厌里口屯、寻阳屯、阳新屯。长江下游则有以皖城为中心的江北屯，建业京畿地区则有大桑浦屯、牛渚屯、烈州屯、新洲屯、牛屯、华里屯等。民屯区则比较集中于长江下游地区，如海昌屯、上虞屯、新安屯、毗陵屯、赭圻屯、寻阳屯、湖熟屯、溧阳屯、于湖屯、江乘屯等。

这些军屯区、民屯区，有的规模很大，成为东吴的重要农垦区。东吴时期辛勤的垦殖，使原是虎狼出没的空荒地逐步改变了面貌。

其次，水利的兴修。东吴为与魏、蜀抗争，在长江中下游地区大力进行屯垦，水利的兴修是与之配套进行的。例如，武昌附近长江北岸有引巴灌区，长江南岸修有"阳新灌区"，江陵、安陆屯区也有水利的开发。

长江下游兴修的水利更多且更具影响，其中用于屯区灌溉的有丹杨湖区的浦里塘、娄湖。在建业城内，孙权公元240年开凿运渎（南京第一条人工水道），"西南自秦淮，北抵仓城"；第二年又凿东渠，即青溪，通城北堑潮沟。青溪、潮沟南接秦淮，西通运渎，北达长江，构成了建业城内较为完整的运输网络。更为重要的是，孙权在公元245年使校尉陈勋将屯田及作士（官名，掌刑法）三万人开凿句容中道，至云阳西城，以通吴会船舰的"破岗渎"运河。破岗渎在整个六朝一直贯通不废。又据《太平御览》引《吴志》载，岑昏曾开凿丹徒至丹杨的一段水道。这条水道的贯通也是"自孙氏始"，而丹徒水道成为日后隋代开凿的江南运河的前驱。由此可见，东吴时期围绕都城建业开挖的水利工程确实不少，这对长江下游经济的开发和发展无疑起着积极的作用。

最后，手工业、商业和城市的发展。长江中游的武昌设有官府手工作场。《三国志注》引《江表传》载："权于武昌新装大船，名为长安，试泛之钓台圻。"此船可载战士三千人。武昌又为东吴冶铸业的一个中心，如孙权曾"采武昌山铜铁，作千口剑，万口刀"。湖北东吴墓出土有大量刀、剑、戟、削、弩机等铜铁兵器，而这证实了当时武昌冶铸业的发展。武昌又是东吴的一个制镜业中心，如鄂城东吴墓出土的铜镜就有近百枚，可证实武昌居住着当时制镜的能工巧匠。武昌地区还有青瓷制造业，但其风格与会稽郡的产品有所不同。

商业方面，长江是沟通中下游进行商贸贩运的重要通道。当时，长江中下游商贸的规模很大，贯通建业至吴会的破岗渎运河的开凿不仅运输吴会地区的米粮，而且也活跃了运河沿线的商业贸易。同时，建业城的秦淮河边不仅有大市，还有小市十余所。这说明东吴时期建业的商业贸易已经很发达。

当然，魏、蜀、吴三国虽然时常处在战争状态，但当时并没有今天的所谓"禁运""经济制裁"之类，因而并没有对三方的商业贸易活动产生多大影响。其中，商业贸易最发达的是东吴。孙权搞屯田一度颇积极，但后来人们纷纷弃农经商或被征入伍，屯田就荒废下来了。究其原因，这种状况实际上也是商品经济冲击的结果。

东南沿海有地利，向来有经商的传统，东吴的商业贸易在三国里自然最为活跃。例如，饮茶是三国时期开始盛行起来的，吴国的制茶业发达较早；瓷器也同样如此，考古发掘证实最早的泡菜坛子就是从东吴传到四川的。

吴国的军队还有"军市",就是军中市场。"征伐止顿,便立军市,他军所无,皆仰取足",一批随军的商人总是跟着到处做买卖。但没想到的是,军市后来还起了意想不到的作用:吕蒙偷袭荆州时,就是让士兵化装成与蜀国互市的商人,穿上商人的长袍"白衣渡江"的。如果没有这样频繁的商业贸易往来,吕蒙的计谋也就无法施展了。

随着东吴手工业和商业的发展,长江中下游已开始形成一批城市群。长江中游的江陵、夏口、武昌,长江下游的建业、京口、吴、会稽等就是这批城市群的代表。此外,东吴还奠定了东南地区经济比较落后的豫章、岭南、闽江流域开发的基础。

二是积极开拓东南沿海及与海外的经济、文化交流。

东吴濒临大海,颇具地理地缘优势,得以积极开拓东南沿海交通,发展与海外的经济、文化交流。东吴政权除了将军卫温、诸葛直率万人舰队到达夷洲使台湾岛与大陆发生了正式联系以及远航辽东半岛,还开拓了与东南亚、南亚的经济文化交流。

公元226年,广州刺史吕岱(161—256)讨平交州九真(今越南清化省清化市)太守士徽(?—226,士燮之子)等人的抵抗后,又派遣宣化从事朱应、中郎康泰等人至海南诸国如扶南(辖境大致相当于今柬埔寨全部国土以及老挝南部、越南南部和泰国东南部一带,历史上第一个出现在中国古代史籍上的东南亚国家)、林邑(约在今越南南部顺化等处)、堂明(今老挝)等国。当时,天竺(今印度)使臣正在扶南,朱应、康泰具问天竺土俗。朱应、康泰归国后所著《扶南异国志》《吴时外国传》就记述了当时中国与海南诸国经济、文化交流的情况,成为十分宝贵的文化典籍。

东吴还与西亚、非洲、欧洲有商贸往来。当然,东吴的生意做到了外国,就不只临近的亚洲各国,还包括非洲,甚至远到欧洲的大秦(罗马帝国)。

据载,丹杨太守诸葛恪讨伐山越,俘获了一些"黝歙短人"。其时,有一个大秦商人对孙权说，在大秦从来没有见过这种人。于是，孙权就派会稽人刘咸与这位商人一起带男女各十人去大秦。据说，从东吴去大秦要从海外的一个港口乘大海船、扬七张帆，走一个多月才能到达。

曹丕刚刚登基为魏文帝时，曾派人到东吴索要一些奇珍异品，如雀头香、大贝、明珠、象牙、犀牛角、玳瑁、孔雀、翡翠、斗鸭、长鸣鸡等，大部分都不是中国出产的。有些大臣建议不理曹丕的索求，孙权却答应得很痛快，说："他所要的东西在我这儿就像瓦石一样，我不用的可以换来军马，为什么不和他们做做交易呢？"这就是东吴海外贸易发达的好处，也说明东吴人的商业头脑和经济观念。

值得注意的是，正是东吴的远航船队，首次打通了大陆与台湾岛的联系。台湾岛古称夷洲，在东吴船队到达之前与大陆还没有直接联系，但其附近的岛屿（古称亶洲）从秦汉以来就"时有至会稽货布者"，会稽人出海也时常有因风向漂流至那里的。公元230年，孙权派大将卫温、诸葛直率甲士万人寻找这两个岛屿，结果只找到了夷洲。这是史籍上有关台湾岛最早的记载。从此，台湾岛与大陆的联系逐渐密切起来。

由此看出，东吴立足江南，不仅与魏、蜀鼎立，在政治、军事上上演了一幕幕威武雄壮的剧目，而且在发展长江中下游经济、开发东南沿海地区以及开拓海外经济、文化交流方面均有很大建树。

三是佛教在东吴境内的影响日益增强。

随着东吴与东南亚各国联系的加强，佛教在东吴境内的影响也日益增强。随着印度佛教的逐渐传播，其塑造佛像的艺术技法也传入中国，并且与渊源久远的中国古代雕塑艺术相互融通，形成了中国佛像的仪范。到魏晋南北朝时期，佛教甚为流行，中国大规模塑造佛像的活动开始了。东汉末年，佛教教义开始同中国传统的伦理和宗教观念相结合，从而得以广泛传播，如佛教徒到广陵（今江苏扬州）构筑佛寺、造铜佛。三国以后，北方的洛阳、南方的建业都是佛教重镇。

公元247年，沙门康僧会由交趾至建业，立佛像传教。吴大帝孙权召与谈，并为其建寺立塔。吴国始有佛寺，故号为建初寺。

康僧会，祖先为西域康居人，姓康，世居天竺，后随父经商移居交趾。十余岁时，康僧会双亲并亡，乃出家为僧。康僧会笃志好学，广读佛经和儒家经典，兼及天文方技，能文善辩，卓然高出。至建业后，康僧会在建初寺住三十三年并从事译经，先后译出《小品般若经》(《吴品》)、《六度集经》二部14卷，又注《安般守意》《法镜》《道树》三经并制经序，另有《泥洹梵呗》等。由于康僧会汉学修养较高，其译注词趣雅瞻、义旨微密，文中亦多有老庄名词典故，是印度佛教在中国逐渐汉化的先驱。公元280年，康僧会卒于建业。

四、晚年昏庸留缺憾

在群雄并起的三国乱世，孰民孰主体现在民心向背上，所谓"得人心者方能得天下"，而这就要求统治者们必须做出相应的姿势以巩固政权。三国时期，这种孰民孰主的矛盾最集中地体现在东吴政权的统治中。

江东孙氏虽为吴郡富春人，却长期流落江北，并附逆袁术。孙策后率军返师江东，淮泗武人和江北文士构成了东吴政权的主体，而这在江东大族看来孙氏政权就象征着血腥的征服。同时，孙氏本出自寒门，无论社会身份、文化观念、政治倾向都与江东大族存在根深蒂固的差异，双方因此长期处于敌视状态，部分望族甚至组织参与反抗孙氏的军事武装。孙策对此的回应是血腥镇压，当时知名的江东大族如会稽盛宪、吴郡高岱、周昕兄弟、王晟等均因抵抗孙策统治而被灭族。

这样的铁血政策显然无法长久地维系政权。公元200年，孙策遇刺身亡，死前其对孙权说："举江东之众，决机于两阵之间，与天下争衡，卿不如我。举贤任能，各尽其心，以保江东，我不如卿。"实际上，孙策已经感觉到了危机，要求孙权改变武力征服的做法，通过"举贤任能"将江东大族吸纳到东吴政权中去。孙权继任后，立刻开始起用文士，吸纳贤俊。在张昭等人的举荐下，一部分江东名士相继进入东吴政权充当僚属。赤壁之战后，江东士人在东吴政权中所占比重更是不断增加，"江东化"的进程被显著加快。

以顾雍、陆逊为代表的江东士人很快发现，他们的入仕变得无比艰难了。孙权崇尚法家，科法严峻，征收重赋，称帝后尤为骄躁，对政权旁落的担心使得他不断强化皇权，打击异己；而顾雍、陆逊等人则崇尚儒家，并明确提出了"宽刑罚，布恩惠"，"薄赋省役"，减缓刑罚的养民方针。这两者之间的冲突日益尖锐，"寡言慎动"的顾雍甚至不敢在朝堂上向孙权当面进谏，而采用书面的形式向孙权献策，"若见纳用，则归之于上，不用，终不宣泄"。可以想见，许多以孙权名义发布的政治主张和策略，实际上是顾雍所拟的，而那些没被孙权采纳的进谏顾雍也就由他去了。

当然，这样的政治智慧不是人人都有的。另一位重臣陆逊虽是治国和军事方面的天才，却忽略了孙权心中对江东士族的猜忌，大胆地做了出头鸟。也许是对孙权失望，陆逊把希望寄托在了孙权的继承者身上。作为太子太傅，陆逊对太子和诸皇子的教育是非常严格的，如皇子们想盖个斗鸭栏，却立刻被其劈头盖脸骂了回去："君侯宜勤览经典以自新益，用此何为？"这样自然立刻就把皇子们吓得住了手。可惜，陆逊越努力，孙权就越疑虑不安，担心自己死后位高权重的陆逊会对皇权造成威胁。

更让孙权担心的是，太子孙登跟这些江东士族还处得非常好。江东士族多数尊崇儒学，太子孙登在他们的影响下也真心服膺儒学。当然，儒学之臣不止江东士族（还有张昭、诸葛瑾、步骘等人），但以江东士族为主流。应该说，孙权一开始的时候对此还是乐见其成的，但看到曹魏的情况以后就开始防范起来。

儒学虽然从西汉时开始跟中央政权合作，但对专制皇权始终有些抵触，不像法家那样全心全意地为专制极权服务。这让孙权产生了两方面的担心：一是儒学之臣会不会联合太子制约自己的无限权力；二是太子即位以后政权会不会被儒学之臣把持。

从《三国志·吴书·孙登传》来看，孙登仿佛既是众望所归，又与孙权感情极佳，是无可争议的继承者；很多人也觉得如果孙登不死，孙权立嗣时就不会在孙和、孙霸之间摇摆不定而造成"二宫之争"，东吴也不会元气大伤。但是，《吴书》的记载却暴露了实情："弟和有宠于权，登亲敬，待之如兄，常有欲让之心。"也就是说，孙登做太子的后期，地位已经受到三弟孙和的严重威胁，且有可能被孙权废黜。孙权对太子孙登并不是那么满意，因为他跟儒学朝臣走得太近了。此时，由于孙权的长子孙登、次子孙虑都已经去世，所以孙和就成了嫡长子，宗法上也应该轮到他了，同时孙登死前也建议立三弟孙和为太子。但是，孙和也服膺儒学，与儒学朝臣关系极佳，因此孙权就像不满意孙登一样也不满意孙和。

孙权虽然勉强立孙和为太子，但同时对四子鲁王孙霸又给予太子一样的待遇。孙霸本身是否服膺儒学不太清楚，但他领会了孙权的意图后马上摆出跟儒臣为敌的态度，于是儒臣之外的武将、佞幸、宦官、孙家宗室大都站到了孙霸一边支持立其为太子。这场孙和、孙霸的夺嫡之战，史称"二宫之争"。

孙和一方的儒学朝臣多是江东士族，根深叶茂，而且手握朝权，声望崇高；孙霸一方的大杂烩则有孙权做后台，可以肆无忌惮地栽赃陷害，成为孙权手上的杀人之刀。

孙权见事态越发严重，甚至有失控的趋势，尤其是朝廷大臣分党结派攻讦不已，已严重威胁到东吴统治集团的稳定和统一，使东吴政权有面临崩溃、解体的严重危机，极度震怒。陆逊此时多次上奏，便成了引爆孙权怒火的导火索。

孙权首先对太子党予以严惩。顾谭、顾承等太子党的首脑人物，或被下狱，或被流放；即便遵循礼制、表面上维护太子孙和而实则中立的东吴栋梁陆逊，也被孙权视为太子党而屡加严谴。陆逊的外甥顾谭、顾承、姚信等因亲附太子，被判流放之刑。太子太傅吾粲因多次与陆逊通信交流信息，也被关押入狱，后死于狱中。孙权还多次派遣使者严厉斥责陆逊，导致陆逊愤恚交加，不久去世，时年六十三岁。陆逊这样一代重臣名将，未像诸葛亮那样"鞠躬尽瘁死而后已"，也未死于冲锋陷阵的沙场，却陨落于储争内讧，不禁令人感慨。与此同时，鲁王党的一些首脑人物也纷纷或被罢免，或被拘押。

随着参与党争的一些激进的首脑人物陆续被清除，朝中人事发生了重大变动，很多温和派或中立派的臣僚陆续被拔擢，很多朝臣也开始自觉地置身储争事外，以往激烈的储争逐渐冷淡下来。思索多年后，孙权认为，两党储争已让朝廷产生裂痕，导致了"中外官僚将军大臣举国中分"的局面，非短时间内可以破解；如再让孙和或孙霸其中一人即位，无疑会引发进一步的内讧，进而危及东吴的统治。于是，孙权经过深思熟虑决定另立太子，以此来化解太子党、鲁王党不死不休的储争死局。

公元250年秋，孙权下诏废黜太子孙和，赐死鲁王孙霸，立孙亮为太子，同时劝谏的骠骑将军朱据（198—269）等数十名臣僚或灭族、或处死、或降职、或流放，曾参与谋害太子孙和的鲁王党羽全寄等人则被诛杀。至此，喧嚣长达八年之久的东吴"二宫之争"宣告终结。

历代以来，储君可谓是"高危"的职位，储争更是不胜枚举。储争既伤害了兄弟之间的手足亲情和父子之间的伦理亲情，也给统治集团乃至国家和社会带来了或轻或重的冲击。纵观古代储争，基本模式是皇帝预立储君，其他野心勃勃的皇子不甘屈居其下，于是拉拢朝臣结党夺位；而被立为储君者也大多不甘束手待毙，遂拉拢朝臣与之抗衡。在储争过程中，除皇子与太子间的权争，两大阵营的臣僚往往也将个人、家族的恩怨羼杂其中，因而使储争呈现错综复杂之乱象。

历史上诸多的储争，或因君主宠溺女色立其所生之子为储君，从而冷落甚至杀害其他诸子导致储争乱局；或因溺爱某子，如袁绍溺爱幼子袁尚，导致长子袁谭不忿而夺位内讧；等等。东吴孙权时爆发的"二宫之争"，其不同的是表面上看系鲁王孙霸对太子孙和的不忿，实质上这次储争的根本原因最初源于鲁王孙霸本身的勃勃野心以及孙权的"默许"，因此鲁王孙霸觊觎太子之位并有恃无恐地将夺位的野心和谋划付诸行动。同时，孙权做出的太子与鲁王待遇等同的规定，表面上看是出于一个父亲给予两个儿子"无差别的父爱"，实际上却给了孙霸一个错误的暗示，助长和推动了孙霸的夺嫡野心，导致孙霸认为凭恃孙权的宠爱可以肆无忌惮地夺位，从而成为此次储争愈演愈烈的"推进剂"；而太子孙和的针锋相对以及展开的反夺位行动，犹如火上浇油般更导致了储争烈火越发熊熊燃烧起来。

孙权在发觉储争苗头后，不当机立断做出迅速而正确的处置将储争扼杀于萌芽状态，反而是轻描淡写、不轻不重地敷衍处置，更使孙和、孙霸及二人党羽围绕储争以及个人或家族的利益、仇怨越发激烈博弈，终于闹至不可收拾的溃烂局面。回顾整个"二宫之争"的过程，这不得不说是孙权这位枭雄一生中最大的决策失误了。

最后，孙权为破解"二宫之争"的死局，不得不"壮士断腕"：废黜太子孙和，赐死鲁王孙霸。然而，孙权选择幼子孙亮为太子，却又引发了孙权死后诸葛恪、孙峻、孙綝的权争、擅政乱局。应该说，历史还是与这位一世枭雄开了一个不大不小的玩笑！

公元252年，七十岁的孙权在失望中与世长辞。

当然，处在三国那样一个乱世，孙权十八岁接手父兄留下来的"烂摊子"，却能够凭借自己的能力处理好江东的内忧外患并将江东发展壮大，实属不易之举。

第四章

孙亮：没能够成功铲除权臣的"悲催"皇帝

东吴第二位皇帝孙亮（243—260，252—258年在位），是吴大帝孙权最小的儿子，潘皇后所生。孙权去世时，九岁的孙亮继承东吴帝位。孙权一生共有七个儿子，怎么最后的继承人反而是幼子孙亮呢？孙权临死时将孙亮立为太子到底有何考虑？

一、最幼子登基为帝

孙权一生共有七个儿子，长子孙登（209—241）、次子孙虑（213—232）早已去世；三子孙和（224—253）被立为太子后，因被意图争夺太子之位的四子鲁王孙霸和孙权长女全公主孙鲁班陷害而被废去太子之位，鲁王孙霸也被孙权逼迫自尽；五子孙奋为庶出，加之孙权对其母并不十分喜爱，自然就被剔除出了太子候选人的行列，被封为齐王后早已远离了权力中心；剩下的是六子孙休（235—264）和七子孙亮，但孙权更偏爱七子孙亮。

孙亮年少聪慧，小小年纪就进退有度、处事稳妥，深受孙权看重。其母潘氏正值盛年，得到晚年孙权的独宠，而作为潘氏儿子的孙亮自然被孙权爱屋及乌。

除此之外，孙亮能被立为太子，其长姐全公主孙鲁班可谓功不可没。全公主孙鲁班为增进自己与孙亮母子的关系，将丈夫全琮之侄全尚的女儿嫁给孙亮为妻。

　　经过多方面的考虑，最后孙权决定立幼子孙亮为太子。孙亮即位后，全尚的女儿小全氏（244—301）被立为皇后，而全公主孙鲁班因为拥立孙亮有功，以至全氏一族当时有五人被封爵，是自东吴建国以来外戚中最为兴旺的。自此，全公主孙鲁班的地位可谓是稳如泰山。

　　孙亮即位时，东吴的政治环境已经极其腐败，更要命的是孙亮并没有多少政治基础，虽然孙权给孙亮安排了诸葛恪、滕胤、吕岱（161—256）、朱异等几位大臣辅政。孙亮即位后，任命诸葛恪为太傅、滕胤为卫将军兼职尚书事、上大将军吕岱为大司马、朱异为镇南将军，各在位的文武官员都晋爵加赏，闲散官员加升一级。不过，首席辅政大臣诸葛恪并没有像他的叔父诸葛亮对蜀汉那样忠心耿耿、鞠躬尽瘁，因为这个人志大才疏且独断专权，丝毫没把孙亮这个小皇帝放在眼里。

　　孙亮即位不久，曹魏借孙权驾崩之际出动十五万大军，兵分三路向东吴的东西两个方向进击。太傅诸葛恪率军堵拦巢湖湖水，于东兴（今安徽省含山县西南）修筑大堤，并在濡须山与七宝山之间筑城两座，派将军全端守西城（亦名西关，在今安徽省无为市）、都尉留略守东城（又名东关，在今安徽省巢湖市），以防魏军。

　　公元252年冬，魏派遣将军诸葛诞、胡遵等率领步、骑兵七万人围攻东兴城，将军王昶攻打南郡，毌丘俭进军武昌。诸葛恪派大军迎击敌兵，大军抵达东兴与魏军交战，大败魏军，斩杀魏将韩综、桓嘉等。

　　韩综过去是吴国的叛将，孙权对其痛恨得咬牙切齿，于是诸葛恪命人送回韩综首级以祭告吴大帝孙权。东吴方面缴获魏军的车辆、牛马、骡驴等数以千计，资材器物堆积如山，大军班师。经此一战，诸葛恪在东吴的声望达到了顶点。吴主孙亮进封诸葛恪为阳都侯，加封丞相、荆、扬州牧，督中外诸军事，并赐金一百斤，马二百匹，缯布各万匹。

　　曹魏方面，进攻南郡的王昶、进攻武昌的毌丘俭在听说进攻东兴的东路魏军失败之后，各自烧毁营地后撤走。负责指挥东路军的都督、元帅、监军——安东将军司马昭，因此战的战败而被削去侯爵。

东兴之战获胜后，诸葛恪却产生了轻敌之心。公元253年春，手握兵权的诸葛恪不顾群臣反对，悍然发兵北伐进攻魏国，围攻合肥新城，后因瘟疫流行致兵卒死亡过半。公元253年秋，诸葛恪率军退还。

由于吴军战败且伤亡惨重，诸葛恪为掩饰过失更为独断专权，因此朝野对诸葛恪怨声载道。当时机成熟，早就对诸葛恪不满的孙亮用了"二虎竞食"之计，与孙坚幼弟孙静的两个曾孙孙峻（219—256）和孙綝（231—259）合谋，置酒请诸葛恪赴宴。诸葛恪带剑上殿向孙亮行礼入座后，侍者端上酒来。酒过数巡，孙亮起身回内殿，而孙峻假托如厕，换短装出来厉声喝道："有诏捉拿诸葛恪！"孙峻遂用刀砍死诸葛恪。随后，孙亮又赐死废太子、南阳王孙和，废齐王孙奋为庶人。

引人注意的是，"二虎竞食"之计最早出于曹操手下的谋士荀彧。它的精彩之处在于，以逆向思维的方式，以表面看来舍近求远的方法，从事物的本源上去解决问题，从而取得一招制胜的神奇效果。此典故发生在东汉末年的群雄逐鹿时期，适时曹操迎汉天子定都许昌，吕布败退后投靠刘备，曹操忧心刘备逐步强大起来，故采用此计策利用徐州牧之位诱使刘备和吕布自相残杀，如若成功刘备将少了吕布扶持，即便不成功吕布也将反过来杀刘备，以至于二人再也无法同心同德。一语概之，"二虎竞食"就是坐山观虎斗然后渔翁得利，毕竟一山岂容二虎，二虎相争必有死伤，从而可以从中渔利。

通过此次宫廷政变可以看出，孙亮是个很有想法的人物。

二、亲政始谋诛权臣

孙峻因杀诸葛恪有功，出任丞相、大将军，封富春侯。但孙亮没想到的是，孙峻在掌权以后也逐渐变得荒淫嗜杀，还和已经丧夫的全公主孙鲁班私通，"峻素无重名，骄矜险害，多所刑杀，百姓嚣然。又奸乱宫人，与公主鲁班私通"。

孙峻本身手握朝政大权，加上又有全公主孙鲁班支持，此时的东吴朝堂俨然成为他的"一言堂"，其骄矜程度不下诸葛恪。在孙峻杀诸葛恪后，有多人想暗杀孙峻，但最后均事败被迫令自杀或处死。不过，善恶终有报，孙峻后来在远征魏国途中暴毙而亡。讽刺的是，传说孙峻是被诸葛恪亡魂吓死的，"遂梦为诸葛恪所击，恐惧发病死"。

公元256年，亲政后的孙亮很快便显示出了他的才华。据《三国志》记载，有一次孙亮想吃生梅子，就派宦官捧着一只有盖子的银碗去向管皇家仓库的官吏要蜂蜜。这位宦官向来与仓库官吏结怨，就把一颗老鼠屎放入蜂蜜里，以诬陷仓库官吏失职。孙亮想，蜂蜜向来是密封的，怎么会有老鼠屎呢？孙亮问仓库官吏："宦官向你要过什么东西没有？"仓库官吏叩头说："他曾经向我要过皇宫里用的褥子，但我没有给他。"孙亮听后若有所悟，眉头一皱计上心来，并下令把那颗老鼠屎弄碎看里面是湿的还是干燥的。孙亮笑道，对宦官说："老鼠屎如果早就掉在蜜里，应该是里外俱湿的；现在里面是干的，可见是你陷害他。"随后，这位宦官承认了自己的所作所为。这就是孙亮辨奸的故事。

孙亮很聪明，观察问题很细致，以至于这样一桩小案子通过他自己的思考就可以查出真相，也可以说是明察秋毫了。当然，作为宫廷斗争中很重要的一环，宦官往往决定着事情的成败。所以，皇帝对宦官的把控也是非常重要的。但在这个案件中，孙亮没有给宦官以脸面，其他宦官自然看在眼里记在心上，因而对孙亮的忠诚自然会有所下降，也就会更加容易被权臣收买。也就是说，孙亮在这件事上的处理并不是很妥当，思考问题不够全面。这就是所谓"聪明反被聪明误"的道理，而孙亮在日后被废也有这种因素在内。

不过，亲政后的孙亮还是没能翻身。孙峻去世后，比其还凶残专横的孙綝在第一时间内接掌了堂兄孙峻的职权。孙綝接掌权力不久，大司马吕岱去世。公元256年，骠骑将军吕据等人不满孙綝的继任，要求封滕胤为丞相。孙綝没有理会他们的诉求，转封滕胤为大司马，吕据遂与滕胤密谋推翻孙綝，但最终失败被杀。另一位将领王惇也密谋杀死孙綝，但亦事败被杀。孙綝不仅没有将孙亮放在眼里，还当着朝臣的面多次给孙亮难堪，"綝以孙亮始亲政事，多所难问，甚惧"。

公元257年夏，孙亮几次命中书查阅孙权时代的旧事，于是对左右侍臣说："先帝多次有手诏过问国家大事。现在大将军过问国家大事，只不过叫我照着写罢了。"可见，孙亮对孙綝的独断专行甚为不满。久而久之，孙亮终于决定，与其坐以待毙当一辈子傀儡，不如放手一搏。

怎么办呢？先看一段《三国志》里的记载："綝所表奏，多见难问，又科兵子弟年十八已下十五已上，得三千余人，选大将子弟年少有勇力者为之将帅。亮曰：'吾立此军，欲与之俱长。'日于苑中习焉。"可以看出，孙亮是个非常有想法的君主，他在后花园里着力培养自己的势力，招募童子军日夜操练，以图后用。

此时，适逢诸葛诞在寿春反叛曹魏，并派人请求东吴出兵救援。孙綝派兵协助诸葛诞却最终失败，于是归罪于大都督朱异并将其杀害，其他一些参战的将领也因为怕被孙綝杀死而投降了曹魏。因此，孙亮多次派人责难孙綝救援不成而反诛大将之过。孙綝大为恐惧，回到建业后一直称病不肯上朝。孙綝在朱雀桥南边修建宫室，命令其弟威远将军孙据负责宿卫宫禁苍龙门，其弟武卫将军孙恩、偏将军孙幹、长水校尉孙闿分别驻守各个营地，想要以此来控制朝政以求自保。

三、被废离宫死于途

公元258年秋，孙亮与孙綝的矛盾已经公开化，并私下与大姐全公主孙鲁班、太常全尚、将军刘承（一作刘丞）等讨论诛杀孙綝事宜。过后，孙亮召全尚之子、黄门侍郎全纪，说："孙綝极恶专势，轻看于我。我下诏命令他救援唐咨，他却没有一点动作，反推卸责任给朱异。他随意滥杀有功的臣子，而从不上表告知，现在又筑宅邸于朱雀桥南，不来见孤。这般自在，不可久忍。现在图谋着要逮捕他。你父亲现在是中军都督，让他严整兵马。到时候，我亲自率领宿卫虎骑、左右无难等亲卫军队围困他，以诏书让他束手就擒。你回去后务必告诉你的父亲，只是千万不要让你母亲知晓——她是孙綝堂姐，恐怕会泄露军情。这就耽误大事了。"全纪领命而去。

但全尚谋事不密，果真告诉了妻子，结果被告发给孙綝。孙綝连夜率领部曲抓捕了全尚，派其弟孙恩杀死刘承，乘夜发兵往废孙亮，至天明时兵已围宫。

孙亮大怒，上马带鞬执弓欲出，说："孤是先帝的嫡子，在位已有五年，谁敢不服从？"侍中近臣及乳母等一起拉住孙亮。孙亮终于不得出，哀叹二日不进食，并责备全皇后道："你父亲如此昏庸，几败国事！"又召全皇后兄弟全纪，全纪说："我父亲奉诏不慎，辜负了陛下，我没有脸面再见圣上了。"于是自刎而死。

孙綝让光禄勋孟宗（？—271，"二十四孝"之一"哭竹生笋"的主人公）上告宗庙废孙亮帝位，并召群臣商议道："少帝精神错乱，不可以处大位继承社稷，我已经告诉先帝废掉他了。各位有不同意的，提出异议。"群臣都很害怕孙綝，说："都听将军的。"孙綝遣中书郎李崇强行夺走玉玺，以孙亮的罪状颁告远近。尚书桓彝因不肯署名，被孙綝当场杀死。

孙綝遂废孙亮为会稽王，逼迫孙亮夫妇离宫，由将军孙耿押送到会稽（今浙江省绍兴市）居住，时年孙亮十六岁。随后，孙綝又改立孙亮异母兄琅琊王孙休为帝，是为吴景帝。

孙亮为什么没能像上次除掉诸葛恪一样除掉孙綝呢？一是联合的对象不太对。上次除掉诸葛恪时，孙亮联合的是宗室成员孙峻和孙綝，因为除掉异姓的权臣诸葛恪对宗室成员来说都有共同的好处。但这次孙亮联合的主要是外戚，全公主孙鲁班和太常全尚，其利益分配问题没有解决好。二是谋事不密。孙亮与全公主孙鲁班和太常全尚商量诛杀大事的时候，太常全尚的妻子和孙亮的妃子在得知消息后都第一时间向孙綝告密，最终权臣孙綝先下手为强使孙亮被废。

公元260年，孙亮的封地会稽传出谣言，说孙亮将返回建业复辟；而孙亮的侍从又声称孙亮派巫女祭祀时有怨恨之语。经审判后，孙亮再被贬为侯官侯而被送到侯官（今福建省闽侯县），后丧命于押送途中，押送的人认罪伏法。据《吴录》记载，孙亮可能是自杀，也有人说是被孙休派人毒死的，时年仅十八岁。

作为皇帝的孙亮，不但没能消灭权臣，反而先被权臣所废，后又莫名身死，而这一系列的遭遇可谓"细节决定成败"。孙亮公开招募童子军，本已打草惊蛇；私下密谋杀掉孙綝，又没有提防身边不可靠的人（妾室、丫鬟和宦官等）。在宫廷政治斗争中，消灭权臣是需要更多智慧和手段的，而孙亮还是太年轻了且过于锋芒毕露，终将换来了"聪明反被聪明误"的结局。可以说，孙亮的"聪明"，看来只是"小聪明"了。

第五章

孙休：文泽天下却难挽颓势的短命贤君

说来也是造化弄人，东吴第二位皇帝孙亮从堂堂天子成为会稽王，而东吴第三位皇帝孙休却从会稽出发成为新任皇帝。孙亮暗中欲除孙綝，却因事泄反被罢黜；孙休即位之后则凭借周密的安排，成功除掉了孙綝。在吴景帝孙休的努力之下，孙氏宗亲乱政的现象虽然逐渐得以改善，然而在其执政后期却又出现了权臣乱政的现象。

一、琅邪王即位施政

东吴第三位皇帝孙休是吴大帝孙权第六子，母亲王夫人。

公元247年，孙休跟从中书郎谢慈（205—253）、郎中盛冲学习。三年后，孙权为孙休聘娶朱据之女为妃。公元252年春，孙休被封为琅邪王，居住在虎林（今安徽省池州市贵池区乌石村）。

虎林是一座军事要塞，位于今池州市乌石村。乌石村四面环山，龙舒河穿村而过，长江东流而去，地势险要。要知道，铜在古代是重要的国家战略资源，既可以造币，又可以造兵器。铜矿是东吴可以割据一方的重要原因，正如周瑜所说"铸山为铜，煮海为盐，境内富饶"。由于池州的铜资源十分丰富，东吴在此设立采冶铜官署机构——"梅根冶"，虎林正是为守卫梅根冶而设，常驻守大量兵马以保安全。

公元252年夏，孙权去世，孙休的异母弟孙亮继承皇位，太傅诸葛恪主掌朝政。诸葛恪不愿孙休居住在虎林要塞，因诸葛恪认为此城若失守则会威胁到东吴的统治，便将孙休迁往丹杨郡。在丹杨，孙休与当地太守李衡不睦。李衡多次以法律侵扰孙休，其妻习氏每每劝谏李衡，但李衡不听。孙休上书请求迁往他郡，于是朝廷下诏让孙休夫妇迁至会稽。孙休在会稽郡居住六年，好善慕名，并与会稽太守濮阳兴和左右将督张布交结深厚。其时，孙休曾经梦见自己乘龙上天，回头看不到龙尾，醒后颇为惊奇。

公元258年秋，少帝孙亮被废的第二天，权臣孙綝便派宗正孙楷与中书郎董朝迎请孙休回京师即位。孙休听到消息起初有所疑虑，孙楷、董朝一起陈述孙綝等之所以奉迎孙休的原因，令其留住一天两夜之后出发。十余天后，孙休一行人抵达曲阿，有老翁拦住孙休叩头说："事久变生，天下喁喁（众人景仰归向的样子），原陛下速行。"孙休认为老者说得对，当天就赶到了布塞亭（今江苏省南京市江宁区东山公园）。武卫将军孙恩代行丞相事务，率领百官用皇帝的御车在永昌亭（今江苏省南京市江宁区东）迎驾孙休，修筑宫室，并用武帐围成便殿设置御座。第二天，孙休到达永昌亭望见便殿就停了下来，让孙楷先见孙恩。孙楷回返，孙休才乘辇前行，百官再拜称臣。孙休登升便殿，谦逊而不走上御座，只停息在东厢。户曹尚书前趋到阶下宣颂奏文，丞相捧上玺符。孙休再三谦让，群臣三请。孙休说："将相诸侯共同推戴寡人，寡人岂敢不承受玺符。"百官按等级秩序给孙休导引车驾，孙休乘上帝辇，百官陪侍。孙綝率领士卒千人在近郊迎接，下拜于路旁，孙休下车回拜。当天，孙休登上正殿，大赦全国，改元永安，是为吴景帝。

孙休登基后，李衡十分忧惧，对妻子习氏说："不听你的话，以至于此。"李衡便打算投奔魏国。习氏说："不可，你本是一庶民，蒙先帝提拔过重，才有今日。你已数作无礼，而又自己猜嫌，逃叛求活。如今，你以此投奔北方，又有何面目见中原人？"李衡问："那我该怎么办？"习氏说："琅邪王素来好善求名，此时他正欲自显德行于天下，终究不会因私怨杀害你，此事显而易见。你可自首到狱，表列此前过失，明求受罚。如此，他必会亲自召见并优待饶恕你，那就不仅是活命而已。"李衡听从妻子的建议，上表请求受罚。孙休下诏："丹杨太守李衡，以往事之嫌，自拘有司……遣衡还郡，勿令自疑。"后来，李衡又被加封威远将军，获授棨戟。

二、设计谋诛杀权臣

奇怪的是，被孙綝送上皇位的东吴第三位皇帝孙休，最终却轻而易举地除掉了权臣孙綝。那孙休具体是怎么做的呢？

为了除掉权臣孙綝，孙休做了如下工作：

第一，诱之以高官厚禄，使其麻痹大意忘乎所以。

孙休即位后，马上下诏封孙綝为丞相大将军兼领荆州牧。孙綝之弟孙恩被封为御史大夫、卫将军，孙据为右将军，二人皆封县侯。孙幹为杂号将军、亭侯，孙闿也受封为亭侯。孙綝一门五侯，而且皆掌管禁军部队，权力远远超过皇帝，这是东吴开国以来从未有过的情形。孙綝但有陈述表请，孙休每次都是恭敬对待，丝毫不敢有违抗。

孙綝更加志得意满、得意忘形，遂开始肆意妄为，甚至破坏民间信仰烧掉伍子胥庙，又破坏各地的佛寺、斩杀僧人。孙休在知己知彼的前提下麻痹对手，使其忘乎所以，这便是"欲使其灭亡，先使其疯狂"。

第二，防之以细枝末节，在其身边安插亲信大臣。

孙休深知孙綝权倾朝野、尾大不掉，因此对他时刻提防小心。有一次，孙綝奉献牛酒给孙休，孙休担心酒里有毒，因此没有接受。孙綝便趁宴请左将军张布之机，喝到尽兴时口出怨言道："初废少主时，多劝吾自为之者。吾以陛下贤明，故迎之。帝非我不立，今上礼见拒，是与凡臣无异，当复改图耳。"殊不知，孙綝的一席酒话，恰好说错了对象，因为张布便是孙休安插在其身边的细作（间谍）。

早在孙休为琅邪王时，张布便是孙休的亲信。孙休即帝位后，张布升任左将军。孙休交给张布的任务是：利用各种手段，取得孙綝的信任。同时，权臣孙綝也想通过与张布的接触，以打探孙休的更多动向。于是，左将军张布与权臣孙綝便成了吃喝不分的"酒肉朋友"。渐渐地，权臣孙綝放松了警惕，而张布也取得了孙綝的信任。于是，就有了前面这段孙綝的"怨言"。

当初，孙亮之所以失败，就是因为孙綝在孙亮身边安插了细作，公开的身份是孙亮的妃子。这次，孙休反其道而行之，也在孙綝身边安插了细作张布，公开的身份是左将军——一个"赳赳武夫"。没承想，正是这个"赳赳武夫"张布，马上将此事禀告给了孙休。

此时，孙休知道自己需要步步为营、稳扎稳打，决不能再犯孙亮的错误。孙休怕孙綝会作乱犯上，又给了孙綝丰厚的赏赐，并加官孙綝的弟弟孙恩为侍中，与孙綝一起批阅朝廷文书。后来，有人禀告孙休说孙綝想要谋反，也被孙休抓起来交给孙綝杀掉了。

第三，精心安排腊八宴，除孙綝不留后患赦同谋。

孙綝虽然杀了告发者，内心却一直忐忑不安，但又没有胆子再废掉孙休，毕竟东吴这个天下是孙坚和孙策、孙权父子打下来的。对于孙綝而言，他自己之所以能够取得那么大的权力，只是因为自己也姓孙，完全是沾了姓孙的光。当然，无论如何，此时孙权的后代只剩下了孙休一人而已。在孙綝看来，如果此时真的要废掉孙休，恐怕这朝中上上下下的大臣们随便哪一个站出来登高一呼，自己都会死无葬身之地，因此现在的形势对于自己来说十分不利，最好是离开建业这个是非之地。于是，孙綝向孙休上表，说他要出镇武昌。孙休非常爽快，马上答应下来，且还不忘关怀："尽敕所督中营精兵万余人，皆令装载，所取武库兵器，咸令给与。"其时，孙綝仓促打点行装，筹办早点拜别。

当孙綝还没动身，将军魏邈就对孙休说："綝居外必有变。"武卫士施朔也禀告说："綝欲反有征。"孙休暗中问计于张布。张布说："丁奉……计略过人，能断大事。"孙休便把丁奉召来，向他讲了自己的想法："綝秉国威，将行不轨，欲与将军诛之。"关键时刻，丁奉出主意说："丞相兄弟友党甚盛，恐人心不同，不可卒制，可因腊会，有陛下兵以诛之也。"孙休便和丁奉、张布暗中制订了诛杀孙綝的计划。

然而，世间没有不透风的墙。腊月初七，建业城中风传明天腊祭要有事变。孙綝听了，心里忐忑不安。当天夜里，偏又刮起了大风，一时间飞沙走石，连屋顶都被吹翻了。这样一来，孙綝更害怕了。第二天腊祭之日（259年1月18日），孙綝推说有病，不去参加腊祭。孙休派人一连催了十几次，非要他参加不可。孙綝没办法，只好硬着头皮进宫。临走时，孙綝交代家人："国家屡有命，不可辞。可豫整兵，令府内起火，因是可得速还。"

同样是走漏了消息，不知道走漏了消息的孙亮当然没有补救措施，而孙休这里却是用一而再再而三的"盛情邀请"的方式加以弥补，最终孙綝还是进了圈套上了当。

宴席举行了一半，传来孙綝家里起火的消息。孙綝想回去看看，孙休笑着劝道："外兵自多，不足烦丞相也。"孙綝觉得情况不对，站起身就要往外走。丁奉、张布向左右使了个眼色，周围的武士一拥而上，把孙綝牢牢捆绑了起来。孙綝跪倒在孙休面前，苦苦哀求说："愿徙交州。"孙休反问："没为官奴？"孙綝又说："愿做官府的奴隶。"孙休说："何不以胤、据为奴乎！"孙休马上命令武士把孙綝推出去斩首，同时宣布："诸与綝同谋皆赦。"于是，孙綝的部下有五千人放下了兵器。

就这样，孙休除掉了孙綝，并将其灭族。但孙休感觉还是不解恨，又下令把孙峻的棺木挖出来，将内里陪葬的印绶掏出，并把棺木削薄后重新下葬。然后，孙休又特别从宗族中撤销了孙峻、孙綝的名字，并将其改成"故峻、故綝"。随后，孙休又给诸葛恪、滕胤、吕据等人昭雪，其他被放逐的人都官复原职。

孙綝明明知道"酒无好酒，筵无好筵"且都是"鸿门宴"，可还是架不住孙休一而再再而三地盛情邀请，最终还是死于孙休的"鸿门宴"。可以看出，面对的虽然是同样一个对手孙綝，但两位年轻的皇帝采取了不同的策略，最终就有了不同的结局：

东吴第二位皇帝孙亮，办事粗心，泄露机密，成为没能铲除权臣孙綝而反被其废掉的"悲催"皇帝；东吴第三位皇帝孙休，小心布局，谋定而后动，知止而有得，最终除掉了权臣孙綝。

值得注意的是，在中国历史上，皇权与相权、君王与权臣之间一直是一对解不开的矛盾，他们之间的权力博弈一直是中国历史的重要组成部分。一般而言，开国之初，皇权、君王会占上风。至于皇帝夺回权力的正确方式，尤以宋太祖赵匡胤的"杯酒释兵权"为最佳。随着时间的推移，"家天下"带来的问题逐渐暴露，或者相权独大，或者权臣大权独揽。皇帝为了夺回属于自己的权力，便会采取各种对策。此时，皇帝夺回权力的正确方式，应该是利用大臣之间矛盾拉一派打一派，比如司徒王允拉吕布除董卓，又比如明朝徐阶取代严嵩、高拱取代徐阶、张居正取代高拱；在皇帝年纪轻轻、势力薄弱的时候，若与强大的权臣抗衡而欲夺回属于自己的权力，那就必须像孙休这样"小心布局，谋定而后动，知止而有得"，而如果非要凭借一己之力单打独斗，那成功的可能性几乎为零。

在除掉权臣孙綝这件事上，孙休无疑笑到了最后。

三、文泽天下却短命

此后，孙休开始施行"教育兴国"战略，并下诏书云："古者建国，教学为先……其案古置学官，立五经博士，核取应选，加其宠禄，科见吏之中及将吏子弟有志好者，各令就业。……以敦王化，以隆风俗。"简而言之，就是提倡教育，设立五经博士，达到以教育改变社会风气、使国家繁荣昌盛的最终目的。

公元259年，孙休再次下诏书："……今欲偃武修文，以崇大化。推此之道，当由士民之赡，必须农桑。今欲广开田业，轻其赋税，差科强羸，课其田亩，务令优均，官私得所，使家给户赡，足相供养，则爱身重命，不犯科法，然后刑罚不用，风俗可整。……汉文升平，庶几可及。"

从孙休的治国思想来看，推崇教化是第一步，偃武修文之后则要务植农桑，让百姓过上安稳富足的日子，这样就可以以期达到汉文帝时太平盛世的局面。

不过，孙休的各项政策"看上去很美"，其实并没有什么实际效果。此时，吴国仍然内忧外患，叛乱四起。公元263年，交趾郡吏吕兴等谋反，杀太守孙谞，向曹魏投降。同年，魏将邓艾（194—264）偷渡阴平（今甘肃省文县），直捣成都，蜀汉君臣开城投降，三分天下去其一。很快，魏军内部发生斗争，钟会（225—264）与邓艾相继被杀。此时，孙休想要借机攻入巴蜀，与魏国隔江而治。

公元264年，由于益州遭逢"钟会之乱"，钟会、姜维、邓艾皆被乱军所杀，众多城池没有归属，吴国遂有兼并蜀地之志。当时，蜀地巴东郡固守，吴军不得通过，于是派遣抚军将军步协领兵西征永安（今重庆市奉节县白帝城），被故蜀汉巴东太守罗宪击败。孙休大怒，又遣陆抗（226—274）率三万人出征，与步协等共围永安城。罗宪派遣杨宗突围北上，向曹魏安东将军陈骞告急，又向司马昭送上文武印绶及人质。司马昭遣荆州、豫州诸军前去相救。陆抗等人腹背受胁，引军退还，自此永安之围解除。此时，曹魏已经从北、西、南三面将东吴政权完全包围。

孙休在位七年，几乎没什么存在感。主要有以下几个方面的原因：

第一，孙休专心读书，宠信故臣。孙休虽然有很好的想法，但他基本上不理政事，因为他认为丞相濮阳兴及左将军张布过去与自己相好，又在孙綝一事上对自己有恩，故将重要事务委托他们就可以。张布掌管宫内官署，濮阳兴执掌军国大事，互为表里。张布与濮阳兴两人的专权，也同样引起了朝野上下的不满。

孙休自己则在宫内专心读书。据史书记载，"休锐意于典籍，欲毕览百家之言，尤好射雉，春夏之间常晨出夜还，唯此时舍书"。除了外出射野鸡的时候，孙休基本不放下书本，想要完成他通读百家之言及各种典籍的夙愿。

第二，当时的政治环境所致。孙休虽然刻意模仿汉文帝，但当时的政治环境实在不允许。汉文帝时期，汉朝是大一统的王朝，有一个安定的内外环境，朝廷只要不多事就是最大的"善政"。然而，三国时期，曹魏时刻虎视眈眈，盟友蜀汉岌岌可危，东吴有什么资本可以"偃武修文"呢？如此，岂不是坐以待毙吗？

第三，在位时间太短。孙休于公元258年登基，结果在公元264年9月3日暴毙。临终前，他将太子孙𩅹和国家委托给丞相濮阳兴等人。孙休未曾想到，濮阳兴并未按照自己的意思让太子即位，而是将故太子孙和之子乌程侯孙皓迎立为帝（264—280年在位）。

濮阳兴等人的考虑是：太子年幼，而如今蜀汉刚刚灭亡，东吴人心不稳，交趾、豫章等郡又发生叛乱，朝廷需要一位年长的君主来稳定局面。但他们哪里想到，自己迎来的却是魏晋时期有名的奇葩君主——这位乌程侯不仅将自己的性命搭了进去，而且在十余年后甚至亲手将祖父孙权苦心经营的吴国拱手让给了司马家。

那么，倘若孙休身体健硕，能够活到像孙权一样的年纪，是否就能和司马家平分天下呢？孙休文略权谋俱佳，但军略有亏，守成有余而攻城夺地不足。如果孙休再能多活几十年，恐怕依然无法将西蜀之地纳入掌控之中，但起码能够让江东固若金汤。假设东吴能够多撑三十年，挨到西晋"八王之乱"的时代，那时出现雄才大略的英主趁乱北伐中原也并非不可能。但历史无法假设，孙休的薨逝抹去了东吴的最后一缕曙光，天下终究再次归于一统。

第六章

孙皓：有"骨气"的亡国之君，虚名足以惊动诸夏

公元264年夏，东吴第三位皇帝孙休以二十九岁英年早逝。丞相濮阳兴和左将军张布顾不得孙休临终托孤之言，直接扶立孙皓为帝。

一、孙皓何以能称帝

孙皓，是孙权废太子孙和之子。公元242年，孙和的侧妃何姬生下庶长子孙皓。孙权非常喜爱这个孙子，为他起名"彭祖"。公元250年，孙和在"二宫之争"中太子之位遭废黜，全家先搬迁到今浙江省安吉县，后又被迫搬迁至今湖南省长沙市。公元253年，孙坚弟弟孙静的曾孙孙峻杀死当时执政的诸葛恪后，又将孙和押往今浙江省淳安县，随后孙和被赐死且其正妃张妃也跟随殉情自杀。但孙和侧妃何姬说："如果都死了，谁来养遗孤呢？"于是，孙皓和他的三个异母弟弟便一起被何姬抚养长大。

公元258年，东吴第三位皇帝孙休即位后，封侄子孙皓为乌程侯。公元264年夏，孙休去世，群臣尊孙休的朱皇后为太后。虽然孙休有儿子，但当时蜀汉刚灭亡，再加上东吴南方发生叛乱，东吴国内大为震惊，于是朝中大臣便想立一个较年长的君主。当时，左典军万彧与孙皓关系很好，便向丞相濮阳兴、左将军张布推荐孙皓，说孙皓才识明断，很有当年孙策的风采，且更加好学，遵守法度。于是，濮阳兴和张布说服朱太后让孙皓即位。这一年，孙皓二十二岁。

二、因酒杀人成恶习

为取得朝臣支持，孙皓即位之初确实做了不少实事。一方面，孙皓大行封赏，将迎立有功的丞相濮阳兴加封侍中，兼领青州牧，以及左将军张布升为骠骑将军，加封侍中；又将吴国宿将施绩、丁奉升为左、右大司马，以拉拢臣子。另一方面，孙皓发放粮食救济穷人，从皇宫放出大量侍女让她们可以婚配，并放归宫中圈养的一些野兽，以一系列惠民政策来争取民心。当时，人们都称孙皓为明主。但一段时间后，治国有成、志得意满的孙皓便显露出鲁莽暴躁、骄傲自满、迷信以及好酒色的一面。

当时，拥立孙皓的濮阳兴和张布暗地里感到后悔，有人便给孙皓打小报告，结果两位拥立之臣被孙皓诛杀。倒霉的还有朱太后，孙皓刚即位尊朱皇后为皇太后，但在一个月之后就贬朱太后为景皇后，并在第二年逼杀了朱太后。与此同时，孙休的四个儿子被孙皓杀了两个、流放了两个。

事实上，孙皓不仅对朱太后和孙氏宗亲大肆杀戮，更是对不少臣子施以酷刑。会稽太守车浚公正清廉，政绩优良，其时正好遇到大旱，田野枯焦，百姓无粮，饥饿悲苦，于是请求赈济拯救，但孙皓认为车浚借机收买民心，派人将其斩首。尚书熊睦稍微说了几句规劝的话，孙皓便用刀柄将其捣死，以致熊睦满身都是捣出的伤口，没有一片完整的皮肤。

更为荒诞的是，天文学家王蕃（228—266）和著名史学家韦曜（204—273），一个因为喝醉了酒、一个因为酒量小而先后被杀。这又是怎么回事呢？难道真的是因为酒吗？

先说天文学家王蕃的死。

王蕃博览多闻，兼通历法、六艺。王蕃依据张衡学说，结合观察天文实践，重制浑天仪，并求出圆周率为3.1555，与刘徽（226？—295）的"徽率"（3.1416）、南朝祖冲之（429—500）的"祖率"（3.1415926与3.1415927之间）很相近，为中国天文学的数学作出了可贵的贡献。王蕃制造的浑天仪既灵巧又实用，在"浑仪"上标明地球与日月星辰的运行，从而说明冬至、夏至、春分、秋分等节气，以及何时昼长夜短、何时昼短夜长、何时昼夜相当，并由此制定历法。

孙休即位后，王蕃担任散骑中常侍，加授驸马都尉。朝廷派遣王蕃出使蜀国，蜀国人都很称赞他，回朝后担任夏口监军。孙皓即位之初，王蕃又入朝担任常侍，与万彧官职一样。万彧与孙皓有旧交，仗势侵辱王蕃，说王蕃自我轻贱。当时，中书丞陈声是孙皓宠幸的近臣，多次在孙皓面前谮毁王蕃，以致孙皓讨厌王蕃。王蕃性情耿直，不肯巴结佞臣，不能低声下气地看人脸色行事，有时违忤孙皓意旨，时间长了便屡受责备。公元266年，丁忠出使西晋回国，孙皓召集群臣大摆宴席。王蕃因为不胜酒力而大醉，当即倒地不起。孙皓本来就不喜欢王蕃，认为王蕃这样倒地不起是对自己的不敬，因此非常不高兴，于是让人把他抬到外面去。王蕃被抬到外面不久，吹了冷风酒醒了一些，醒过来以后请求回到宴席。王蕃的酒虽然还没有完全醒，但是考虑到之前的出丑便竭力控制自己，其表现举止自若，一点没有失态。孙皓看到这一幕以后勃然大怒，认为刚才王蕃就是在欺骗自己，对自己大不敬。于是，喜怒无常的孙皓立即喝令手下人在大殿之上将王蕃斩杀，虽然有大臣为王蕃求情，但孙皓不为所动。王蕃身首异处，死时仅三十八岁。王蕃死后，其家属被流放到广州。

当然，陷害王蕃的陈声也没有什么好结果。孙皓的爱妾指使近侍到集市上抢夺百姓的财物，主管集市贸易的陈声将抢劫者绳之以法。爱妾将此事告诉孙皓，孙皓大怒，遂假借其他事端将陈声逮捕，命里武士用烧红的大锯锯断陈声的头，并把他的尸体投到四望台下。

再说韦曜的死。

韦曜是三国时期著名史学家、东吴四朝重臣，中国古代史上从事史书编纂时间最长的史学家，后世《三国志》多取材其《吴书》。孙皓即位后，封韦曜为高陵亭侯，升任中书仆射，后降职为侍中，长期兼任左国史。当时，孙皓周围的人迎合孙皓旨意，多次说出现祥瑞感应现象。孙皓以此询问韦曜，韦曜回答说："这只是人家瞎编的故事而已。"有一次，孙皓想为自己的父亲孙和作"纪"，而韦曜坚持以孙和未登帝位为据，只宜将其历史记载文字定作"传"。就这样几次三番，韦曜逐渐受到孙皓的责怒。韦曜为此深感忧虑，并且其当时身患疾病需服药医治监视护理，于是自称年老体弱请求辞掉侍中、左国史二职而将他从事的工作交给别人，希望能够专心完成其所写之书，但孙皓没有答应。

孙皓喜欢设宴，每次设宴常常都是一整天，入席之人无论酒量如何都要以七升为最低限度，即使自己不能完全喝进嘴里也都要斟上并亮盏。韦曜一向饮酒不过二升之量，起初他受到特殊礼遇时孙皓对他特别优待，担心他不胜酒力出洋相，便暗中赐给他茶来代替酒，这也是"以茶代酒"历史典故的来源。但在韦曜渐渐不受孙皓宠幸之后，他反而更被强迫喝酒，往往因所饮不足量而受惩罚。

孙皓在酒后经常让侍臣侮辱诘责大臣们，以嘲弄相侵、互相揭短作为乐趣。这时，谁要有所过失，或者误犯孙皓之讳，就要遭到拘捕，甚至被斩杀。韦曜认为朝臣在公共场合相互谤毁伤害，内心就会相互滋生怨恨，使大家不能和睦共济，故此他只是出示难题、提问经典的辞义理论而已。孙皓认为韦曜不接受皇帝诏命，有意不尽忠主上，于是将对韦曜前后不满的嫌隙愤恨积累到一起，于公元273年将韦曜拘捕入狱。在狱中，韦曜通过狱吏上呈奏章企求赦免，但孙皓对此无动于衷，反责怪他的奏章有墨污并又以此诘问韦曜。与此同时，左国史华覈（219—278）也接连上奏营救韦曜，孙皓不准许华覈的请求。于是，孙皓下令诛杀韦曜，并将韦曜的家属流放到零陵郡。

孙皓不但好酒好色、酷虐好杀，还非常迷信和好大喜功。丹杨有个叫刁玄的，自称得到司马徽与刘备讨论天命的历书："黄旗紫盖见于东南，终有天下者，荆、扬之君乎！"孙皓听了非常高兴，认为这是天命。于是，孙皓异想天开地准备去洛阳当天子，并下令百官、母族、嫔妃等一起跟随他去洛阳。幸亏天降大雪，加上群臣的劝阻，孙皓才返回皇宫，否则东吴说不定灭亡得更快。

公元270年，孙皓因左夫人王氏之死过度悲伤以至几个月都没露面，而王氏的葬礼更是豪华非凡。百姓苦于孙皓之母何氏一族的骄横跋扈，故民间传闻说死的是孙皓，在位的实际上是外貌酷似孙皓的何都（孙皓内弟，孙皓之母何氏内侄），而这次葬礼实际上就是为了落葬真正的孙皓；又说孙氏的后代章安侯孙奋或上虞侯孙奉其中一个会夺回皇位，二人后来都被诛杀，但民间始终觉得可疑。

公元272年，陆抗解决掉西陵城（今湖北省宜昌市）的叛乱之后，孙皓多次公开表示这是天命所归，自己来日必将一统天下。遗憾的是，陆抗刚到中年，便突然发病去世了。然而，面对国家失去栋梁，孙皓竟然一点危机感都没有，依旧整日鼓吹自己的所谓"天命"。

孙皓在位期间屡次北伐晋朝，穷兵黩武耗尽东吴国力，加之统治残暴，屡有吴将倒戈，同时也导致民变四起。公元276年，孙皓在今江苏省宜兴市的离墨山举行了中国历史上唯一一次在南方的封禅仪式，而此时传统的封禅地点泰山正在北方晋朝的统治之下。结果，封禅后仅仅四年，吴国就在晋灭吴之战中一败涂地，被西晋司马家族灭亡。

三、亡国之后有骨气

公元280年5月1日，孙皓听从中书令胡冲的建议，仿效蜀汉后主刘禅的做法：备亡国之礼，素车白马，肉袒面缚（两手反绑），衔璧牵羊，大夫衰服，士舆榇（把棺材装在车上），率领太子孙瑾等二十一人来到晋龙骧将军王濬（252—314）营门投降。王濬接受孙皓的投降，亲解其缚，接受宝璧，焚烧棺榇，并派人将孙皓一家送到晋都洛阳，东吴至此灭亡。

晋灭吴后，东汉末年以来分裂数十年的中国复归统一。

司马炎（236—290，266—290年在位）之所以能够成功灭吴是因为他抓住了良机，其时一向强大的东吴失去了明主取而代之的是昏庸的孙皓。可以说，西晋的胜利其实不是司马炎有多优秀，而是因为孙皓太会折腾。

孙皓被押解至洛阳后，在大殿上向晋武帝司马炎叩头谢罪。此时，晋武帝司马炎指着臣子席中的某个座位，对孙皓说："朕为你设置这个座位已经很久了。"

司马炎说这句话自然是胜利者的骄傲，而其当然也有资格骄傲。在其父司马昭的手上，魏国已经平定蜀汉，天下二分。司马炎即位不久，就废掉魏国最后一个皇帝曹奂，登基开国，建立晋朝。之后十来年，晋朝就一统天下，昔日的敌国君主如今都跪倒在司马炎的脚下。

按常理，孙皓听到这番话应该羞愧难当才是。可孙皓没有，他昂着头，大声回答说："我在南方，也设了这样的座位以等待陛下。"

听了孙皓此话，在一旁的司马炎宠臣贾充（217—282）看不惯了，对孙皓说："听说你在南方经常挖人眼珠，剥人的面皮，有没有这样的事情呢？"贾充的意思很明白，你孙皓就是一个暴君，正因为你的残暴才丢掉了江东大好河山，才会落到今日国破成囚的地步，不知道你今日在大殿上还狂言什么！可是，孙皓一句话把贾充噎得半死。孙皓说："是啊，我是经常这么干。做人臣子的却谋杀他的君王，对待那些对君王不忠的就要用这种刑罚来对待。"贾充一听，羞愧难当。当年，魏帝曹髦不满司马昭专权想杀掉司马昭，贾充听闻后紧急调兵阻挡并杀掉了曹髦。

司马炎问孙皓道:"听说南方的人喜欢作尔汝歌,你能作一首吗?"孙皓正在喝酒,乘机举着酒杯劝晋武帝喝酒,说:"昔与汝为邻,今与汝为臣。上汝一杯酒,令汝寿万春!"晋武帝一听,非常后悔让孙皓作诗。后来,南朝宋王歆之曾效仿此句向南康郡公刘邕道:"昔为汝作臣,今与汝比肩。既不劝汝酒,亦不顾汝年。"用以表达对后者的轻视之意。

亡国之君的命运大都很不堪,不是死于非命,便是忍辱偷生,在亡国归降后依然能保持"骨气"者简直是凤毛麟角,而东吴亡国之君孙皓便是其中的代表。《孟子·离娄上》说:"得天下有道,得其民,斯得天下矣。"简而言之,就是一句话——"得民心者得天下"。蜀汉和东吴虽然被晋朝灭国,但仍有很多大臣、军队和民众没有归顺晋朝。比如,蜀汉这边的大将军姜维还率领主力部队坚守剑阁,东吴这边的交州刺史陶璜等依然还在抵抗。

因此,当刘禅和孙皓先后投降后,晋朝要好好对待他们,以利用他们身上的巨大号召力让军队停止抵抗,让大臣"弃暗投明",让民众归顺驯服。事实上,也正是刘禅和孙皓亲自写信劝降,才让姜维和陶璜放下武器归顺晋朝,从而结束了战争。

刘禅和孙皓当政时,朝政处理得一塌糊涂。刘禅贪图享受,孙皓昏庸暴虐,早就失掉人心。他们投降后,蜀汉和东吴就对曹魏和晋朝根本难以构成威胁,与其杀了惹来无穷无尽的麻烦,还不如好好养着以备后用,况且中国自古就有善待亡国之君的传统。自夏周以来,亡国之君被俘虏后,一般不会直接杀掉。魏文帝曹丕逼汉献帝禅让后没有杀他,将其封为山阳公。司马炎逼迫魏元帝曹奂禅位后也没杀他,只是降封为陈留王。

因此,司马炎见了孙皓之后,孙皓被赐号为归命侯。之后,孙皓便在洛阳居住。

当初,有人称孙皓命人将水流引入宫中,如果对后宫哪一个姬妾看不顺眼,就马上杀掉扔进水中;如果有人敢看孙皓一眼,会被剥掉面皮,或被挖掉眼睛，等等。吴国平定后，西晋侍中庾峻就此传言询问东吴侍中李仁，李仁对此表示否认，并认为君子都厌恶身居下位的人，故将天下的罪恶都归结于孙皓。李仁的回答合乎道理，因此庾峻等人都认为他说得对。

公元284年，孙皓在洛阳去世。

孙皓即位之初施行明政，但不久之后便暴露出鲁莽暴躁、骄傲自满、迷信以及好酒色的本色，故而有了"以孙皓之虚名，足以惊动诸夏"的俗语。

第七章

周瑜和鲁肃："谈笑间樯橹灰飞烟灭"的重臣

周瑜是孙权统治时期第一位大将，在曹操占领荆州后坚决主张抗曹，领导孙刘联军取得了赤壁之战的胜利。周瑜病故后，接替周瑜的是他的好朋友鲁肃，而鲁肃的功绩也是在赤壁之战中坚决主战，并在之后一力促成孙刘联盟的局面。

为什么要把周瑜和鲁肃两人放在一起讲呢？一是因为他们是好朋友，二是他们的故事很难拆分。

一、真朋友不拘小节

在小说《三国演义》里，周瑜和鲁肃的性格差距实在是太大了：周瑜心胸狭窄，不能容人；鲁肃为人忠厚老实，但忠厚有余，才智不足。当然，小说毕竟是小说，其源于生活但高于生活，因此小说中周瑜和鲁肃的形象不可不信却也不可全信。

周瑜和鲁肃是怎样成为好朋友的呢？答案很简单：强盗本来想打劫大财主，结果却被大财主给征服了。谁是强盗？周瑜。谁是大财主？鲁肃。

公元175年，周瑜出生在庐江郡舒县（一说今安徽省庐江县，一说今安徽省舒城县）的一个士族家庭。高祖父周荣曾任过尚书令，从祖父周景、从伯父周忠皆官太尉且位列三公，父亲周异则为洛阳令。在庐江郡舒县，没人敢惹大名鼎鼎的周家。

《三国志》上说"瑜长壮有姿貌"，看来是个英俊之人。周瑜自幼刻苦读书，尤喜兵法，且志向远大的他总想廓清天下。

公元184年，不足十岁的孙策受父亲之托率领家族中的妇女和儿童，从下邳迁徙至扬州州治所在地九江郡寿春县（今安徽省寿县）。孙策结交了大量的当地贵族，表现出极不一般的人格魅力。公元190年前后，与孙策同龄的周瑜在听闻了孙策的一些故事之后，特地赶到寿春造访神交已久的孙策。当孙坚北上途中先后杀了荆州刺史王叡和南阳太守张咨之后，周瑜又力劝孙策带着全家人搬到舒县自己家中居住。

孙坚死后，孙策带家人搬离了庐江。公元195年，周瑜前去探望身为丹杨太守的从父（一说从伯父）周尚。恰逢孙策率兵东进讨伐扬州刺史刘繇，周瑜带兵迎接孙策，孙策大喜，二人协同作战，一举击败刘繇。随后不久，孙策引兵渡过浙江，占领会稽。至此，江东最终平定，周瑜也率部回到丹杨。不久，阴谋称帝的袁术派其堂弟袁胤取代周尚任丹杨太守，周瑜便随周尚来到寿春。袁术发现周瑜有才，便欲收罗周瑜为己将。袁术称帝之后，周尚因不看好袁术而再请出任丹杨太守，周瑜也请出任庐江郡下的居巢长。任居巢长期间，周瑜结识了生于公元172年的鲁肃。

鲁肃，字子敬，徐州临淮郡东城（今安徽省定远县）人。在鲁肃出生之前，其父就去世了，因此鲁肃出生后便与祖母共同生活。鲁家虽然异常富有，但因祖辈一直无人出仕为官，所以鲁家并不属于士族阶层，只是那种在地方上有些势力的豪族。

裴松之《三国志注》引《吴书》记载，"肃体貌魁奇，少有壮节"。如此说来，鲁肃是个不折不扣的壮汉。又记载，"天下将乱，乃学击剑骑射，招聚少年，给其衣食，往来南山中射猎，阴相部勒，讲武习兵"。

如何理解这段史料呢？往好听了说，就是鲁肃年少有为，志存高远，好出奇计，且爱击剑骑射。同时，鲁肃性格好施舍别人，由于家道殷富而常招聚少年一起讲兵习武。晴天的时候，鲁肃便偕同一干好朋友前往南山射猎；阴雨的时候，鲁肃便聚众讲习兵法，以此练习武艺。往难听了说，鲁肃就是不务正业，凭着自己家底厚而养了一群白吃白喝的人，每天到处瞎玩疯闹。

但鲁肃为什么非要如此不可呢？前面曾经提到，鲁肃生于东汉末年的乱世，出生之前其父就去世了，出生后只能与祖母共同生活。如此，特殊的社会环境（东汉末年的乱世），特殊的家庭背景（与祖母相依为命），造成了鲁肃的早熟。此时，鲁肃知道，在这个社会环境和家庭背景之下，他只能自己保护自己。所以，鲁肃要施舍别人，招聚少年，讲兵习武，而如此作为都是为了保护自己。

董卓败亡后，天下大乱，群雄四起。此时，鲁肃大量出卖土地，施舍钱财以周济穷困、结交贤者，为此深受乡民拥戴。此时，恰逢周瑜任扬州庐江郡居巢长，闻鲁肃之名便带数百人来到徐州临淮郡东城鲁肃的家里拜访，并提出请鲁肃"资助"一些粮食。毫无疑问，周瑜此举做得不够地道，嘴上说是"资助"一些粮食，其实就是凭借自己手里有权有枪去缺乏男丁的鲁家明抢。当然，周瑜既然说了要鲁肃"资助"，那这个"资助"就丝毫没有将来再还的意思。实际上，周瑜的做法在乱世就是常态。面对周瑜这种赤裸裸的讹诈，鲁肃该如何应对呢？

当时，鲁肃家里有两个圆形大粮仓，每仓装有三千斛米。在东汉，一斛是20.4升，折合稻谷的重量是24.5公斤。三千斛稻谷的重量大约是73 500公斤，两个圆形大粮仓稻谷的重量大约是147 000公斤。

周瑜刚说出借粮之意，鲁肃毫不犹豫地立即手指其中一仓，大方地将大约73 500公斤的稻谷赠送给了周瑜。

为什么鲁肃会如此大方地把家里存粮的一半都赠送给周瑜呢？是不是作为平民百姓的鲁肃真的怕了手里有权有枪的县长周瑜呢？结合前面所讲的鲁

肃招聚少年、讲兵习武一事，这里便很容易理解鲁肃的所作所为。鲁肃毫不犹豫地把整整一仓三千斛的稻米慷慨大方地赠送给周瑜，其实还是属于鲁肃自幼生长在特殊的社会环境（东汉末年的乱世）和家庭背景（与祖母相依为命）下的生存之道。鲁肃知道，此时的社会环境和家庭背景下他自己保护不了自己，招聚的那些同郡少年也同样保护不了自己。那么，谁才能够保护自己呢？鲁肃看中了周瑜。于是，鲁肃毫不犹豫地把整整一仓三千斛的稻米慷慨大方地赠送给了周瑜。由此，周瑜也确信鲁肃是与众不同的人物，主动与他相交且建立了牢不可破的朋友关系。

公元196年，袁术自称天子，很快成为众矢之的，接连遭到孙策、吕布、曹操三方的叛盟与打击。事隔不久，袁术又于这一年冬天碰上了大旱灾与大饥荒，不仅实力严重受损，而且江淮之间处处可见人吃人的惨剧。为了重整士气，袁术闻鲁肃之名请他出任东城长，并仍任周瑜为居巢长。可鲁肃会答应袁术的任命吗？

鲁肃知道袁术不足以成大事，便想着一定要带领全家族百余人尽早离开袁术的治下，但哪里才是自己未来的乐土呢？鲁肃想到了在袁术治下担任居巢长且与孙策关系密切的周瑜。于是，鲁肃带领全家族百余人南迁到居巢投奔周瑜。得知鲁肃迁居，袁术急速赶来阻拦。但鲁肃排开精壮人等张弓搭箭，对追兵说："卿等丈夫，当解大数。今日天下兵乱，有功弗赏，不追无罚，何为相逼乎？"说着，命人将盾牌立在地上远远开弓射去，箭把盾牌都射穿了。追兵一方面觉得鲁肃的话有道理，另一方面估计凭他们自己的力量也奈何不得鲁肃，于是只好退回。就这样，鲁肃顺利到达居巢，并得到了周瑜的热情接待。

二、周定大局鲁对策

公元198年，周瑜和鲁肃二人经居巢回到吴郡（今江苏省苏州市）。孙策闻周瑜和鲁肃归来亲自出迎，授周瑜建威中郎将，调拨给他士兵两千人，战骑五十匹。此外，孙策还赐给周瑜鼓吹乐队，替周瑜修建住所，赏赐之厚无人能与之相比。孙策还在发布的命令中说："周公瑾雄姿英发，才能绝伦，和我有总角之好、骨肉之情。在丹杨时，他率领兵众调发船粮相助于我，使我能成就大事。论功酬德，今天的赏赐还远不能回报他在关键时刻给我的支持呢！"同时，孙策也非常赏识鲁肃，而鲁肃也把家留在了曲阿。时隔不久，鲁肃祖母去世，鲁肃不得不回东城去办理丧事。

然而，受托代理家事的周瑜此时却将鲁肃的母亲迎至吴郡，鲁肃只得再赶往吴郡接出母亲。

公元200年，孙策在会稽郡郡治山阴（今浙江省绍兴市）被刺身亡，临死前孙策请来张昭等人托以后事。接着，孙策叫来孙权给他佩上印绶，说："举江东之众，决机于两阵之间，与天下争衡，卿不如我。举贤任能，各尽其心，以保江东，我不如卿。"然后，孙策嘱咐二弟孙权说："内事不决问张昭，外事不决问周瑜。"此后，十八岁的孙权继承吴侯之位。此时，东吴出现了生存危机。

关键时刻，首先出面支持孙权的是张昭、周瑜、吕范、程普等人。这期间，远在外地的周瑜的归来起了决定性作用。

孙策被刺身亡时，周瑜并不知情，因为他当时不在会稽山阴。

此前，孙策授予周瑜建威中郎将的职务，还拨出二千名步兵、五十名骑兵属他指挥。其时，孙策以周瑜为牛渚（安徽省马鞍山市采石矶）镇守，不久又改派为春谷（今安徽省南陵县、繁昌县、芜湖市乃至铜陵市周边地区）长。牛渚、春谷与周瑜的家乡庐江郡仅一水之隔，两处都是扼守江东的咽喉要地。孙策考虑舒县周氏是庐江的名门望族，派周瑜为督可以充分利用周氏家族的社会影响，以招募人马、延揽人才、扩大力量。

公元199年，孙策一统江南之后，周瑜以中护军、领江夏（今湖南北部、湖北中部、河南南部地区）太守的职务镇守巴丘（今湖南省岳阳市），防范占据荆州的刘表东侵。

公元200年，孙策被刺身亡的消息传到巴丘后，周瑜立即率领大军从巴丘赶到会稽山阴。同时，周瑜和张昭还主动分管一些琐碎的行政事务，全力支持和辅佐孙权，迅速安定了江东的局势。

但就在此时，周瑜的好友鲁肃却发生了动摇——他准备放弃东吴投奔曹操。此时，掌管军国大权、正在为孙权搜罗人才的周瑜，当然不能把好朋友鲁肃放走。那周瑜如何劝说才能把鲁肃留在东吴呢？

前面曾经讲过，鲁肃在回东城奔祖母之丧后要赶往吴郡周瑜处接出母亲，而周瑜正是以此契机说服鲁肃的。当时，周瑜想到了伏波将军马援回答东汉开国之君光武皇帝的话——"当今之世，非但君择臣，臣亦择君"，而这段话也同样一语击中了鲁肃的心坎。接着，周瑜再为鲁肃解开疑惑——"今主人亲贤贵士，纳奇录异"，指出孙权正是能礼贤下士、广纳奇能异才的明君，然后以术者秘论预言：得承运以代刘氏天下者，"必兴于东南"。此固古人迷信之言，然于当时之人却多深信不疑。以周瑜之明，此话不过是个引子，滔滔乱世"是烈士攀龙附凤驰骛之秋"，而最后这句"必兴于东南"的话才是重点，要知道鲁肃年少时的种种"狂行"不就是为此蓄势而待吗？

对于周瑜的见识，鲁肃素来钦服，既然挚友周瑜希望自己能够留下共同辅佐孙权，于非常之世立非常之业、建非常之功，遂从周瑜之言打消了北上的念头。

周瑜说得鲁肃点了头，马上向当时驻治吴中的孙权推荐鲁肃，并言明其人"才宜佐时"，是个正合当前需要的才能之士，而主上要想乘时而起成就霸业，此等大才自当广求、多多益善，切不可任其投往他处。孙权听周瑜言辞恳切便也有所心动，于是立即起身前往与鲁肃相见。如此看来，周瑜将鲁肃之母接到吴郡来，其实是早有计划的。

孙权见到鲁肃，相谈甚欢，即令大宴宾客为鲁肃接风。

宴罢，在辞退其他宾客以后，孙权单独把鲁肃留下来，不拘礼仪地合坐在一张榻上，一边喝酒一边议论国家大事。席间，孙权问道："现今汉室倾危，四方云扰，孤承继父兄余业，目标是建立有如齐桓公、晋文公般的大功。既然蒙君惠顾，不知有何良策助我开创霸业？"鲁肃见这位江东少主眉宇间英气勃发，虽说初次见面即托出所思，但其真正志向恐怕还不止于此，于是对曰："昔高皇帝区区欲尊事义帝而不获者，以项羽为害也。今之曹操，犹昔项羽，将军何由得为桓文乎？肃窃料之，汉室不可复兴，曹操不可卒除。为将军计，惟有鼎足江东，以观天下之衅。规模如此，亦自无嫌。何者？北方诚多务也。因其多务，剿除黄祖，进伐刘表，竟长江所极，据而有之，然后建号帝王以图天下，此高帝之业也。"

首先，鲁肃认为，孙权急于仿效齐桓公、晋文公图霸王之业的设想是不现实的，因为曹操已取得控制汉献帝的有利地位。此时，汉室已不可能恢复，曹操的力量也不能根本铲除。鲁肃为孙权提供的对策是：割据江东，等待时机；利用曹操无暇南下的机会进攻刘表，占据荆州，然后建号称帝，逐步夺取天下。鲁肃指出，由于北方"多务"，也就是说存在着许多不安定因素，有些麻烦事不易处理，曹操统一全国的目标很难实现，于是为江东出现割据政权提供了有利条件。

后来的局势发展，果然如鲁肃所言。孙权称帝时登坛祭告天地，回头环顾公卿百官，不禁叹曰："昔鲁子敬尝道此，可谓明于时势矣。"孙权给陆逊写的信中亦提及这次与鲁肃谈及"帝王之业"，是其"一快"。可见，孙权对鲁肃为他擘画"高帝之业"的方策一直铭记于心。当然，在鲁肃当初说出其"规划"的当时，孙权心里明明高兴得要命，嘴上却是淡然置之、不漏一点口风，摇了摇头后推说不敢当："今尽力一方，冀以辅汉耳，此言非所及也。"意思是，孙权表示自己志在辅佐汉家天子，根本就没妄想其他。由此看来，孙权当时虽然年轻，但其城府之深、定力之高，却已是非比寻常。

鲁肃这番"鼎足江东而后进取天下"的"规划"发生在公元200年，比诸葛亮的《隆中对》还早了六年有余。当然，这并不代表鲁肃较诸葛亮就有先见之明，只能说是"英雄所见略同"了。无论是鲁肃还是诸葛亮，其所谋划之策皆是以各自所处的现实环境为出发点，然后配合主、客观条件按部就班地往天下之路迈进，其中分野在于诸葛亮的终极理想为"复兴汉室"，而鲁肃则是要为孙权建立"高帝之业"。

不过，当时刘备形同寄人篱下，所处环境十分险恶；而孙权继承父兄之业，已据有江东六郡之地且兵精粮足，先决条件比刘备要好太多。可是到最后，刘备既未能复兴汉室，孙权也未能像刘邦一样统一天下，其根本原因在于北方霸主曹操一直如一堵厚实的高墙，严重地阻碍了双方理想的完成。鲁肃认为"曹操不可卒除"，诸葛亮更是指出"诚不可与争锋"，唯有静候曹操自暴弱点而寻隙进攻，方有可胜之机；孙权起于东南一隅，刘备更是白手创业，而终能闯出三分天下、与北方强权曹操鼎足而立的局面则绝非易事，其中又不得不归功于鲁肃与诸葛亮的运筹帷幄。

鼎足之势既成，接下来便是观"天下之衅"或待"天下有变"了。然而，不管是诸葛亮的《隆中对》，还是鲁肃的"榻上对"，其中都提到"跨有荆、益"或是"剿除黄祖，进伐刘表，竟长江所极"，两家的基业蓝图上始终重叠着"荆州"这块大饼。以刘备和孙权的实力，若要想与曹操抗争，双方非联手不可，但是荆州问题却犹如一块骨头横在两家之间，使合作关系不时产生摩擦。鲁肃为了实现自己的战略理想，殚精竭虑地不断在这个问题上于孙、刘两家折冲调和；待鲁肃一死，孙刘联盟间的裂痕便逐渐扩大，最终导致关羽亡失荆州的结局。

之后，刘备进据川蜀，孙权也取得了"长江所极"之地，这样吴、蜀之间在荆州问题上的矛盾算是解决了；刘备死后，尽管诸葛亮极力与孙权重修联盟友好，可是蜀汉国力严重耗损，同时还要面对曹魏政权实力的强大，诸葛亮却是再也无力回天。至此，不管是《隆中对》还是"榻上对"，其方略进度都是到此为止，再也没有更进一步的发展可能了。

从现实层面来看，诸葛亮的《隆中对》"跨有荆、益"的战略，最终只实现了一半，而鲁肃"榻上对"之"竟长江所极"的目标却是完全达成。在这层意义上，鲁肃的"榻上对"较之于诸葛亮的《隆中对》并不逊色，虽然《隆中对》的战略架构比"榻上对"要来得全面、透晰，其辞藻更是要漂亮许多。不过，以上则是后话。

与鲁肃榻饮密议之后，孙权虽然表面上不动声色，心里对鲁肃却是甚为激赏，与之日益亲密，不时面谈请教。此后，鲁肃逐渐成为江东政治舞台上极为活跃的政治家。

三、使荆州力挽狂澜

曹操在官渡之战打败袁绍之后，兵威日盛，志得意满，以为"天下可运于掌"。于是，公元202年，曹操下书责令孙权，让其把儿子送到自己这里来做人质。孙权亦是人中精英，当然不愿如此受制于人，便召集群臣会商。臣下众说纷纭，张昭、秦松等重臣犹豫再三，不能决断。

孙权本意虽不想送人质，但由于没有得到强有力的支持，也有点举棋不定。于是，孙权只带周瑜一人到母亲面前议定此事。周瑜立场坚定，坚决反对送人质，并给孙权分析利害说："当年楚君刚被封到荆山之侧时，地方不够百里。他的后辈既贤且能，扩张土地，开拓疆宇，在郢都建立根基，占据荆扬之地，直到南海。子孙代代相传，延续九百多年。现在将军你继承父兄的余威旧业，统御六郡，兵精粮足，战士们士气旺盛。且铸山为铜，煮海为盐，人心安定，士风强劲，可以说所向无敌，为什么要送质于人呢？人质一到曹操手下，我们就不得不与曹操相呼应，也就必然受制于曹氏。那时，我们所能得到的最大利益，也不过就是一方侯印、十数仆从、几辆车、几匹马罢了，哪能跟我们自己创建功业称孤道寡相提并论呢？为今之计，最好是不送人质，先静观曹操的动向和变化。如果曹操能遵行道义，整饬天下，那时我们再归附也不晚；如果曹操骄纵，图谋生乱，那么玩兵如玩火，玩火必自焚，将军你只要静待天命即可，为何要送质于人呢？"

周瑜这番话说到了孙权心里。孙权的母亲也认为应该这样做，她对孙权说："公瑾的话有道理，他比你兄长只小一个月，我一向把他当儿子对待，你该把他当成兄长才是。"于是，孙权便没给曹操送人质。

周瑜越来越得孙权的信赖，而他也越发竭诚尽智地为孙氏集团的崛起奔波劳碌，不辞劳苦，算得上忠贞不贰。据《江表传》记载，曹操曾派人去游说，想使周瑜为自己所用，所派之人是九江人蒋干。

蒋干，字子翼，仪容过人，很有才气，善于辩说，江淮人士，无人能比。这次受命后，蒋干头戴葛巾，身着布衣，装作闲游地去见周瑜。周瑜猜出了蒋干的来意，出来迎接，劈头便问："子翼真是用心良苦，居然远涉江湖，不是替曹操来做说客的吧？"

蒋干被周瑜开口便道破机关，颇为尴尬，遂勉强自解："我和你本是州里乡亲，这次来不过是来拜访你，顺便看看你的部队罢了。你却说我是说客，岂不过分？"周瑜笑道："我虽不及夔与师旷，称不上知音，但闻韶赏乐，足知雅曲。"言下之意，你的心理，我是清清楚楚的。于是，周瑜请蒋干进入营帐，摆设酒宴，盛情款待。酒罢，周瑜对蒋干说："我有军机密事，你先到外面客馆住下，等事办完我去请你。"三天之后，周瑜又把蒋干请入营中。这次，周瑜先领着蒋干遍观军营，检视仓库和军资器仗，然后仍然置酒高会。席间，周瑜向蒋干展示了自己的侍从、服饰和珍宝，并对他说："丈夫处世，遇知己之主，外托忠臣之义，内结骨肉之亲，言行计从，祸福共之。即使苏（苏秦）、张（张仪）更生，郦叟复出，犹抚其背而折其辞，岂足下幼生所能移乎！"周瑜既已表示得十分坚决，蒋干也就无话可说，只好微笑不语。蒋干回见曹操，对曹操说："周瑜器量端雅、趣致高卓，言辞说他不动。"因此，天下之士愈加佩服周瑜。

后来，这个故事被写进了《三国演义》中，便是赤壁大战中的"蒋干盗书"。

从公元200年开始，周瑜一直坐镇吴郡，为孙权出谋划策、平乱讨叛。其间，为安定内部，周瑜曾多次带兵镇压山越的反抗，还曾多次奉命进攻刘表。公元208年初，周瑜向孙权举荐刘表的降将甘宁。孙权接受甘宁的建议亲自统兵进攻屯军夏口的黄祖，同时周瑜被委派为前部大都督。两军经过激烈的水战，最后江东军队终于攻陷夏口，杀死了黄祖。这一战为孙权夺取荆州扫清了道路。

与此同时，北方地区的政局发生重大变化。这一时期，北方的曹操已经彻底消灭了袁氏的残余力量，并打败了三郡乌桓（辽西、辽东、右北平三郡乌桓人的统称），基本统一了北方。曹操于公元208年秋企图乘胜南进，欲一鼓作气完成统一中国的事业。于是，曹操带领号称八十万的大军星夜兼道进攻刘表。但是，曹军尚未到达荆州，刘表突然病死了。

此时，孙权则刚由吴徙治京口（今江苏省镇江市）。

就在荆州一片混乱、人心惶惶之际，鲁肃冷眼旁观，成竹却已然在胸。回头见孙权暗暗发愁，鲁肃即进前说道："荆州地处长江中游，与江东接壤。这里沃野千里，物产丰富，外带江汉，内阻山陵，形势险峻，易守难攻，不但是富庶的鱼米之乡，也是兵家必争的南北要冲。占据荆州，意味着抓住了夺取天下的关键。"

这一点孙权当然早已明白，可是眼下曹操已挥师南下，荆州危如累卵，而接下来该怎么办才是令孙权坐立难安的最大原因。

孙权听鲁肃前面这段话，明白言者必定已经有了对策，便作势要他赶紧往下说。鲁肃点点头，接着说重点："刘表死后，其两个儿子互相争夺，荆州政权内部出现严重分裂，而刘备实际已成为这一地区唯一的政治代表。如果刘备和刘表的儿子合作得好，就联合他们共抗曹操；如果他们之间的矛盾不易调和，就再另作打算。现在，曹操大兵压境，要说服刘备及争取刘表的部属比较容易成功；但若不迅速赶到荆州，延误了时间，就会被曹操占先了一步。"

孙权听完鲁肃分析后茅塞顿开，又得鲁肃自请担当使者重任心中自是大喜，即命人设酒为鲁肃饯行，然后护送过江去了。当鲁肃到达夏口的时候，曹操大军已攻到荆州地界。鲁肃听到消息后，星夜兼程加速行进，准备抢到曹操的前头。但还是迟了，接替刘表在襄阳担任荆州牧的刘琮已经投降曹操，而这时鲁肃才刚刚赶到南郡。

刘琮降曹，事先没有和在樊城的刘备打招呼。直到曹操到达宛城，刘备才得到通知。于是，刘备仓皇南逃，准备撤到粮械储备比较丰饶的江陵城。曹操不愿刘备据有江陵，迫不及待地亲率骑兵进行追击，并在当阳（今湖北省当阳市）把刘备的队伍打散。

鲁肃在当阳找到了处境狼狈的刘备，并向刘备询问今后的去向。刘备回答说，想到苍梧去投奔在那里担任太守的老友吴巨。鲁肃劝阻刘备说，吴巨所处之地偏僻，没有作为，迟早会为人所吞并，不是托身的地方。随后，鲁肃介绍了江东的实力和孙权的为人，指出刘备只有联合江东抗曹才有出路。

在当阳，鲁肃还结识了刘备的谋士诸葛亮。诸葛亮也主张孙刘联盟，两人见面后非常投缘，很快成为朋友。刘备接受鲁肃的意见，放弃投靠吴巨的计划，改向东行。刘备沿途与部将关羽的万余水军和刘表另一个儿子刘琦所率的万余人会合，退守到樊口。同时，刘备派诸葛亮随从鲁肃至柴桑（今江西省九江市）会见孙权，商讨两方联盟的大事。但是，孙刘联盟的事并不是那么容易就能够成功的。

孙、刘、曹三方如何进行外交与军事上的交锋呢?

公元208年冬，孙权亲临荆州前线。此时，孙权在柴桑，诸葛亮见到孙权后陈说孙、刘联合破曹之计："豫州（指刘备，刘备曾为豫州刺史）军虽败于长坂，今战士还者及关羽水军精甲万人，刘琦合江夏战士亦不下万人。曹操之众远来疲敝，闻追豫州，轻骑一日一夜行三百余里，此所谓'强弩之末，势不能穿鲁缟'者也。故兵法忌之，曰'必蹶上将军'。且北方之人，不习水战；又荆州之民附操者，逼兵势耳，非心服也。今将军诚能命猛将统兵数万，与豫州协规同力，破操军必矣。操军破，必北还；如此则荆、吴之势强，鼎足之形成矣。成败之机，在于今日！"孙权听了诸葛亮一席话，心里安定了不少。

此时，曹操到了江陵，派人送信给孙权，信中威胁说："近者奉辞伐罪，旌麾南指，刘琮束手。今治水军八十万众，方与将军会猎于吴。"

曹操信中说要与孙权"会猎于吴"，表面上是要孙权让出自己的狩猎场给其"共享"，可言下之意就是劝降孙权。从曹操用"会猎"一词来看，此固然是曹操身为文学家所特有的雅致，实际上更呈现了曹操拥众压境、目空一切的自信，即使孙权拒绝投降，凭着破竹之势且待大军过得江去，孙权便可一战而溃了。可以想见，曹操在写这封信的时候，脑中浮现的大概尽是其一统天下后的得意模样吧！

不过，曹操毕竟不是简单的人物，在给孙权送"恐吓信"的同时，另一批使者已经到了豫章，以天子的名义下诏拜豫章太守孙贲为征虏将军，并"领郡如故"。这分明就是有意将孙贲拉高到与讨虏将军、领会稽太守的孙权分庭抗礼的地位，让孙权的自家后院多一个与"江东之主"平起平坐的堂兄弟——从事后看来，吴郡太守朱治发觉孙贲打算遣子为质讨好曹操，急忙赶去谏阻，这才使得曹操的这一把"后堂火"并未点着。

当诸葛亮到柴桑时，孙权正在为此事忧虑。此时，孙权面前有两条路，要么抵抗，要么投降。

面对曹操逼人的气势，江东上下十分惊恐，以张昭为首的朝臣更是被吓破了胆。当时，形势亦正如张昭所说："曹公豺虎也，然托名汉相，挟天子以征四方，动以朝廷为辞，今日拒之，事更不顺，且将军大势可以拒操者，长江也。今操得荆州，奄有其地。刘表治水军，蒙冲斗舰，乃以千数，操悉浮以沿江，兼有步兵，水陆俱下。此为长江之险，已与我共之矣。而势力众寡，又不可论。愚谓大计不如迎之。"

曹军力量强大，并以汉相的名义打着东汉皇帝汉献帝的旗号征讨四方。因此，江东集团抗击曹军在名义上便很被动，况且江东的优势在于凭借长江天堑，而曹操得到荆州后收降刘表的水军，获取大量的战船，控制了江东的上游，江东无力对抗又无险可恃——长江天险此时已成为双方共有的东西。由此可见，双方实力悬殊，江东似乎只有迎降曹操才是唯一的出路。同时，孙权本来对战胜曹军就缺乏信心，"拥军在柴桑，坐观成败"，看着刘备被曹操追得团团转也没有打定主意，主和派的议论更是把他搞得举棋不定。

此时，力排众议、主张抵抗的是鲁肃。据《三国志·吴书·鲁肃传》载，当孙权诸将皆劝孙权投降曹操时，"而肃独不言。权起更衣，肃追于宇下，权知其意，执肃手曰：'卿欲何言？'肃对曰：'向察众人之议，专欲误将军，不足与图大事。今肃可迎操耳，如将军，不可也。何以言之？今肃迎操，操当以肃还付乡党，品其名位，犹不失下曹从事，乘犊车，从吏卒，交游士林，累官故不失州郡也。将军迎操，欲安所归？愿早定大计，莫用众人之议也。'"

鲁肃在劝说孙权不要听信主和派的议论时说，这些人要断送孙权的事业。同时，鲁肃点明迎降曹操对一般朝臣没有损失，并以自己举例说：我鲁肃要是投降曹操的话，曹操一定会按照我在家乡评定的品级分派我担任州官或者郡官。鲁肃还指出，如果孙权投降曹操，曹操会因为无法安置而不能容忍他。孙权听了鲁肃的话，叹息道："此诸人持议，甚失孤望；今卿廓开大计，正与孤同，此天以卿赐我也。"

与此同时，鲁肃向孙权推举周瑜担任抗曹主帅。当时，周瑜正奉命出使鄱阳，未在江东。鲁肃请求急速将周瑜召回，以作抗曹的军事准备。

孙权接受主战派鲁肃的建议，将受命去鄱阳的周瑜召回商讨对策。

周瑜一到达柴桑，便力挽狂澜。周瑜针对主和派的观点向孙权指出："不然。操虽托名汉相，其实汉贼也。将军以神武雄才，兼仗父兄之烈，割据江东，地方数千里，兵精足用，英雄乐业，当横行天下，为汉家除残去秽。况操自送死而可迎之耶？请为将军筹之：今使北土已安，操无内忧，能旷日持久，来争疆场，又能与我校胜负于船楫，可乎？今北土既未平安，加马超、韩遂尚在关西，为操后患。且舍鞍马，仗舟楫，与吴越争衡，本非中国所长。又今盛寒，马无藁草。驱中国士众远涉江湖之间，不习水土，必生疾病。此数者，用兵之患也，而操皆冒行之。将军擒操，宜在今日。瑜请得精兵三万人，进驻夏口，保为将军破之。"

上述内容主要表达了以下几个方面的观点：

第一，政治上的优势。周瑜认为，江东地域辽阔，兵精粮足，内部安定，政权巩固。曹操名为汉相，实是汉贼。孙权雄才大略，完全可以继承父兄基业，为朝廷扫除污秽。这样，抗击曹操，名正言顺。

第二，军事上的优势。主要表现为曹操在以下四个方面的致命弱点和困难：一是北方没有完全平定，曹操的后方并不是很稳固，特别是关西的马超、韩遂尚在函谷关以西骚扰，使曹操放心不下；二是曹操的将士主要是北方人，来到南方同习于水战的江东军队交锋，是舍长用短；三是由于北方人不能适应南方的水土，曹操的将士容易发生疫疾；四是曹操违犯兵家作战的大忌，不顾后果地贸然用兵。

　　孙权闻言大喜，对周瑜说："老贼欲废汉自立久矣，徒忌二袁、吕布、刘表与孤耳。今数雄已灭，惟孤尚存，孤与老贼，势不两立。君言当击，甚与孤合，此天以君授孤也。"

　　当夜，周瑜为了坚定孙权的信心、消除其疑虑，又单独进谒。周瑜对孙权说："大臣们一见曹操的战书上写有水步兵八十万，心中恐惧，也不认真推测一下虚实，就提出了降敌的见解，这是没道理的。现在，可以认真地估算一下，曹操所带的中原士兵，最多十五六万，而且是经过长途跋涉、疲惫不堪之众；收降刘表的人马，最多不过七八万，而且这部分人尚心怀观望、怀疑，并未一心一德。曹操统御着这些疲惫病弱、狐疑观望的士兵，人数虽多，何足畏惧？只要有精兵五万就完全可以战胜他。请你不要迟疑，不要有所顾忌。"

　　孙权听了大受感动，拍着周瑜的背说："公瑾之言，大合我心！张昭等人，顾惜家人妻小，只为小我考虑，真让我失望。只有你与鲁肃的看法跟我一致，这是老天让你们二人来辅助我的！五万人一时难以凑全，但我已选好三万人马，船只粮草和各种战具也已准备妥当，你和鲁肃、程普马上就可以带兵出发。我会继续调发人众、粮草，做你的后援。你能一战破曹当然好，假如遇到挫折就回来找我，我将与曹操决一死战！"

　　此时，周瑜、鲁肃和诸葛亮的议论，增强了孙权抗击曹操的信心。为了表达自己的决心，孙权拔刀砍去奏案的一角，警告群臣说："谁再敢说迎降曹操的话，下场就和这个案桌一样。"孙、刘联合抗击曹操的协定，就此定下来了。如此看来，孙权似乎是接受了主战派的观点。

　　关于曹操方面的兵力，在曹操给孙权的信里其称之为八十万人。但据《三国志注》引《江表传》中记载，周瑜估计"彼所将中国人，不过十五六万，且军已久疲；所得表众，亦极七八万耳，尚怀狐疑"。

　　关于孙权方面的兵力，周瑜曾要求五万人，孙权告诉他："五万兵难卒合，已选三万人，船粮战具俱办，卿与子敬、程公（程普）便在前发，孤当续发人众，多载资粮，为卿后授。"可以估计，周瑜率领的第一批兵力是三万人，孙权续发人众是多少没有明确记载，可能也是三万人左右，因为孙权告诉周瑜："卿能办之者诚快，邂逅不如意，便还就孤，孤当与孟德决之。"孙权如此气壮，人众不会太少。

关于刘备方面的兵力，诸葛亮曾对孙权说过，"今战士还者及关羽水军精甲万人，刘琦合江夏战士亦不下万人"，共两万来人。综合看来，孙刘联军合计，其第一批兵力共五万人左右。

曹操由江陵水陆东进，孙刘联军由樊口、夏口溯流而上，两军相遇于赤壁（今湖北省赤壁市）。当时，曹军新到江南，果然不服水土，疾病流行，士气低落。刚一接战，曹军立即败退，只好驻扎在江北，想待冬天过后第二年春天再战；周瑜所部初战获胜，士气振奋，驻扎在长江南岸。

为了克服曹魏将士不习水性的弱点，曹操下令把战船用铁索锁在一起，上面铺上木板，连接成水上营寨，以便利行走。对此，曹操自以为得计，称这些船为连环船。

周瑜的部下老将黄盖看到这种情况，知道两军僵持的局面对人孤力单的联军不利，便建议说："今寇众我寡，难与持久。然观操军船舰，首尾相接，可烧而走也。"也就是说，敌众我寡，不宜在这里同敌人持久消耗，而曹操针对北方军士不习水战的缺陷采用方连战舰，以首尾相接的方式进行补救，这样就为我们提供了可以用火攻打败他的机会。周瑜认为黄盖说得有理，便选蒙冲斗舰数十艘，里面塞满柴草、浇上油脂，外面用帐幕包裹、插上旌旗，做好了火攻的准备。

然后，黄盖派人送信给曹操，信中说："我世受孙氏厚恩，地位待遇本不低卑，但是为人当识时务。孙氏要用江东六郡山越之人与中原百万之众对抗，众寡悬殊，胜负已定。江东士吏，不分贤愚，均知此理，只有周瑜、鲁肃执意如此。"同时，信中还表示："交锋之日，盖为前部，当因事变化，效命在近。"

曹操没有识破这是诈降计，答应接受黄盖投降。

随后，黄盖将几十艘小船内塞满柴草、浇上油脂准备停当，外面用帷幕、旌旗遮掩好，只待有利的时机向曹营进发。不久，周瑜选择了一个刮东南风的夜晚，命令黄盖带领数十艘战船（每一艘战船后拖一只小船，以备放火人员后退时使用），乘风向曹营进发。曹军以为黄盖真来投降，毫不防备，都高兴地出营观看。

当船队行到距离曹军水寨二里来路时，黄盖下令各船同时点火，一时间火猛风烈，船行如箭。

由于曹军以为是投降，没有防备，结果战船点燃了曹军的战舰。霎时间，大火腾空而起，火舌向对岸舔去，很快延及曹军的营垒。顿时，江北陷入一片火海之中，曹军将士乱作一团，被烧、淹死者难计其数。

曹操猝不及防，无心迎敌，索性命人把未被点燃的战船和不便带走的军需付之一炬，带着残部向北败逃。话说曹操带领败兵由华容道（今湖北潜江南）撤退，一路大风且天寒地冻，又遇上这一带道路泥泞，只得步兵携草铺路，冷饿马践之下死伤甚众，最后总算逃得性命。

孙刘联军在刘备、周瑜的带领之下水陆并进，一直追到南郡。

四、亡于天下三分后

周瑜到达南郡后，以数万大军围攻江陵城。江陵城内粮草充足，加之曹仁防守严备，周瑜一直未能取胜。周瑜为分散消耗曹仁的兵力，派甘宁西上攻取夷陵（今湖北省宜昌市夷陵区）。甘宁一战得手，曹仁果然分兵，企图以五六千众夺回夷陵。周瑜采纳吕蒙建议，只留下少许人继续围困江陵，自

123

己则亲率大军去救援甘宁。

周瑜行至中途，发现江陵到夷陵之间有一处险要的必经之道，忙派出三百余人用砍伐的树木将险道阻塞。周瑜赶到夷陵，当即与曹仁在城下激战起来，围城的曹军被消灭一半以上。曹仁抵挡不住周瑜的攻势，又担心江陵有失，连夜撤往江陵。曹军行至险道，发觉陷入困境：前面有树木拦路，后面有周瑜穷追不舍。为了逃命，曹军只好丢掉马匹，越过路障步行遁逃。这一夜，周瑜截获曹军战马三百余匹。

不久，周瑜在长江北岸建起营垒，准备长期围攻曹仁。此后一年多的时间，两军一直在江陵相持。双方进行过多次较量，彼此各有胜负。每战，周瑜必身先士卒，跨马越阵。在一次混战之中，周瑜不幸为流矢射中右肋，受了重伤。曹仁听说周瑜伤重行动不便，认为有机可乘，立即召集军队前来骂阵。周瑜忍着箭伤挣扎而起，到各营鼓舞士气。到了公元210年初，曹仁讨不到便宜，只好退兵。

曹军北撤后，周瑜以偏将军领南郡太守的职务镇守江陵。同年，孙权为表彰周瑜的功劳，特别把下隽等四县封作他的奉邑（以收取赋税作为俸禄的封地）。

周瑜受到了表彰，那鲁肃如何了呢？

功勋卓著的鲁肃返回江东，孙权为表彰他特意用最隆重的礼节相迎。仪式结束后，孙权亲热地对鲁肃说："子敬，我亲自为你下马扶鞍，这样的殊礼你该感到荣耀了吧？"然而，鲁肃的回答不但使孙权感到意外，而且使在场的人无不大惊失色。鲁肃冷淡地表示："我不觉得荣耀。"当坐定以后，鲁肃从容地说："我希望你的威名震动天下，能够实现统一天下的大业。到那个时候，你派车子来接我，我才感到荣耀呢！"孙权终于明白了鲁肃的良苦用心，他是在用激将法提醒自己不要为眼前的胜利所陶醉，应该时时刻刻不忘统一天下的目标。

赤壁之战后，曹操虽然暂时停止南下的军事行动，但是他与孙权之间的力量对比并没有发生改变。其时，无论是经济方面，还是军事方面，北方曹魏的实力都远远超过江东。曹操虽然没有实现吞并荆州和江东的目的，但占有了襄阳，消除了从南部给许下（许昌）的威胁，总算有所得。但赤壁大战的胜利也加强了孙氏政权在江东地区的割据地位，孙权占有了荆州的东部江夏等郡，扩大了地盘，巩固了江东"根据地"，所得不少。

当然，成就最大的是刘备集团了。刘备奋战半生，在北方从未能取得立足之地，但如今逐步在荆州站稳了脚跟。刘备先后取得长江以南的武陵、长沙、桂阳、零陵四郡（今湖南和湖北西部），自号左将军，领荆州牧，设大营于油江口（油水入江处），并易其名为公安（今湖北省公安县）。就这样，曹、刘、孙三家瓜分了荆州。

刘备有了安身立命之处，进取益州在望，荆、益两路出击与曹操争胜的理想也有了实现的可能。可以说，赤壁之战对三国鼎立局面的出现起了决定性的作用。但是荆州为孙、刘、曹三家瓜分，却埋下孙、刘两家争荆州的祸根——因为刘备势力在荆州的发展成为孙权西进的障碍。

恰巧，此时刘备为巩固同江东的联盟亲到江东拜谒孙权。一方面，刘备是冒险东去迎娶孙权的妹妹孙尚香，将江东占据的荆州土地划归他来管辖。另一方面，刘备向孙权提出了出借自己尚未占据的南郡的要求。在借与不借南郡的问题上，江东政权的内部出现了分歧。

周瑜不但不同意"借南郡与刘备"的意见，而且主张把刘备软禁在江东不放。公元210年，周瑜上书孙权说，刘备是个心怀大志的人，手下又有关羽、张飞这样的名将辅佐，绝不会久屈人下。周瑜认为，应该把刘备移置到吴郡，广筑宫室，多置美女，用腐化的生活消磨他的意志；再把关羽、张飞二人瓦解分散，各置一方；然后派出与自己能力相当的人去攻打他们，事情就可以解决了。相反，割借给刘备土地，再放任他们三个人聚在一起，这好像蛟龙得到了云雨，他们怎么会甘当池中之物呢。

与此同时，将军吕范也劝孙权把刘备扣着不放。就这样，一场孙、刘两家之间的火并迫在眉睫。

但是，鲁肃坚持不同意见，同意"借南郡与刘备"，反对因土地问题破坏联盟。鲁肃认为，曹操的"威力实重"，仍是江东的主要敌人；而借给刘备土地，等于为曹操树立一个对手，为自己增加一个盟友，可以分散、转移曹操对江东的兵力，避免被各个击破。最终，鲁肃说服了孙权。孙权考虑到曹操的威胁仍然严重存在，江东需要孙刘联盟，况且刘备也不是用美色就能让其上钩的人，采取极端手法对待刘备也不一定能达到目的。所以，孙权没有听取周瑜的建议，他答应将长江以南的南郡土地借给刘备。

对于孙权的这个命令，周瑜坚决执行，不打任何折扣。周瑜虽然反对借土地给刘备，但孙权一旦作出决定，他便马上让出了长江以南的南郡土地。

刘备返回公安，听说此事后心有余悸地说：我险些死在周瑜的手里啊。当孙权借地给刘备的事传到北方后，正在作文章的曹操得知这个消息，竟然惊得失手把笔掉在了地上。原来，赤壁之战后，曹操最担心的是孙刘联盟的继续和巩固。

公元211年初，周瑜去京口面见孙权，提出夺取益州的计划。益州在荆州的上游，相当于今四川、重庆、云南、贵州和陕西汉中地区大部以及缅甸的东北部。这里形势险塞，易守难攻，沃野千里，稻香鱼肥，素有"天府之国"的称号。此时，割据益州的刘璋软弱无能，内部矛盾重重；占据汉中一带的张鲁又屡次与刘璋发生战争。周瑜以为，曹操受到重大挫折后尚未复原，又有心腹之患，不敢轻易举兵南下。益州局势不稳，正好乘隙而攻；占据益州后进而消灭张鲁，再与反曹的马超结盟，这样就形成了反曹的包围圈。周瑜答应夺取益州后，马超还镇襄阳对抗曹操。对此，周瑜乐观地说，如果这个计划能够实现，消灭曹操、统一北方是可以办到的。

周瑜这一计划非常有战略眼光，孙权当即表示同意。周瑜立即起程返回江陵，作攻取益州的军事准备。但是，当周瑜走到巴丘时，突然身染重病，不幸去世。临终前，周瑜上书孙权，除了语重情长地劝诫孙权"先虑未然，然后康乐"，还告诫孙权说："方今曹公在北，疆场未静，刘备寄寓，有似养虎，天下之事未知终始，此朝士旰食之秋，至尊垂虑之日也。鲁肃忠烈，临事不苟，可以代瑜。人之将死，其言也善，倘或可采，瑜死不朽矣。"这一年，周瑜三十六岁。

周瑜临终前的上书虽然篇幅很短，却足以写尽对东吴一生的忠诚。透过这篇遗言，不难看出周瑜的智虑筹谋之深远，以及文采之出类拔萃。

周瑜一生征战，有强烈的进取精神和横行天下的抱负；周瑜不但文采超群，还精于音乐，即使是酒后仍能听出乐人演奏的音乐中很细微的疏失，每当这时他总要转头看一看。所以，当时有谣谚说："曲有误，周郎顾。"

周瑜待人谦恭有礼。当时，孙权只是将军，诸将及宾客对他礼仪并不全备，比较草率，只有周瑜对孙权敬慎服事，完全按君臣之礼对待。

周瑜为人豁达，心胸开阔，以德服人，从不嫉贤妒能。应该说，这才是周瑜的真性格。程普早年追随孙坚，是江东政权的元勋，他认为自己年龄比周瑜大，根本看不起周瑜，还多次欺辱周瑜。但周瑜处处谦让，从不和程普计较。周瑜的宽忍，终于使程普大受感动并越来越钦佩周瑜，遂成忘年之交。程普心悦诚服地对人说，与周公瑾（周瑜）来往好像在饮美酒，不知不觉就让人醉了。至于后人说周瑜气量狭小、嫉贤妒能而被人气死之类的，则纯属小说家言，不足为信。周瑜还非常注意发现和提携有真正才能的人，经他荐举的如鲁肃、甘宁这样的政治、军事人才就有很多。

对于周瑜的病逝，孙权悲痛万分。当孙权得知周瑜病逝的消息，他流着眼泪说，周瑜有帮助我夺取天下的才能，现在突然病死，让我依靠谁呀？周瑜的灵枢运回吴郡时，孙权穿上素服亲自主持丧礼进行哀悼，并动身到芜湖迎回周瑜的棺椁。

后来，孙权经常与别人追忆周瑜的功绩，称赞"公瑾雄烈，胆略兼人"，"昔走曹操，拓有荆州，皆是公瑾，常不忘之"；还说在"腹心旧勋"之中只有周瑜的主张常常和他一致，对江东政权的功绩任何人也无法同周瑜相比。

公元216年冬，曹操在攻占汉中、晋封魏王后再度大举南下，以报前一年孙权偷袭合肥之仇。孙权闻讯，当即任吕蒙为督、蒋钦为副，负责节度前线诸军，他自己也亲自引兵随后接应。

公元217年初，曹操与诸将会师于居巢，马步三军号称四十万，于濡须水岸"临江饮马"。与此同时，孙权派遣都尉徐详向曹操"请降"。曹操此时正因刘备大军进屯益州东北似乎有意争夺汉中而头痛不已，今见孙权有意媾和自然是再好不过，马上派出使者回报对方并"誓重结婚"，重申与孙家的姻亲关系以示旧好，然后留下夏侯惇、曹仁、张辽等将屯守居巢后便急忙引军赶往汉中去了。东吴方面则以先前吕蒙于濡须督战击退曹军有功，进拜为左护军、虎威将军。就在此时，鲁肃病逝于陆口（今湖北省嘉鱼县陆溪镇）。

鲁肃死后，孙权评价他有"二长一短"："子敬东来，致达于孤。孤与宴语，便及大略帝王之业，此一快也。后孟德因获刘琮之势，张言方率数十万众水步俱下。孤普请诸将，咨问所宜，无适先对，至子布、文表，俱言宜遣使修檄迎之，子敬即驳言不可，劝孤急呼公瑾，付任以众，逆而击之，此二快也。且其决计策，意出张、苏远矣；后虽劝吾借玄德地，是其一短，不足以损失二长也。"

在这里，孙权肯定了鲁肃的"榻上对"和赤壁之战前的主战意见，但由于历史的局限性，对"刘备借荆州（南郡）"问题进行了翻案。

其实，孙权的指责是不公正的。在曹、刘、孙三家鼎立纷争的局势中，唯独鲁肃始终不渝地坚持孙刘联盟，这是因为他看到了孙刘联盟的维持与巩固关系到江东生死存亡的长远利益，而这是他目光远大的过人之处，也是孙权、周瑜、吕蒙、陆逊不如鲁肃的地方。鲁肃死后，孙权派吕蒙袭取荆州，孙刘联盟完全破裂，而吴、蜀也最终被各个击破并随之灭亡。鲁肃一生的活动，证明了他是江东最杰出的政治家、军事家和外交家，也只有鲁肃才配称得上东吴的"战略家"。

第八章

吴下吕蒙与书生陆逊：适当示弱的生存智慧

鲁肃病逝后，由吕蒙接管了他的军权，而孙权时期最后一位大将军则是陆逊。为什么要把吕蒙和陆逊两个人放在一起讲呢？正如周瑜一手推荐了鲁肃一样，陆逊的崛起也是吕蒙推荐的功劳，而吕蒙和陆逊的故事也很难拆分。

一、"吴下阿蒙"的由来

吕蒙，字子明，汝南富陂（今安徽省阜南县）人。年少时，吕蒙依靠姐夫邓当生活。当时，邓当是孙策的部将，数次征伐山越。吕蒙年仅十五六岁，也私自跟随邓当作战。后被邓当发现，大惊，厉声呵斥却也无法阻止。作战归来，邓当将此事告吕母。吕母生气，欲责罚吕蒙。吕蒙说："贫贱难可居，脱误有功，富贵可致。且不探虎穴，安得虎子？"

当时，邓当手下有一个将士见吕蒙学识浅薄、见识不广，就经常当面耻笑羞辱吕蒙。吕蒙大怒，举刀而杀之，后逃到同乡郑长家中避难。后来，吕蒙通过校尉袁雄出来自首，袁雄为吕蒙从中说情，并将他推荐给孙策。孙策见吕蒙确有过人之处，便把他安排在身边做事。几年后，邓当去世，张昭便推荐吕蒙接替邓当的职务任别部司马。

公元200年，孙权接掌东吴大权后，想把那些统兵较少又发挥不了多少作用的年轻将领检选出来，把他们的部下加以调整合并。吕蒙知道，如果部队合并，自己想有所作为就更困难了。于是，吕蒙想办法赊来物品为部下赶制了绛色的服装和绑腿，并加紧操练。检阅时，吕蒙兵马"陈列赫然，兵人练习"，孙权见后大悦，认为他治军有方，不但没有削减其部，反而增加了他的兵员。

公元204年，吕蒙随孙权征讨丹杨、豫章、庐陵三郡的山越人，因功被任命为平北都尉，兼任广德（今安徽省广德市）长。

公元208年，吕蒙跟随周瑜、程普等人在赤壁大破曹操，后因功被任命为偏将军，兼任寻阳（今湖北省黄梅县）令。

有一次，孙权对吕蒙说："你们现在身负重任，得好好读书，增长自己的见识才是。"吕蒙不以为然地说："军中事务繁忙，恐怕没有时间读书了。"孙权开导说："我的军务比你们要繁忙多了。我年轻时读过许多书，就是没有读过《周易》。掌管军政以来，读了许多史书和兵书，感到大有益处。当年汉光武帝在军务紧急时仍然手不释卷，如今曹操也老而好学。希望你们不要借故推托，不愿读书。"孙权的开导使吕蒙很受教育。从此，吕蒙抓紧时间读书，很快就超过了一般儒生读书的量。

公元211年，周瑜病逝之后，鲁肃接任了周瑜统率的军队和所享受的奉邑。鲁肃到陆口要途经吕蒙驻地，他本为一代儒将，认为吕蒙是武夫出身而有些轻视。

双方相见，自然是酒宴伺候。话说到酒酣处，吕蒙问鲁肃："君受重任，与关羽为邻，将何计略以备不虞？"鲁肃仓促回答说："临时施宜。"吕蒙说："今东西虽为一家，而关羽实熊虎也，计安可不豫定？"随后，吕蒙详尽地分析当时的利害，还为鲁肃提供了三条对策。鲁肃闻后大惊，越席而起，靠近吕蒙亲切地拍着他的背，赞叹道："吕子明，吾不知卿才略所及乃至于此也。"又说："卿今者才略，非复吴下阿蒙！"吕蒙回答说："士别三日，即更刮目相待，大兄何见事之晚乎！"（《资治通鉴·卷三十六》）后来，这个故事引申出了两个成语"吴下阿蒙""士别三日，刮目相看"，前者比喻人学识浅薄，后者比喻不能用老眼光看人。其中，吴下指吴地，即今江苏长江以南地区，当时吕蒙驻军所在之处。

从此，鲁肃、吕蒙二人结为好友，过从甚密。后来，孙权赞扬吕蒙等人说："人到了老年还能像吕蒙那样自强不息，一般人是做不到的。一个人有了富贵荣华之后，更要放下架子认真学习、轻视财富、看重节义。这种行为可以成为别人的榜样。"

二、吴下吕蒙的崛起

公元211年，孙权自京口迁秣陵，改名建业，并在城西二里外山上筑"石头城"，用以储备军粮器械。曹操闻知消息，马上命记室令史阮瑀（165—212）代笔发了一封长信过江，极力拉拢孙权。不过，这封离间孙刘联盟的说帖并未奏效，反倒引起了吕蒙的注意。

吕蒙认为东吴方面不作响应，必将使曹操有挥师东下的打算，便建议孙权在濡须"夹水口立坞"，控制巢湖通往长江的水路，以做好防御工事。孙权深表同意，即刻下令于濡须口筑起堡坞。

公元213年初，曹操亲率十万大军进攻孙权，进至濡须口，攻破孙权军江西营寨，俘虏都督公孙阳。

与此同时，孙权得知江西大营失守消息，即刻点齐人马亲自赶到濡须口和曹军隔水对峙。吕蒙多次献奇计且均有效验，防范敌兵精到而细密。就这样，双方僵持了一个多月，但带着大军远道而来的曹操依然半点好处都没有捞到。

一天，曹操遥望濡须口，但见吴军舟船灵便、武器精良，部队严整、进退有法，忆起当年刘表新亡、刘琮即位后虽拥有"地方数千里，带甲十余万""蒙冲斗舰，乃以千数"，然而面对南下的曹军却仓皇举众献降，让其兵不血刃得了荆州。曹操想到此处，不禁喟然叹曰："生子当如孙仲谋，刘景升儿子若豚犬耳！"

就在曹操看着天气回暖而不知江南即将春雨连绵、江水潮涨之时，曹军大部人马仍然困在泥水之中，且眼下战事胶着，一时又难以取胜。曹操正感到进退维谷的当口，孙权派人送来亲笔书信，只见上面写着八个大字："春水方生，公宜速去。"函中另有一纸，曹操取出视之，却是两行小字："足下不死，孤不得安。"曹操笑对众将说道："孙权不欺孤。"于是重赏来使，下令班师。孙权见曹军撤退，果然也不再追赶。

公元214年，曹操为充实军粮派庐江太守朱光在以皖城为中心的长江以北地区屯田耕作，种植稻谷。与此同时，曹操还派间谍招降鄱阳一带的强盗头目作为内应。

此时，吕蒙见朱光虽只据一孤城，然皖城一带土地肥沃，只要曹军屯田有成，百姓必将陆续迁至而重新聚集，曹操也会因此逐步增派部队进驻；按照这样下去，不出几年，淮南之地便会恢复旧观，曹操必将卷土重来。于是，吕蒙上奏孙权应当未雨绸缪："皖田肥美，若一收孰，彼众必增，如是数岁，操态见矣，宜早除之。"吕蒙建议曹操及早除掉这个祸根。孙权听了吕蒙的分析后，觉得吕蒙的话很有道理，更觉得事不宜迟，马上采纳了吕蒙的意见，即点起三军亲自征皖。

公元214年夏，大雨再度使长江涨水。孙权想到，这是一个绝好的进攻时机，于是立即率军沿江而上进攻皖城。朱光收聚部众据城坚守。孙权召集众将会议，研拟攻城对策。当时，诸将提议孙权于城外堆作土山，并添置攻城器具，唯吕蒙独排众议举荐将军甘宁为升城督，率领精锐士卒从拂晓发起猛攻。吕蒙亲自擂鼓助威，甘宁身先士卒，以精锐紧随登城，仅一顿饭时间就将皖城攻破，并擒获朱光、俘虏数万人。曹操闻皖城告急，派大将张辽率兵驰援，至夹石（今安徽省桐城市）闻皖城已失，只好退兵。孙权认为此战吕蒙功劳最大应重加奖赏，当下任命吕蒙为庐江太守，所俘获的人马也都分给了他，并特赐他寻阳屯田六百户、官属三十人。

三、吕蒙辉煌的业绩

皖城之役不久，西方传来刘备攻陷成都、占据益州并留下诸葛亮、关羽镇守荆州的消息。公元215年，孙权派遣诸葛瑾（诸葛亮之兄）入蜀，以刘备已得益州为由，请求归还长沙、零陵、桂阳三郡。刘备只推说等打下了凉州，那时便还荆州。如此，诸葛瑾只得空手而回。随后，孙权立刻选派三郡官吏，让他们强行上任；但镇守荆州的关羽将东吴派赴荆州的官员用武力全数驱逐，然后派人入川向刘备报告。

孙权立即命庐江太守吕蒙领兵两万西取三郡，鲁肃也奉命率精兵万人前驻巴陵，"以御关羽"。与此同时，刘备连忙亲统五万大军直抵公安。不过，吕蒙已经先下手为强，在接到孙权命令之后即"移书二郡"，长沙、桂阳郡守"望风归服"，再派人招降零陵时却遭到了太守郝普的拒绝。刘备抵达公安后，知长沙、桂阳二郡已失，零陵危在旦夕，立刻命关羽进兵夺回三郡。这时，孙权率兵来到陆口，令鲁肃火速进驻益阳，前拒关羽；另外以"飞书"召回吕蒙，让他暂弃零陵而马上回援鲁肃。

当初，吕蒙平定长沙率兵赶赴零陵路过郿县（今湖南省衡阳市）时，顺路找到了零陵守将郝普的旧友邓玄之并将他带在军中，想让他诱降郝普。吕蒙得信后并未公布，而是连夜召集将领、布置方略，说天亮就要攻城。布置完毕，吕蒙派邓玄之去说服郝普。郝普信以为真，准备投降。邓玄之先出城报告吕蒙，说郝普一会儿便至。吕蒙预先命令四名将领，各选百人，待郝普出城马上抢入，守住城门。不久，郝普出城，吕蒙迎上去拉住其手，跟他一起上了船。寒暄之后，吕蒙拿出孙权的紧急文书给郝普看，并拍手大笑。郝普接过文书，知刘备已到公安、关羽已到益阳，方知中计，"惭恨入地"。

吕蒙智取郝普后，又与孙皎、潘璋率部并进赶赴益阳（今湖南省益阳市）。双方大战在即，时值曹操攻打汉中，刘备后方吃紧，遂被迫与孙权讲和。孙权也想乘机攻取合肥，双方同意罢兵言和。于是，孙、刘双方议定以湘水为界，孙权把零陵郡和郝普还给刘备。为表彰吕蒙的战功，孙权赐以寻阳、阳新（今湖北省阳新县）为吕蒙的食邑。

孙权回军征讨合肥，为魏将张辽所挫。孙权围合肥十余日不克，遂撤围退兵，至逍遥津北遭遇张辽乘机率步骑发动袭击。吕蒙等奋力拼杀，掩护孙权逃至逍遥津。

公元216年冬，曹操再度大举南下，来报前一年孙权偷袭合肥之仇。孙权闻讯即任命吕蒙为负责节度前线诸军，他自己也亲自引兵随后接应。公元217年初，曹操与诸将会师于居巢，于濡须水岸"临江饮马"。吕蒙乃趁曹军立寨未稳之机，率兵出击，将其击溃。与此同时，吕蒙建议孙权命甘宁发动夜袭。曹操前军失利，知吕蒙督阵乃有备而来，遂退至安全处安营扎寨。

孙权鉴于曹操势大，遣人向曹操"请降"；而曹操也派出使者回报孙权，并重申与孙家的姻亲关系以示旧好。与此同时，东吴以吕蒙于濡须督战击退曹军有功，进拜为左护军、虎威将军。恰逢此时，鲁肃病逝于陆口，孙权则命吕蒙代替鲁肃为都督、汉昌（今湖南省平江县）太守，西驻陆口，原来鲁肃所部人马万余全都归其指挥。

吕蒙辖区与关羽的江陵毗邻，二人各守其土。吕蒙深知关羽善战，有对外扩张的野心，而且从地势上讲关羽又处在自己的上游，绝对不会长期相安无事。因此，吕蒙一面积极备战，准备伺机收回荆州；一面对关羽加倍殷勤，恩义广施，和关羽结下了友好关系。

公元219年夏，关羽率军围攻魏国的襄阳、樊城。吕蒙上书孙权，建议东吴水军渡江，昼夜兼程以迅雷不及掩耳之势突袭后防空虚的荆州，如此不仅南郡是囊中之物，而关羽亦可手到擒来。上书后，吕蒙声言病重，以迷惑关羽。孙权见书心领神会，明白当趁机而起先发制人的时候到了，便公开行文将"病势沉重"的吕蒙召回建业养病，实际上却是"阴与图计"、暗中密谋袭取荆州计划。就在此时，毛遂自荐的书生陆逊登场了。后来，吕蒙以白衣渡江击败关羽，而其也是东吴攻灭关羽的最早倡议者。

面对关羽咄咄逼人的攻势，孙权这边派出的一个是吴下吕蒙、一个是书生陆逊，大战一触即发。

四、书生陆逊的来路

陆逊，本名议，字伯言，出身江东大族吴郡（今江苏省苏州市）陆氏。

吴郡陆氏，与顾、朱、张并称"吴中四姓"，始祖为陆通，为齐宣王田辟疆（？—前301，前319—前301年在位）的儿子，封平原县，得姓陆，是为平原陆氏。到了汉初，陆通后裔陆烈（陆贾之子）始迁至吴地，成为吴郡陆氏。陆贾（前240—前170）为汉初太中大夫，曾追随汉高祖刘邦平定天下，提出"逆取顺守，文武并用"的统治方略，倡导儒学并辅以黄老"无为而治"，对汉初黄老政治产生一定的影响。

陆逊的父亲陆骏，曾任东汉九江都尉。据《至元嘉禾志》等书记载，陆逊出生在吴郡的华亭（今上海市松江区）。陆逊少年丧父，小时候跟着从祖父陆康（126—195）在庐江太守任所读书。

公元194年初，因割据淮南的袁术和陆康不和，袁术唆使孙策攻打庐江，陆康坚守两年。到公元195年末，庐江城终究还是被孙策攻克了。之后月余，陆康病逝。此前，陆康已将陆逊与亲属送往吴郡。在抵御孙策的两年战争中，陆氏家族百余人因为饥荒和战乱死了将近半数。当时，陆康的幼子、陆逊从父陆绩比陆逊还小六岁，因此刚刚十二岁的陆逊承担起了支撑门户的责任。

公元203年，陆逊应召入孙权幕府，历仕东、西曹令史，后出任海昌（今浙江省海宁市）屯田都尉，兼海昌县令。

其时，海昌境内连年大旱，陆逊开仓赈济贫民，组织生产自救，缓和了灾情。与此同时，陆逊还采取了抑制豪强、安定社会秩序、扩大军队的措施。在孙权的支持下，陆逊招募附近的依附民为兵，进讨会稽豪强大帅潘临。陆逊率领军队深入重山险谷，终于消灭了这支为害多年的豪强武装。不久，陆逊又兴兵配合奋武将军贺齐剿灭尤突的豪强武装。事定之后，孙权拜陆逊为定威校尉。

孙权很赏识陆逊的才干，把孙策的女儿嫁给了这位年轻有为的将领以结秦晋之好，并提拔其担任帐下右都督之职。这时，恰巧丹杨地区又发生豪强叛乱事件，其中豪强费栈接受曹操封号，煽动武装叛乱，充当曹军内应。陆逊奉命讨伐费栈，在敌我悬殊的情况下，多设营帐，遍布鼓角，虚张声势，以迷惑敌人。然后，陆逊乘夜领兵潜入山谷鼓角齐鸣，向敌人发起突然攻击，很快镇压了这场叛乱。接着，陆逊检括吴、丹杨、会稽三郡的依附民，以强壮者当兵、羸弱者补户的办法共得精兵数万人，既打击了地方豪强，也大大地增强了自己的实力。之后，陆逊回驻芜湖（今安徽省芜湖市）。

这时，会稽太守淳于式上表奏告陆逊违法征用民众，所辖区域的百姓受其扰乱而愁苦不堪。后来，陆逊回都拜见孙权，言谈之间提到淳于式却说其是好官。孙权问："淳于式奏告你而你却推举他，是什么原因？"陆逊说："淳于式的心意是想休养百姓，所以他控告我。如果我再诋毁他，就是混淆视听。此类风气不可长。"孙权说："这确实是长者才能做到的事，一般人是不能做到的啊。"至此，孙权对陆逊的风范更为佩服了。

五、文弱书生有何用

公元219年，刘备部将关羽发动襄樊之战，围困襄阳、樊城，后擒于禁、斩庞德。在此之际，驻军陆口的虎威将军吕蒙与孙权定下夺得南郡、擒获关羽的计划。这年冬，吕蒙为隐蔽企图，称病返回建业，途经芜湖却被驻守当地的陆逊一把拦住，说如今你吕蒙与关羽接邻边境，而身担大任的你却要一走了之，只怕要引起后患。吕蒙闻言一惊，连忙推说自己有病，实出于无奈。岂料，陆逊顺势说道："关羽现在只想到北进襄、樊，对我并不设防，加上听说吕蒙将军染病而回，必定更不防备，只要我军出其不意，自可擒制，希望将军见到主上之后把此事好好计划一下。"吕蒙听了大吃一惊，没想到自己和孙权之间的秘密计略却被眼前这位不过官拜校尉的后辈识破，但因军国大事不可轻易对外泄露而只得拿话敷衍一番，随即辞别陆逊而去。

回到建业，孙权急与吕蒙密会，言说如今之计须派一可靠之人接替吕蒙守住陆口，因而问吕蒙道："谁可代卿者？"吕蒙不假思索，马上推荐了陆逊。孙权马上召回陆逊，拜为偏将军、右部督，并授以机宜令其代吕蒙出镇陆口。

陆逊到了陆口，马上致书关羽，信中歌功颂德、极尽吹捧，甚至还表示"尽忠自托之意"。于是，关羽便飘飘然而"意大安"，把荆州后防部队分批调赴樊城去了。这之后，关羽不但一举擒斩了庞德，更俘获了曹军大将于禁以及数万人马。这时，关羽虽然在前线取得节节胜利，但他的后方却危机四伏。关羽不善团结部下，部下稍有不慎就被粗暴地打骂责罚，引起部下的不满。留守江陵、公安的将领麋芳、傅士仁因军资供应不及时，关羽声言要惩治他们，于是麋芳、傅士仁不堪忍受，顿生异心。这些情报，陆逊都了如指掌。陆逊见破蜀时机已经成熟，立即派人向孙权做了汇报。孙权接获报告，即命吕蒙与陆逊率领水军为前部，兵分两路直扑关羽的大后方。

陆逊率军长驱直入，攻打宜都郡（今湖北省宜昌市）。刘备所治宜都太守樊友弃城溃逃，其他据点的长吏和酋长都望风投降。孙权以陆逊领宜都太守，拜为抚边将军，封华亭侯。接着，陆逊指挥的吴军所向披靡、势如破竹，堵住了关羽退回西蜀的大门。

此时，吕蒙则率军隐蔽前行，进至寻阳，把精锐士卒埋伏在伪装的商船中，令将士身穿白衣化装成商人，募百姓摇橹划桨，昼夜兼程溯江疾驶，直向江陵进袭，一切都进行得十分隐蔽和诡秘。

驻守江防的蜀军士兵被伪装的吴军所骗，猝不及防之下全部被俘虏，江陵城内空虚，陷入混乱。吕蒙又让原骑都尉虞翻写信诱降驻守公安的蜀将傅士仁，又使傅士仁引吴军迫降守江陵的蜀南郡太守麋芳。麋芳献城出迎，吕蒙率大军进据江陵，一举夺回了蜀汉长期占据的荆州南部三郡。

然而，骄傲轻敌的关羽此时对吕蒙的袭击行动竟一无所知。吕蒙将关羽部下的家属全部抓获，厚加抚慰，并下令军中不得骚扰百姓、不得擅入民家有所索取。吕蒙还派人早晚慰问年长之人，关心他们的生活，并补给不足；若有人生病就送去医药，有人饥寒就送去粮食和衣服。同时，关羽府库中的财宝，吕蒙一毫不取并全部封存。

此时，关羽自知势孤，派人向驻扎上庸的蜀将刘封、孟达求援，二人以上庸新定为由拒绝救援。于是，关羽陷于进退失据、腹背受敌的困境，遂西走麦城（今湖北省当阳市两河镇境内）。这时，陆逊乘胜西进，夺取宜都。关羽看到麦城东、西、南三面全是敌人，而援兵又迟迟不到，决定突围回西川。不料，这正中了吕蒙部将潘璋、马忠的埋伏，关羽被擒杀。

六、吕蒙病死于吴宫

江陵一战，吕蒙立功至巨，孙权遂任命他为南郡太守，封孱陵侯，赐钱一亿，黄金五百斤；而陆逊也被提升为右护军、镇西将军，进封娄侯。吕蒙推辞再三，不肯接受金钱，但孙权不许。然而，封爵还未颁布，吕蒙的疾病就再度发作了。此时，孙权正在公安，就把吕蒙接来安置在内殿，千方百计诊治护理，并且下令在国内招募医者，有能治好吕蒙病的人赏赐千金。孙权尽心为吕蒙治疗，每当医者给吕蒙针灸时，孙权更为之难过。孙权想多看看吕蒙，又怕他太过劳碌，于是命人凿通墙壁暗中观看：如发现吕蒙吃下点东西，孙权就高兴，对手下人有说有笑；如发现吕蒙不进饮食，孙权就长吁短叹，夜不能寐。吕蒙病情略有好转，孙权就下达赦令，让群臣都来庆贺。公元220年初，吕蒙在孙权内殿中去世，死时四十二岁。

在吕蒙生前，他将所得的金银财宝和各种赏赐都交到府库中收藏，并命令主管人员待其死后把这些全部还给朝廷。吕蒙还留下遗言，丧事务求俭约，不得奢侈。孙权得知后，越发悲伤。吕蒙年轻时，曾因部下的事被江夏太守蔡遗告发，但他一点也不怨恨。后来，豫章太守顾邵去世，孙权询问他应该让谁去接替顾邵，他却推荐了蔡遗。孙权见吕蒙不计前嫌十分高兴，于是将蔡遗用之。大将甘宁性情粗暴，不但经常违背吕蒙的心意，而且不时违反孙权的命令。孙权对此颇为恼火，但吕蒙总是为他说情。吕蒙认为，"天下未定，斗将如宁难得，宜容忍之"。孙权听了吕蒙的话，厚待于甘宁。

后来，甘宁果然为东吴出了大力，立了大功。

甘宁伙房下一小童犯了过失，逃到了吕蒙那里。吕蒙怕他遭甘宁杀害，便将其藏匿起来，没有马上将他送回。后甘宁带着礼物来拜谒吕蒙的母亲，在其升堂见吕母时，吕蒙才叫出那小童还给甘宁，并让甘宁答应不杀他。可是，回到船上后，甘宁却把小童捆在桑树上，亲自挽弓将他射死了。然后，甘宁下令船上的人加固船的缆绳，自己解下衣服卧在船中。吕蒙闻后大怒，鸣鼓聚兵准备上船进击甘宁。甘宁听到动静，故意躺着不起来。吕蒙的母亲光着脚跑来劝阻吕蒙："至尊待汝如骨肉，属汝以大事，何有以私怒而欲攻杀甘宁？宁死之日，纵至尊不问，汝是为臣下非法。"吕蒙平日非常孝敬，听了母亲的话心里明白过来。于是，吕蒙亲自来到甘宁船上，笑着招呼："兴霸，老母待卿食，急上！"甘宁满面羞愧，流着泪对吕蒙哽咽着说："负卿。"随后，甘宁便去见吕蒙的母亲，并跟吕蒙欢宴竟日。

吕蒙死后，其子吕霸袭爵。孙权还赐给吕霸守家墓的人家三百户，免收田赋的田地五十顷。在《三国志》中，陈寿对吕蒙做了如下评论："吕蒙勇而有谋，断识军计，谲郝普，擒关羽，最其妙者。初虽轻果安杀，终于克己，有国士之量，岂徒武将而已乎！"

七、陆逊愤恚于二宫

公元221年夏，刘备统率水陆大军八万余人誓师伐吴。公元222年春，刘备率军进抵秭归。孙权命镇西将军陆逊为大都督，统率五万人，全权负责对付蜀军。

陆逊上任后，决定暂时避开蜀军锋芒，不与蜀军决战，冷静地等待战机以伺机破敌。陆逊坚守不战破坏了刘备速战速决的战略意图，以致蜀军将士逐渐斗志涣散松懈，失去了主动的优势地位。夏天的江南，正值酷暑时节，蜀军将士更是不胜其苦。刘备无可奈何，只好把军营设于深山密林里，依傍于溪涧屯兵休整，准备待到秋后再发动进攻。

陆逊看到蜀军士气沮丧，放弃了水陆并进、夹击吴军的作战方针，认为战略反攻的时机业已成熟，于是决定反攻。在决战之前，十分谨慎的陆逊派出了一支小部队先做试探性的进攻，攻打了蜀军的一个营寨，结果失利。这次进攻虽未能奏效，但使陆逊找到了破敌之法——火攻，因为当时江南气候闷热，而蜀军的营寨都是由木栅所筑成，而且地处峡谷，其周围又全是树林、茅草，一旦起火就会烧成一片。

决战开始后，陆逊命令士兵人人带上一把茅草，顺风点火。于是，吴军将士冲入蜀军阵地放起火来，顿时火势熊熊，蜀军营帐化成一片火海。

在蜀军混乱之际，陆逊命昭武将军朱然率五千人马突破蜀军前锋，与偏将军韩当的部队共同攻占涿乡（今湖北省宜昌市），切断了蜀军的退路。接着，陆逊又命振威将军潘璋攻击蜀护军冯习等，而他自己则亲率吴军主力在猇亭（今湖北省宜都市北古老背）向蜀军主力发起进攻。

蜀军前锋溃败，士气一落千丈。不久，张南、冯习战死，杜路、刘宁投降，蜀侍中马良所部也被歼灭，同时蜀军的四十余座营寨都不复存在。于是，刘备只好收拾残部，退守彝陵西北的马鞍山（在今湖北省宜昌市）。陆逊又乘胜指挥吴军从四面进逼马鞍山，连破了蜀军大营。随后，刘备只能在夜色掩护下带着少数兵将拼死突围，逃回了白帝城。

公元229年，孙权于武昌南郊即皇帝位后，陆逊被拜为上大将军、右都护。同年，孙权东巡建业，留太子孙登、皇子及尚书九官等在武昌，征召陆逊到武昌辅佐太子，统领留守武昌的官府事宜，并掌管荆州及扬州、豫章等三郡事务，主持吴军国大事。

对于陆逊，诸葛瑾曾评价其"伯言多智略"，以为相当准确。实际上，陆逊就是靠着智谋才略才多次打赢以少胜多的经典战例，孙权曾多次赞扬他"怀文武之才""有超世之功"，把他比作辅汤灭夏的伊尹和姜太公。正是因为孙权对陆逊的绝对信任和器重，又让他出任丞相职务，至此陆逊成为文武全能、出将入相的罕见全才。

公元230年春，孙权欲派军队取夷州（今台湾岛）、朱崖（今广东徐闻及海南岛），曾征求陆逊的意见。陆逊上书认为"未见其利，万里袭取，风波难测"，劝孙权"宜育养士民，宽其租赋"，这样才能完成统一大业。孙权依然派将军卫温、诸葛直率军征讨夷州，士兵在途中大量病死，得不偿失。事后，孙权大为后悔。

公元244年春，孙权在前任丞相顾雍死后，任命陆逊为丞相、荆州牧、右都护，总领三公事务，领武昌事。当时，太子孙和同鲁王孙霸为了争夺太子之位而二宫并立，朝廷内外的官员大多派遣子弟侍奉孙和或孙霸。陆逊站在中立立场，认为这些支持二宫势力的子弟必会各自结成派别，而这是古人最忌讳的事。后来，孙权、孙和父子关系恶化，被迫卷入"二宫之争"的陆逊终愤忿而卒。

第九章

程普、黄盖和韩当：东吴的三朝元老

东吴政权历经孙坚、孙策和孙权三位领导者，才最终得以创立。汉末三国时期，东吴大将数量众多，除周瑜、鲁肃、吕蒙、陆逊四大都督外，最为人所知的就是"江表十二虎臣"了。程普（？—215）、黄盖、韩当（？—226）、蒋钦、周泰、陈武（177—215）、董袭、甘宁、凌统、徐盛、潘璋、丁奉这十二虎臣，是维持孙氏统治江东的军事骨干。其中，资格最老的便是早在孙坚时代就追随左右的程普、黄盖和韩当三位。他们历经东吴三代君主，并且始终作为股肱之臣辅佐左右。在三国乱世，能够做到辅佐前后三代君主是非常难的，而这三位又是怎么做到的呢？

一、忠心耿耿任劳怨

说到东吴的三朝老臣，首先就会想到程普和黄盖两位。在这两位中，又以程普年纪最长，当时人尊称他为"程公"。

程普，字德谋，出生于右北平郡（郡治在今内蒙古自治区宁城县）土垠县（县治在今河北省唐山市丰润区）。年轻时，不仅聪明伶俐，而且英俊帅气，因此《三国志·吴书·程普传》说他"有容貌计略，善于应对"。

在认识孙坚之前，程普最初在右北平做郡吏，后来又升到幽州（今北京市）城里任职。

黄巾起义爆发后，孙坚率部北上，跟随朱儁征讨波才部黄巾军。在这个过程中，机缘巧合之下，程普成了孙坚的部下。此后，程普跟随孙坚到处征战，先是去长沙郡平定了区星叛乱，紧接着又去零陵、桂阳等地平叛。

黄盖，字公覆，零陵郡泉陵县（今湖南省永州市）人。相比于程普，黄盖的家庭条件就比较差了。黄盖，本为南阳太守黄子廉后人，但家族分离后黄盖的祖父迁到零陵居住。后来，黄盖的亲人相继去世，只剩他一个人孤苦伶仃，吃了很多苦头。好在黄盖是个有志向的青年，虽然生活非常艰难，但他从未放弃努力，习典籍、学兵法，先担任郡吏，再被举为孝廉，后又升任公府。可以说，黄盖的"逆袭"成长史是非常励志的。在平定零陵叛乱的战役中，黄盖投奔了孙坚，跟着他开始北上讨伐董卓。

程普和黄盖二人在孙氏家族几乎没有什么基础的时候就加入了创始团队，并坚定地看好孙坚，跟随他一路南征北战。之所以如此，主要是因为在当时的乱世中，孙坚的军队战斗力十足且所向披靡，虽然其出身不高，但是发展势头很猛。这是程普和黄盖选择孙坚的第一步。

投奔孙坚之后，程普和黄盖二人先后参与了南歼山中草寇、北击奸臣董卓的战斗。在阳人城战役中，程普身先士卒冲入敌阵，身上多处受伤，所幸并无大碍。随后，程普又跟随孙坚再次击败董卓，攻入洛阳。

黄盖也不示弱，他是带了自己部下一批人马投奔孙坚的，同时他的队伍在作战过程中个个骁勇善战，立下不少功劳。此战过后，黄盖因功被孙坚擢升为别部司马，比程普升官还升得早。由此可以猜测，程普比黄盖虽然早了六年投奔孙坚，但他应是孤身一人投奔孙坚的。可以说，在早期孙坚白手起家创业打天下的情况下，黄盖显然对孙坚的帮助更大一些，自然官职也就升得更快一些。

另外一位老将韩当是辽西郡令支县（今河北省迁安市）人，跟程普一样都是幽州人。韩当擅长弓箭、骑术，膂力过人。史书上没有明确记载韩当跟随孙坚的具体时间，但是说他自从追随孙坚开始便被其赏识，每次打仗他都冲锋陷阵、身先士卒。可见，韩当虽然不是战役的总指挥，但至少也一定是担当先锋。最重要的是，韩当熟悉水战，勇猛过人，被孙坚提拔为别部司马。

从这些老将身上可以看到，在孙坚创业初期，他所招纳的人大都跟他一样，个个骁勇善战、身先士卒，且作战能力非常强，从来不退缩。孙坚若以自身作为标准去考虑下属的话，这三位老将无疑都是深受其欣赏且信任的。当然，在创业初期，将军和士兵都要能够敢打敢拼，这是非常重要的一点。不过，在孙坚去世、孙策上位后，这些跟着孙坚出生入死的老将却有了各自不同的命运前途。这是为什么呢？

其实，主要原因在于这些老将的功劳各不相同，立功的时机先后不同，因此他们最终在东吴集团里的地位也就不尽相同。

首先来看这三人中地位最高的程普。在孙坚时代，黄盖因为带队伍跟随，自然升官也就比程普快一些。但在孙策时代，早在公元195年孙策出兵攻打丹杨郡刘繇的过程中，程普就发挥了重要的作用，因此在拿下丹杨郡这第一个"根据地"之后便被孙策赐给两千名士兵、战马五十匹，以为重用。至此，程普的职位超过黄盖。

公元196年秋，孙策引兵渡过钱唐江（今钱塘江），一举占领会稽郡，拿下了继丹杨、吴郡之后的第三块"根据地"。此后，孙策便任命程普为吴郡都尉，治所设在钱唐。后来，程普又转任丹杨（今安徽省宣城市）都尉，据守石城，进讨宣城、泾县、安吴、陵阳、春谷等处贼寇，并将他们全部打败。这一时期，程普攻无不克、战无不胜，非常靠谱。

不仅如此，程普还在关键时刻救了孙策一命。在一次攻打号称"泾县大帅"的山贼祖郎时，孙策被祖郎军队团团围住而生命危在旦夕，还是程普同一名骑兵一起保护着孙策并驱马疾呼猛突且用长矛刺敌，以至贼兵们竟自动向两边躲避而闪开一条路将孙策一行人放了出去。

程普屡创战绩又护主有功，被孙策拜为荡寇中郎将，领零陵太守。荡寇将军属于杂号将军，是个五品的将军衔，比偏将军高一点，但是低于四安、四平、四镇、四征将军。程普任职的零陵乃荆州之郡，而孙策接下来的战略方向就是荆州，这也说明程普在孙策心目中的地位是很高的。公元199—200年，程普再度随孙策讨伐庐江太守刘勋和江夏太守黄祖。

公元200年，孙策去世后，孙权继任江东，又是程普与张昭、周瑜等人一起共同辅佐。孙家在江东本就根基尚浅，加之孙权年少，江东各地反孙家势力纷纷叛乱。同时，豫章、会稽等地的山越人也纷纷作乱。于是，平定不久的江东再度陷入混乱，又是程普与周瑜、张昭等忠于孙权的大臣一起共同征讨叛乱，直到公元203年才基本平定局势。

值得注意的是，在进攻江夏取得胜利后，孙策给东汉朝廷呈上了一封功绩表。这里可以重点关注一下孙策名单中的排名，因为这是上表给东汉朝廷的奏折，所以排名先后顺序是很重要的。在上奏朝廷的表文中，孙策是这样写的："臣以十一日平旦部所领江夏太守行建威中郎将周瑜、领桂阳太守行征虏中郎将吕范、领零陵太守行荡寇中郎将程普、行奉业校尉孙权、行先登校尉韩当、行武锋校尉黄盖等同时俱进……"也就是说，此时周瑜、吕范、程普三人已经分别遥领荆州各郡太守兼行中郎将职，韩当、黄盖仅为校尉，也说明程普在孙策时期的级别就非常高，当是三大老将中地位最高的。

至于黄盖，虽然他也一直跟随孙策征战四方，但是比起行军打仗，黄盖更多地发挥了治理政务的才能。

程普等人每平定一个山越人叛乱的县，就会任命黄盖担任那里的县令。在任石城县（今安徽省石城县）县令期间，黄盖便任命两个掾史，分别主管各部门。黄盖告诉这两个掾史："令长不德，徒以武功为官，不以文吏为称。今贼寇未平，有军旅之务，一以文书委付两掾，当检摄诸曹，纠摘谬误。两掾所署，事入诸出，若有奸欺，终不加以鞭杖，宜各尽心，无为众先。"一开始，两个掾史尽忠职守，久而久之便懈怠了，不干活了。黄盖便把县内所有官吏请来，拿出他们违法乱纪的事例责问，并当众将他们处死。黄盖前后任职过九个县的县令，全都平安稳定，而且山越人也诚心归附。因此，黄盖升任丹杨都尉。

在东吴前期，可以看到程普比黄盖地位更高的原因在于业务分工的不同，毕竟程普的业务职能显然更为核心。

黄盖真正凸显军功要到赤壁之战的时候，"火烧赤壁"便是其向周瑜提出的计谋。在赤壁之战中，黄盖不仅贡献了关键的计谋，还亲自出马诈降曹操，让曹操信以为真，最终让火攻计策得以顺利实施。可以说，黄盖才是赤壁之战取胜的关键人物。在赤壁之战中，黄盖不慎被乱箭射中坠入水中。此时，黄盖浑身破败不堪，蓬头垢面，一身狼狈。当士兵们把黄盖从水中救起来的时候，居然没有认出他来，以为是个无名小卒，就把他随便丢在了床榻上。好在黄盖大声呼叫韩当，韩当听出了是他的声音，这才最终得救。赤壁之战后，黄盖也因为战功卓著，被封为武锋中郎将。

黄盖拼搏了大半辈子，他就像东吴政权的老黄牛一样，哪里需要他就去哪里，也不计较一时半会儿的得失。在孙策时代，孙策带兵打仗每拿下一个地方，战乱刚过百废待兴之时，就让黄盖去担任县令收拾烂摊子。也就是说，事情难办且办成了还没有显赫的功劳，但黄盖对此毫无怨言。由此可见，黄盖无疑是东吴政权最忠心耿耿的良将。

比起黄盖，韩当似乎还要稍微幸运一点。孙坚死后，韩当先是追随孙策东渡长江，讨伐扬州刺史刘繇、会稽太守王朗、吴郡太守陈瑀，升任先登校尉，授兵二千、马五十匹。随后，韩当又追随孙策征伐庐江太守刘勋和江夏太守黄祖。再后来，韩当又回师讨伐扬州豫章郡鄱阳县山越人的叛乱，兼领乐安县（今江西省德兴市）县长，山越人对他是又敬畏又服从。

公元208年，韩当以中郎将身份与周瑜等人共同抗击丞相曹操，又与虎威将军吕蒙奇袭南郡，被升迁为偏将军，领益州永昌郡（今云南省保山市）

太守。公元221年，夷陵之战爆发，再度参战的老将韩当与大都督陆逊、昭武将军朱然共同在南郡涿乡（今湖北省宜昌市）击破蜀汉军，被升为威烈将军，封都亭侯。公元222年，孙权被封"吴王"并建立东吴政权，又封韩当为石城侯，迁昭武将军，领冠军太守，后又加封都督之号。

程普、黄盖和韩当这三员老将历经孙坚、孙策、孙权三代，不管是跟着孙坚还是后来的少主孙权，他们都没有倚老卖老、居功自傲，始终尽忠职守，这也是他们能够成为三朝元老而不被抛弃的原因之一。

透过程普、黄盖、韩当这三位三朝元老的发展史，可以看到一个比较有意思的现象：他们三个人都是创业元老级的人物，在跟随三代领导人打天下的过程中因为时机不同、所做的事情不同，最终有了不同的命运走向。

程普始终坚守带兵打仗的任务，他就像职场里目标明确、办事利索的业务骨干，通过不断达成业务目标而获得自己升迁的机会，也为自己拿到了与"后浪"周瑜平等竞争的资格。

黄盖则更像职场踏实干活、任劳任怨的老黄牛，虽然做事认真，也能出成绩，但是因为比较老实，常常被派去干一些吃力不讨好的活。在孙坚、孙策打天下的过程中，其最重要的任务是快速扩张、占领地盘，至于占领之后的治理任务则是次重点，因此也就难怪黄盖的地位没有程普高了。

至于韩当，虽然他也是一个出色的将领，但他的差距在于出现的时机既不赶早也不赶晚，所以他没能站到最关键的位置上。韩当一直以来就是踏实完成领导安排的指令和任务，不出错，最后也能凭此封官晋爵并官居高位。不过，韩当这个升迁的过程就比较漫长，既没能赶上程普时期做对了就能够快速上位，又不及周瑜、鲁肃时期正巧新领导上位能够快速建立信任并成为心腹。

当然，可以看到，程普、黄盖、韩当这三个三朝元老虽然为东吴政权奉献了一辈子，但是得到的收益似乎没有后来的周瑜、鲁肃、吕蒙、陆逊四大将领高。这又是为什么呢?

二、经历坎坷薪俸低

　　程普、黄盖、韩当是为东吴政权的建立、巩固和发展做出了重大贡献的三朝老臣,同时这三个人有个共同特点,即他们虽然是从第一代领导人孙坚开始就加入东吴集团且也深受领导信任,但是他们在整个东吴集团的政权里却不是获利最多的。相反,后来者周瑜、鲁肃、吕蒙、陆逊才是稳坐东吴将领之首的人。这当中究竟有什么缘由呢?

　　程普、黄盖和韩当这三位老将历经孙坚、孙策和孙权三代,升迁之路各不相同。其中,程普最受重用,职位也最高,去世前官至荡寇将军,领江夏太守。韩当也算顺利,去世前官至昭武将军,遥领冠军(今河南省邓州市)太守,加都督称号,封爵石城侯——当然,这个加都督称号、封爵石城侯纯粹是由于他高寿(去世得最晚)所致。黄盖在赤壁之战中立下大功,但其经历最为坎坷,去世前仅官至偏将军,领武陵太守。当然,虽然这三位三朝老臣为东吴政权的建立、巩固和发展做出了重大贡献,其生前的官职有高有低,但毫无疑问的是都比不上比其年纪小得多的周瑜、鲁肃、吕蒙、陆逊四位将领的官职。

　　那为什么这三位老将干的活最多,却不如比他们干的活少的人的职位高呢?他们得到的名利为什么与付出不能成正比呢?

　　"江山代有才人出",很重要的原因是他们没有跟上时代的步伐。孙坚、孙策、孙权三人虽然都处在汉末三国这样一个大的时代背景之下,但如果细分起来,这个大的时代还是赋予了孙坚、孙策、孙权三人以不同的使命。

　　在孙坚生活的时代,天下大乱,动荡不安:朝堂内有外戚宦官交替专权,党争不断;朝堂外有十八路诸侯割据一方,相互混战。所以,时代赋予孙坚的使命是：在乱世中谋定，镇压黄巾起义，讨伐董卓擅权，占领舆论制高点。

与此相对应的，孙坚时代赋予程普、黄盖和韩当这三位老将的使命则是：忠心耿耿，身先士卒，追随孙坚四处平定叛乱、建功立业，同时保护其周全。其时，他们只要做到了这一点，就能得到重用且升官发财。

这一时期，身为别部司马的黄盖和韩当，就官职的大小而论，已经位居最早加入孙坚阵营的程普之前。

到了孙策时代，十八路诸侯大火并，时代赋予孙策的使命不再是平定叛乱、复兴汉室、占领舆论制高点了，因为此时的舆论制高点已经完全被"挟天子以令诸侯"的曹操所占领。因此，孙策的任务变成了想方设法扩大和巩固自己所能控制的地盘，保证自己能活下去而不被吞并。

扩大地盘，除了需要能征善战的将军，还需要懂谋略的人才来排兵布阵、指挥作战。因此，对于能征善战这一点，程普、黄盖和韩当这三位有着丰富战争经验的三朝老臣还能有效地承担起这个任务；但对于运筹帷幄、精于谋略，这三位草莽出身的武将就无法胜任了。这时，江南世家大族的子弟就显示出他们的优势来了，比如说周瑜和鲁肃。

跟周瑜和鲁肃这两个江东世家子弟相比，出生于幽州的程普、韩当和出生于荆州零陵郡的黄盖，不但在人脉上明显要差于周瑜和鲁肃，而且在文化水平上也没法跟周瑜和鲁肃相较。

很显然，在这个时候，程普、黄盖和韩当这三位三朝老臣，能够做到利用此前已经赢得的优势地位，全力以赴地攻坚克难，努力维持原有的优势地位而不被时代所淘汰，就已经非常了不起了。其中，程普更是凭借经年累月积累下来的战功在东吴政权里稳坐二把手交椅，得以与孙策的儿时好友、结拜兄弟周瑜平起平坐。

到了孙权时代就更不用说了，已经牢牢占据江东六郡的孙权，此时最关键的使命已经不是打江山，而是守住自己江东的地盘，然后再慢慢地寻找机会出击吞并其他地方，最后一统天下。

此时，稳扎稳打、稳中求进才是关键。所以，在孙权时代，东吴政权的继承团队更加依赖智勇双全的军事家、政治家，而那些没有出色的军事头脑且只会打打杀杀的将领，肯定无法帮助东吴集团立足，更别说争夺三足鼎立的地位了。因此，老将们的地位自然就更加无法突破了。

赤壁之战时，孙权任命周瑜和程普分别为左、右督，各领一万人马。此时，新老两派也没少发生冲突。程普作为老将自然有些傲气在，一开始他非常看不起周瑜。据《江表传》记载，程普"颇以年长，数陵侮瑜"。

孙权之所以让周瑜和程普地位相当、互相掣肘，也有他自己的苦心。孙策死时，江东乱作一团，宗室、亲信都有过反叛行为。孙权在这种大背景下接任，必然会让级别相同的两人互相牵制，从而求得政权稳固和权力平衡。其实，这一招也是历代皇帝制约大臣最爱用的一招，让权力之间相互制衡以防止一家独大，这样才能保障皇权稳固。当然，这个策略用得好自然可以良性竞争而壮大队伍，用得不好则很容易演变成内耗而两败俱伤，这其中的火候把握才是体现一个领导者水平的关键。

这里还有一个问题值得探讨，即此时的孙权内心里最相信谁呢？当然是鲁肃。在孙权看来，鲁肃是在自己接任后才被起用的，自然他才是自己的心腹。有意思的是，孙权除了给周瑜和程普各一万人马，也给了鲁肃一万水军。据《三国志·蜀书·诸葛亮传》记载："权大悦，即遣周瑜、程普、鲁肃等水军三万，随亮诣先主，并力拒曹公。"

此时，三万吴军的指挥体系就很微妙了，名义上周瑜、程普二人均为主将，可是孙权的心腹鲁肃也统兵一万。但是，别忘了，鲁肃是谁举荐给孙权的呢？是周瑜。这样一来，周瑜因为与鲁肃的关系特殊，实际能够指挥的军队便就有两万人了，这就大大超越了老将程普。程普内心的不满，自然可想而知。不过，好在周瑜气量大，最终反而成就了一桩佳话。据《江表传》记载，"瑜折节容下，终不与校"。赤壁大战之后，程普更是因周瑜的天才指挥而愈加亲重，逢人便说"与周公瑾交，若饮醇醪，不觉自醉"。当时便被传为佳话。

不得不说，程普、黄盖、韩当这等老将历经三朝依然在东吴集团稳居高位，他们无畏付出、忠贞不贰的行事风格是值得后世学习的。通过他们也可以看到，不同的人物性格、不同的出现时机、不同的角色定位，最终自然也给他们带来了截然不同的命运，而最终想成为什么样的人、能成为什么样的人、能获得多大的成就，还是跟每一个人的资源以及每一步的选择和决策息息相关。

再者，时刻观察时局变化而与时俱进，应该是亘古不变的真理。特别是对于每个渺小的个体来说，不要觉得自己很渺小就不去关心大的局势变动，这样很容易跟不上时代的步伐而最终被"后浪"所抛弃。

第十章

太史慈：为奋斗五易其主，国士终无双

三国时期是中国历史上波澜壮阔的历史时期之一。在这段不到百年的时间里，发生了许多重要的历史事件，涌现出了无数的文臣谋士、英雄豪杰。一直到现在，人们在谈及这一时期的人和事都是津津乐道，但由于各种原因，被讨论比较多的还是魏蜀两个阵营的人。蜀汉有神机妙算的诸葛亮，创下不凡业绩的关羽、张飞、赵云、马超、黄忠"五虎上将"；曹魏有老谋深算的司马懿，立下赫赫战功的张辽、乐进、于禁、张郃、徐晃"五子良将"。东吴方面除了"谈笑间樯橹灰飞烟灭"的周瑜、联蜀抗曹的鲁肃，还有丁奉、程普、陈武、潘璋、徐盛、黄盖、韩当、甘宁、蒋钦、周泰、董袭、凌统"江表十二虎臣"。这"江表十二虎臣"，有的是劳苦功高或三朝老臣，有的是能征善战或历经传奇，还有的是气度宽宏或忠心耿耿。可以说，他们为东吴基业的开辟立下了汗马功劳。不过，在东吴的将领中，忠孝信义、智勇兼备、意气慷慨却郁郁而终的太史慈，其人生履历却被记载得相当详细。

一、劫奏章为尽职责

太史慈，字子义，东莱郡黄县（今山东省龙口市）人。其身长七尺七寸，美须髯，猿臂善射，弦不虚发，是个真正的神射手。自少已十分好学，后担任东莱郡奏曹史（奏曹是东汉三公府及郡国置的官署，主奏议事，设有掾史等官。奏曹史是奏曹的副长官，主管奏议之事）。

当时，东莱郡与青州（今山东省淄博市临淄区）之间有嫌隙纠纷，是非曲直不能分，而结案的判决多以先让有司（掌刑赏之官吏）知事者较有利。其时，青州的奏章已先发去有司处，郡守恐怕落后不利，于是求取可为使者的人。太史慈时年二十一岁，被选为使，乃日夜兼程取道抵达洛阳，先到公车门前等候，待见州吏亦至才开始求通上章。

太史慈假意问州吏道："君也是前来求通上章的吗？"州吏答道："是的。"太史慈又问："奏章在哪里？"州吏道："在车上。"太史慈便说："奏章题署之处确然无误吗？可否取来一视。"州吏不知太史慈乃是东莱人，便取出奏章相与。谁知太史慈先已藏刀于怀，取过州章便提刀截而毁之。州吏大惊高呼道："有人毁坏我的奏章！"太史慈便将州吏带至车上，跟他说道："假使你没有取出奏章给我，我也不能将其损坏，我们的吉凶祸福恐怕都会相等无免，不见得只有我独受此罪。与其坐而待毙，不若我们俱同出走逃亡，至少可以保存性命，也不必无谓受刑。"州吏疑惑地问道："你为本郡而毁坏我的奏章已经成功，怎么也要逃亡？"太史慈答道："我初时受本郡所遣，只是负责来视察你们的州章是否已经上通而已。但我所做的事却太过激烈，以致损毁奏章。如今即使见还，恐怕亦会因此见受谴责、被刑罚，因此希望一起逃去。"州吏相信太史慈所言，乃于即日俱逃。但太史慈与州吏出城后，他却潜遁回城通传郡章，最终完成了使命。

州官知道此事之后，又派遣了另一个吏员前往洛阳办理此事，但有司却以先得郡章的原因不复查此案，州官最终也没能办成此事。太史慈由是知名于世，但他亦成为州官所仇视的人物，于是只得为免受无妄之灾而被迫避居于辽东。

这里有一个环节需要搞清楚。太史慈欺骗了州里送奏章的官吏，然后把自己郡里的奏章递了上去，为何就"由是知名"了呢？这是东汉的社会风气所致，由于两汉去先秦不远，当时人们崇尚的还是"重义轻利""一诺千金"。

太史慈身为奏曹史,接受了郡守的使命,为了完成使命而不惜得罪州里的权贵们,这是当时人们所推崇的。可惜的是,虽然太史慈为了郡守得罪了州官,但这个太守连个名字都没有在历史上留下来,亦可见其未有什么光明的前途,于是志向高远的太史慈只好另谋出路。

二、为报恩情求刘备

公元193年,北海相孔融(153—208)闻知此事不禁称奇,于是数次遣人动问太史慈的母亲,并奉送赠礼作为致意。

适逢孔融为对付黄巾军,出屯于都昌(今山东省昌邑市),却被黄巾军将领管亥所围困。太史慈从辽东返家,母亲对他说:"汝与孔北海未尝相见,至汝行后,赡恤殷勤,过于故旧,今为贼所围,汝宜赴之。"太史慈返家三日后,便独自往都昌而行。当时贼围尚未太密,太史慈乘夜伺隙,冲入重围见孔融,并要求他出兵讨贼。

孔融不听其言,只一心等待外援。但外援未至而贼围日逼,孔融乃欲告急于平原相刘备,可惜城中无人愿出重围,太史慈便自求请试一行。孔融便道:"今贼围甚密,众人皆言不可,卿意虽壮,无乃实难乎?"太史慈答道:"君倾意于老母,老母感遇,遣慈赴府君之急,固以慈有可取,而来必有益也。今众人言不可,慈亦言不可,岂府君爱顾之义,老母遣慈之意邪?事已急矣,愿府君无疑。"孔融这才同意其事。

于是,太史慈严装饱食,待天明之后便带上箭囊摄弓上马,引着两骑马自随身后,各撑着一个箭靶,开门直出城门。外围下的贼众皆十分惊骇,兵马互出防备。但太史慈只引马来至城壕边,插好箭靶,出而习射,习射完毕,便入门回城。明晨亦复如此,外围下人或有站起戒备,或有躺卧不顾，于是太史慈再置好箭靶，习射完毕，再入门回城。又明晨如此复出，外围下人再没有站起戒备，于是太史慈快马加鞭直突重围冲顾驰而去。待得群贼觉知，太史慈已越重围，回顾取弓箭射杀数人，皆应弦而倒，因此无人敢去追赶。

不久，太史慈抵达平原，向刘备游说："慈，东莱之鄙人也，与孔北海亲非骨肉，比非乡党，特以名志相好，有分灾共患之义。今管亥暴乱，北海被围，孤穷无援，危在旦夕。以君有仁义之名，能救人之急，故北海区区，延颈恃仰，使慈冒白刃，突重围，从万死之中自托于君，惟君所以存之。"刘备乃敛容答道："孔北海知世间有刘备邪！"于是，刘备乃即时派遣精兵三千人随太史慈返都昌。贼众闻知援兵已至，忙解围散走。

要注意的是，刘备只是给了太史慈三千精兵让他去解围，也就是他自己并没有前去救孔融。所以，小说、戏文里说"刘皇叔北海救孔融"，但这对于太史慈来说是很不公平的。

孔融得济无事，更加重视太史慈，说道："卿吾之少友也。"事情过后，太史慈还启母亲，其母说："我喜汝有以报孔北海也。"孔融虽然把太史慈视作自己的"小友"，但是太史慈最终还是弃孔融而去。这又是为了什么呢？

原本孔融对太史慈的母亲有恩，孔融只要稍对太史慈器重一些，以太史慈的性情必然会投其麾下。可惜，孔融仅仅是一位名士，他所向往的人生是"座上客常满，杯中酒不空"的悠闲与散淡。在太史慈救孔融期间，孔融的表现的确是不尽如人意，不仅始终没有将太史慈当作自己人稍加信任，而且在形势危急之下还是太史慈主动冒险突围才使孔融得救的。也就是说，孔融不仅对形势缺乏准确的判断，而且对太史慈也没有基本的信任，简言之就是他们不是一路人，所追求的目标也不一样，因此太史慈最终自然会选择离开。

孔融是一位名士，更是一位君子，可惜他没有野心，且天性多疑、优柔寡断，虽然写诗作赋是其强项，但要征战沙场、运筹帷幄就不行了。然而，太史慈却是一心要凭借自己的本领在乱世建立不世之功的人。幸亏太史慈是个义士，他始终不想欠孔融的人情，因此他也必须救孔融。等救了孔融之后，太史慈和孔融就恩怨两清了。于是，太史慈借口和扬州刺史刘繇有旧，前往投奔。

三、错投刘繇被弃用

公元195年，由于扬州刺史刘繇与太史慈是同出一郡，太史慈自从辽东返回后还未与之相见，于是太史慈亦渡江到曲阿相视刘繇，未去而孙策已攻至东阿。有人劝刘繇可以任用太史慈为大将以拒孙策，刘繇却说："我若用子义，许子将必会笑我不识用人。"

许子将，即大名士许劭，当时在刘繇手下做谋士。在刘繇、许劭这种士族名门眼里，太史慈不过是一个寒门出身的武人，尽管通过"劫奏章""救孔融"两件事已声名远播，但刘繇仍然是不会重用太史慈的。因此，刘繇只是让太史慈做了一个斥候。

斥候，中国古代军中职事。先秦以前，斥候专门负责巡查各处险阻和防护设施，候捕盗贼。秦汉以后，军中不再设此职，而称远出哨探的侦察兵为斥候。唐宋后，侦察兵也不再称斥候，而根据马步侦察的不同使用装备改称探马或探子。

有一次，太史慈独与一骑小卒在神亭（今江苏省常州市金坛区）遇上了孙策。当时，孙策共有十三从骑，皆是黄盖、韩当等勇猛之士。太史慈毫不畏惧地上前相斗，正面与孙策对战。于是，孙策刺向太史慈的坐下马而揽得太史慈系的颈后手戟，与此同时太史慈亦抢得孙策的头盔。直至两家军队并至神亭，太史慈、孙策二人才罢战解散。这就是《三国演义》里"太史慈酣战小霸王"桥段的出处了。

公元196年，刘繇被孙策击败，出奔豫章。太史慈则遁走于芜湖，逃入山中，称丹杨太守。同时，孙策已经平定宣城以东一带，唯泾县以西有六县尚未平服。太史慈进驻泾县，屯兵立府，为山越所附。后孙策亲自攻讨泾县，终于囚执太史慈。

四、终归东吴空余恨

孙策见到太史慈，即为其解缚，握其手说："尚记得神亭一战乎？如果卿当时将我生获，会怎样处置我？"太史慈说："不可知也。"孙策大笑，说道："今后之路，我当与卿共闯。"即拜太史慈为门下督，还吴后授以兵权，拜折冲中郎将。后来，刘繇丧于豫章，其部下士众万余人无人可附，于是孙策便命太史慈前往安抚兵众。对此，左右皆说："太史慈必北去而不还了。"孙策却深具信心地说："子义舍弃了我，还可以投奔谁呢？"更替其饯行送别至昌门（苏州古城西门），临行把着太史慈的手腕问："何时能够归来？"太史慈答道："不过六十日。"后果然如期而返。

关于太史慈降孙策一节，《吴历》有另一段文字记载：

太史慈于神亭战败，为孙策所执。孙策素闻其名，即时解缚请见，询问进取之术。太史慈答："破军之将，不足与论事。"孙策说："昔日韩信能定计于广武，今策亦能向仁者询求解惑之法，你又怎堪要推辞呢？"太史慈便道："扬州军近日新破，士卒皆离心分散，难复再合聚；慈愿出去宣示恩惠，以安其心并集其众，但只恐不合尊意而已。"孙策竟跪而答道："这实是策本心所望。明日中，希望君能及时来还。"诸将皆十分怀疑太史慈，独孙策坚持说："太史子义是青州名士，向以信义为先，他终不会欺骗我。"次日，孙策大请诸将，预先设下酒食，将一根竹竿矗立在营中视察日影。至日中，太史慈果然依约而回，孙策大喜，常与太史慈参论军事。

裴松之为《三国志注》时认为太史慈并非于神亭为孙策所擒，因而怀疑《吴历》中所记实为谬误，然而取其文字叙述亦可见"孙策知人、子义守信，未为不美"（《吴历》）。

《江表传》又记载，孙策问太史慈道："闻知卿昔日为郡太守劫州章，赴助于孔文举（融），请援于刘玄德（备），都是有烈义的行为，真是天下间的智士，但所托却未得其人。射钩斩袪，古人不嫌（管仲原是齐公子纠的属下，曾引弓射中公子小白的钩带，然而小白日后仍以管仲为相；晋公子重耳曾出走奔翟，晋献公遣寺人披追之，更斩下重耳的衣袖，然而重耳仍能容赦寺人披）。孤是卿的知己，卿千万别忧虑会不如意啊。"又说："龙适与雷电俱在树木之侧，雷电去，龙随而上，故谓从树木之中升天也。"

太史慈遇上了孙策，可谓终于遇到了知己。当时，刘表从子刘盘十分骁勇，数度做寇于艾、西安诸县。于是，孙策分海昏、建昌作左右共六县，并以太史慈为建昌（今江西省奉新县）都尉，兼治海昏，并督诸将共拒刘盘。自此，刘盘绝迹不复为寇。在历史上，太史慈的射术确实是很有名。太史慈跟从孙策讨伐麻保贼时，有一贼于屯里城楼上毁骂孙策军，并以手挽着楼棼（城楼上的柱子），于是太史慈便引弓射之，箭矢竟然贯穿手腕，更反而牢牢将其钉在楼棼上，围外万人无不称其善射。

公元200年，孙策遇刺身亡，太史慈再次失去了靠山。此时，曹操闻太史慈威名，向太史慈寄了一封书信，以箧封之，内无多物而放了少量当归。太史慈本是北方人，曹操的寓意是说太史慈应当回到北方向其投诚。但太史慈忠义无双，没有回北方投靠曹操。后来，孙权统事，以太史慈能克制刘盘，遂委以南方诸大事。公元206年，太史慈卒。

太史慈临亡之时，叹息道："丈夫生世，当带七尺之剑，以升天子之阶。今所志未从，奈何而死乎！"孙权知道太史慈卒，十分惋惜。

太史慈一生壮志，却中年早逝，不能不让人扼腕。不过，正如陈寿评价的那样："太史慈信义笃烈，有古人之风。"太史慈一生重信义、讲然诺，为解孔融之围而万死不辞，为报知己孙策之信而准时归来，虽然早逝却亦如流星灿烂，光耀世间。

第十一章

甘宁：从江洋大盗到江东猛将的"逆袭"

正如前文所述，三国时期蜀汉有关羽、张飞、赵云、马超、黄忠"五虎上将"，曹魏有张辽、乐进、于禁、张郃、徐晃"五子良将"，而东吴有丁奉、程普、陈武、潘璋、徐盛、黄盖、韩当、甘宁、蒋钦、周泰、董袭、凌统"江表十二虎臣"。在东吴将领中，能够和蜀汉"五虎上将"、曹魏"五子良将"相匹敌的，也就只有甘宁（？—215）、太史慈和周泰三位猛将了。在东吴这三位猛将中，甘宁在小说《三国演义》里的事迹和表现比太史慈和周泰二人多，个性也更加鲜明，似乎其已当之无愧地位居"江东第一猛将"交椅。

可是，史料记载上的甘宁是否真的战绩过人且性格突出，以及各方面都异常鲜明呢？这里，我们通过史料记载去看真实的甘宁究竟何如？

一、"锦帆贼"益州起兵

甘宁，字兴霸，巴郡临江（今重庆市忠县）人。甘宁"少有气力，好游侠"，不务正业，常聚合一伙轻薄少年，自任首领。他们成群结队，携弓带箭，头插鸟羽，身佩铃铛，四处游来荡去。当时，百姓一听铃响便知是甘宁这帮人到了，时人以"锦帆贼"称呼他们。

甘宁在巴郡之中轻侠杀人，藏舍亡命，大有名声。同时，甘宁一出一入，威风烜赫，因为甘宁出身巴郡当地豪强，家境富裕，自幼便习惯于奢侈的生活方式。为了向别人炫耀奢侈的生活，甘宁让跟随自己的侍从们都身披华丽的文绣，所到之处皆是"光彩斐然"：停驻时，他常用锦绣来维系舟船；离开时，他就直接割断锦绣并抛弃掉。至于所在城邑的地方官员或那些跟他相与交往之人，如果隆重地接待，甘宁便倾心相交，可以为其赴汤蹈火；如果礼节不隆，甘宁便放纵手下去抢掠对方资财，甚至杀害官长吏员等。这种情况一直持续到甘宁二十多岁。

后来，甘宁不再攻掠别人，并读了一些书，钻研了诸子百家之说。于是，甘宁想有所作为，便进入仕途，后从计掾开始逐渐升迁成为蜀地的郡丞。

公元194年，刘焉病亡，其子刘璋掌益州。在荆州别驾刘阖的策反下，甘宁与沈弥、娄发等人起兵反叛刘璋，但被拥立刘璋即位的益州帐下司马赵韪击败。甘宁便率领八百多人到荆州依附刘表，留驻祖籍南阳。

二、刘表麾下投江东

刘表是东汉末年颇有名气的"八俊"之一，时为荆州刺史。但正如诸葛亮在《隆中对》里分析刘表终不能守住荆州一样，甘宁也发现刘表不习军事，在当时天下不宁、群雄纷争的形势下终将无成。这时，甘宁听说孙权在江东"招延俊秀，聘求名士，鲁肃、诸葛瑾等始为宾客"，便决定前去投效。

甘宁路经夏口，部队不得过，只好暂且依靠江夏太守黄祖。

公元203年，孙权领兵西攻江夏，黄祖大败，狼狈溃逃。甘宁将兵为其断后，但他沉着冷静，举弓劲射，射杀了孙权的破贼校尉凌操。孙军不敢再追，黄祖性命这才得以保全。甘宁立下大功，可黄祖仍不重用，虽想弃之而去，但没有一条万全的途径，因而独自忧愁苦闷却无计可施。

刘表部将江夏都督苏飞察知甘宁之意，邀请甘宁置酒欢宴。酒酣之际，苏飞对甘宁说："我数次推荐，主上不肯任用你。日月流逝，人生几何？应该早做长远打算，寻一个知己，成一番大事！"甘宁停了一会儿，说："我也想另谋出路，可惜没有合适的机会。"苏飞说："我请主上派你去做邾（今湖北省黄冈市）长，那时你可以自己决定去就。"甘宁听后非常高兴，从之。

于是，苏飞提出让甘宁任邾长，黄祖同意。甘宁召回原来离去的一些手下，又聚集愿意相从者几百人，借此机会带着他们投奔孙权去了。

由于周瑜、吕蒙的推荐，孙权对甘宁十分器重，对待他如原来东吴的老臣一般。甘宁自然心情愉快，立即向孙权献计："如今，汉家运数日益衰微，曹操更为骄横专断，最终将成为篡汉的国贼。荆州这个地方，山势屏障利便，江河流畅通行，这是我们东吴西面的屏障啊！我是在刘表手下干过的，据我观察刘表这个人自己没有深谋远虑，他的儿子们也不行，根本守不住那地方。所以，主上应该先下手为强，不可落在曹操之后。至于图谋刘表的计划，第一步就先从黄祖下手。现在，黄祖年老，昏聩无能，军资粮食都很缺乏，身边的人也在愚弄欺瞒他，而他又一味地贪图钱财，还在下属官吏兵士头上克扣索取。这些人都心怀怨恨，战船及各种作战器具破损而不加修整，荒误农耕而毫不顾忌，同时军队也缺乏训练有素的队伍。如果主上现在前往进取，必定将黄祖打败。一旦击败黄祖的队伍，即可击鼓西进，前据楚关，军势将增大扩广，这样可逐渐谋取巴蜀之地了。"甘宁这个意见与鲁肃此前提出的意见，竟然不谋而合了。对此，孙权很是赞赏，更加坚定用兵的决心。

当时，张昭在座，对甘宁的意见不以为然。张昭说："江东自身危急，如果军队真的西征，恐怕必然导致国内大乱。"甘宁不客气地反驳："国家将萧何那样的重任交给你，而你却只知留守、担心出乱子，用什么来追慕古人呢？"孙权见二人争执，就举杯向甘宁劝酒，并说："兴霸，今年即出征西进，如同这杯酒，我决定把它拜托给你。你尽管勉力提出作战方略，使我们一定能打败黄祖，如此就是你立了大功，何必计较张长史的话呢？"

公元207年，孙权第二次西征黄祖，虏其百姓而还。不过，此次战斗没有彻底展开，原因是孙权的母亲病危，而不得不提前撤军。

公元208年春，孙权第三次西征黄祖，战斗打得很激烈，最后果然擒获黄祖。获胜后，孙权分拨一支部队给甘宁指挥，让其屯兵当口（今湖北省武汉市武昌区）。

孙权攻破黄祖时，曾做好了两个匣子，用来盛黄祖和苏飞的首级。苏飞托人向甘宁求告，甘宁说："就算苏飞不说，难道我甘宁会忘记他的恩情吗？"时孙权摆酒，为诸将庆功。甘宁走下席位向孙权叩头，泪流满面地对孙权诉说苏飞过去对自己的恩义，并表明："我甘宁如果不遇苏飞，早已死填沟壑，当然也就不能尽忠报效你了。如今苏飞罪当斩杀，我冒昧地向你求情，免他一死。"孙权感动，说："我可以放过他，可是他若逃跑，怎么办呢？"甘宁担保："苏飞免受斩杀，受你再生之恩，即使赶他走，他也不会离开，哪有逃跑之理！如果苏飞逃跑了，就把我的首级代替他的装入匣中！"孙权同意甘宁的请求，赦免了苏飞。

不过，甘宁性情粗猛好杀。有一次，甘宁帐下伙房一小童犯了过失逃到了吕蒙那里，吕蒙怕他遭甘宁杀害，便把他藏匿起来而没有马上送回。后来，甘宁带着礼物来拜谒吕蒙的母亲，待其升堂见吕母时吕蒙才叫出那小童来还给甘宁，同时让甘宁答应不杀他。可是，过了一会儿，甘宁回到船上就把小童捆在桑树上亲自挽弓将其射死，然后他自己卧在船中不起。吕蒙知道后大怒，鸣鼓聚兵准备上船进击甘宁。听说消息后，吕母赶紧来劝阻吕蒙，说孙权将大事托付给吕蒙，如果其因个人愤怒攻杀了甘宁是对不起孙权的厚望，同时作为臣子这样做也是非法的。吕蒙听了母亲的话明白过来，便亲自来到船上笑着招呼甘宁，让其上岸与自己一同去陪母亲吃饭。为此，甘宁顿感羞愧，流泪对吕蒙表示："我有负于你。"然后，甘宁与吕蒙一起上岸拜见吕母，欢畅地宴饮了一天。后来，甘宁由于粗野残暴的嗜杀性情，不但常常违背对吕蒙的承诺，甚至还违反过孙权的命令，以至于孙权对他感到非常愤怒。因此，吕蒙常常在孙权面前为甘宁求情，说："天下未定，甘宁是个难得的斗将，请你容忍他吧。"

三、取夷陵与袭曹营

公元208年冬，曹操进兵荆州，甘宁跟随周瑜在赤壁之战中大破曹操立下战功。接着，又到南郡攻打曹仁，但未能攻克。甘宁曾在刘表统治下的荆州效力了十余年，深知夷陵（今湖北省宜昌市夷陵区）地理位置的重要性，于是献策由他自己率兵从小路取江陵上游的夷陵，以便东西夹击曹仁而迫使其北撤。于是，周瑜命甘宁统兵前往。甘宁日夜兼程，果然一举占领，并据守城中。曹仁见势不妙，立即派五六千人去围攻夷陵，企图一举夺回这一战略要地。时甘宁手下只有数百军士，再加上破城新增的兵员，共计也不过一千人左右。曹军在城外搭设高台，连续几天从上面向城中射箭，一时间箭密如雨，令甘宁所部军吏胆战心惊，唯甘宁谈笑自若。随后，甘宁担心日久生变，于是派人出城向周瑜求援。

周瑜的手下诸将担心兵少，如救援夷陵则造成江陵空虚。吕蒙对周瑜、程普说："留凌公绩守后，我与你一道前去救急解围，按情势不会要太多的时间，我保证凌公绩能固守十天。"接着，吕蒙又献策劝周瑜派三百人用木柴把本来险峻的山路截断，当敌人逃跑时我方就可获得他们的马匹。周瑜采纳了吕蒙的建议，亲率主力驰援夷陵，大破曹军于夷陵城下，所杀过半。曹军乘夜逃走，途经木柴堵塞的险路，无奈之下骑马者皆弃马徒行。周瑜、吕蒙驱兵追赶截击，获得战马三百匹，军威大振。周瑜乘胜追击，准备与曹军决一雌雄。曹仁不敢再战，全军撤回北方。

赤壁之战后，周瑜、甘宁曾力劝孙权西取巴蜀。孙权犹豫不决，去征求刘备的意见。刘备早有占据巴蜀的打算，便巧妙地加以劝阻。孙权坐失良机，致使巴蜀最后落入刘备之手，追悔莫及。

公元213年春，曹操率大军攻打濡须口，饮马长江。孙权率兵七万迎击，派甘宁率三千人为前部督。随后，孙权密令甘宁夜袭曹军前营，为此特赐米酒给甘宁。甘宁选精锐一百多人共食，吃毕用银碗斟酒，自己先饮两碗，然后斟给手下都督。都督跪伏在地，不肯接酒杯。甘宁拔刀放置膝上，厉声喝道："你受主上所知遇，与甘宁相比怎样？我甘宁尚且不怕死，你为什么独独怕死？"都督见甘宁神色严厉，马上起立施礼，恭敬地接过酒杯并饮下。然后，甘宁又斟酒给士兵，每人一银碗。至二更时，甘宁率其裹甲衔枚潜至曹操营下，拔掉鹿角，冲入曹营，斩得数十首级。夜色中的曹军士兵受到惊动，误以为东吴大军来袭而起身备战，于是甘宁撤退。但慌乱的曹军依旧如临大敌，纷纷举起火把、擂鼓呐喊。等到曹营举起的火把像繁星一样密集时，甘宁已经回到了军营。当天夜里，甘宁入帐拜见孙权，孙权笑着说："这也够把老头子（指曹操）吓一跳了吧，我只是想试试你的胆子罢了。"于是，孙权赏甘宁绢一千匹，战刀一百口，并增兵二千。从此，孙权对甘宁更加看重，并称赞道："孟德有张辽，孤有兴霸，足相敌也。"随后，由于江南春水暴涨，曹军驻扎了一个多月后，便退回北方去了。

四、皖城保孙权立功

公元214年初，曹操派朱光为庐江太守，屯驻皖城（今安徽省潜山市）大开稻田，生产之际又派间谍秘密过江招募诱惑鄱阳（今江西省鄱阳县）反对孙权的力量，企图里应外合进攻孙权。吕蒙得知情报后，向孙权建议："皖城一带土地肥美，如果收下一季，曹操的力量势必增强，如果连收几季，必然酿成大患。依我之见，应该立即除掉。"孙权采纳了这一建议。

公元214年夏，孙权亲征皖城。孙权问计于诸将，大家都说要攻下坚城非堆土山、治攻具不可。吕蒙独排众议，说："堆土山、治攻具，需费很多时日。那时，曹军援兵一到，攻下皖城就难了。唯一的办法是强攻，一举拿下皖城。"吕蒙推荐甘宁为升城督。攻城时，吕蒙亲自擂响战鼓助威。甘宁手持绳索，身先士卒，攀缘上城，最终攻下皖城，俘朱光。张辽闻讯，率援军而至，到夹石听说皖城已失，只得退去。战后，东吴评功，甘宁功居第二，仅次于吕蒙，被拜为折冲将军。

公元215年初，甘宁随鲁肃镇守益阳，抗拒关羽。关羽号称有三万兵马，他亲自挑选精锐兵卒五千人投物堵住上游十多里的浅水地带，说要夜里涉水渡河。鲁肃与各位将领商议对策。甘宁当时有兵三百人，说："能否再给我增添五百人？我前去对付他，保证关羽一听到我的咳唾之声就不敢渡河，如他敢渡过来就要被我擒获。"

鲁肃当下选一千人给甘宁，甘宁遂连夜赶到上游设防。关羽闻甘宁来，见对方有了准备便放弃了渡河计划，而在岸上捆扎柴木作为军营。

吕蒙、孙皎、潘璋等人的军队也陆续赶来参与对峙，剑拔弩张的态势一直持续到这年夏季的"湘水划界"，双方对峙才结束。因此，后世则把此地称为"关羽濑"。

孙权嘉奖甘宁的功劳，拜为西陵太守，统阳新、下雉两县。

公元215年秋，甘宁随孙权攻打合肥。东吴战事不利，猛将陈武奋战而死，再加之军中瘟疫流行，孙权只得下令撤军。在撤军的过程中，大部队已经撤出了战场，只有孙权亲领的车下虎士一千多人，以及吕蒙、蒋钦、凌统、甘宁跟随孙权留在逍遥津北。曹操将领张辽侦伺瞭望，乘机率步骑发动袭击。孙权部将甘宁、吕蒙奋力抵挡，部将凌统率卫队拼死厮杀，但吴军鼓手惊怖而忘记鸣鼓。作战中，甘宁引弓射敌并厉声问战鼓为何不响，壮气毅然，勇冠一时。甘宁拔刀欲斫杀鼓手，于是吴军鼓手终于开始敲鼓。孙权目睹了这一切，更增加了对甘宁的敬意。在甘宁等人的英勇抵抗之下，曹军进攻的速度放慢，凌统率兵三百人保护孙权冲出重围。孙权和甘宁蹴马趋津，逃至逍遥津。时值河桥半拆，丈余无板，孙权急策所骑骏马腾越而过。将军贺齐率三千人在逍遥津南接应，孙权这才侥幸得免。此一战，除凌统外，凌统所部三百亲兵无一生还。凌统逃生后，在水边痛哭流涕不已。

凌统是凌操之子，而凌操是在攻打黄祖时被甘宁射死的。由于有杀父之仇，凌统、甘宁二人一直矛盾很深，而甘宁也防备凌统并尽量避免与他见面，同时孙权也命令凌统不得与甘宁为仇。

有一次，甘宁、凌统在吕蒙处聚会饮酒，酒酣耳热之际凌统起立舞刀，甘宁也站起来说："我能舞双戟！"吕蒙见二人有相斗之意，便隔在中间说："甘宁虽能舞，还是不如我舞得精妙。"于是，吕蒙操刀挟盾，将二人分开。后来，孙权知道凌统不能忘却父仇，就让甘宁率兵改驻半州（今江西省九江市城子镇）。

但在此番攻打合肥的战役中，在大敌当前的关键时刻，凌统、甘宁二人却能抛开私怨、团结对敌，这是难能可贵的。

合肥之战失利不久，甘宁便病逝于任上。甘宁死后，孙权极为痛惜，哀叹自己丧失股肱、心腹。一代虎臣，尚未建功，却殒于伤痛疫病，实在令人惋惜。甘宁的生卒年份，《三国志》无明确记载。但在《三国志·吴书·甘宁传》里，关于甘宁最后一次参战的记载，正是公元215年秋的合肥之战，并且合肥之战的"会疫疾"仅见于甘宁的传记而不见于其他的任何列传。因此，唐代许嵩编撰的《建康实录》记载甘宁卒于公元215年冬，应该还是有一定道理的。

然而，据《三国志·吴书·孙皎传》记载，孙皎曾与甘宁有矛盾，孙权为此去信批评孙皎，使孙皎与甘宁和好。孙权信中有"自吾与北方为敌，中间十年"等语，由此看来该信当作于赤壁之战后十年左右，即公元218年前后，而甘宁在当时应当仍然在世。再从甘宁部众的归属情况看，据《三国志·吴书·潘璋传》记载，"甘宁卒，又并其军"，陈述了甘宁的去世以及潘璋兼并甘宁的军队之事，发生时间是在关羽被擒和夷陵之战之间，时在公元219—222年之间。《三国志·吴书·潘璋传》记载的这个时间可以与《三国志·吴书·孙皎传》当中的孙权信件相互印证，但甘宁准确的卒年仍然尚待进一步研究探讨。

在甘宁的一生中，我们看到了他的勇敢和坚毅，也看到了他的忠诚和正直，更看到了他的豪爽和热情。作为"江表十二虎臣"之一，正是甘宁的这些品质，才让他成为三国历史长河中一颗璀璨的星星。

第十二章

张昭：曾经的"东吴之望"，缘何无缘当丞相

刘备白帝城托孤于诸葛亮成就了一段君臣肝胆相照的千古佳话，而诸葛亮后来为蜀汉"鞠躬尽瘁，死而后已"更是让他名垂千古。然而，东吴政权也曾发生过类似刘备托孤这样的事件，并且东吴的这次托孤更比刘备白帝城托孤要早了许多年，因为这次托孤的人是孙策，接受托孤的人则是后来的东吴名臣张昭（156—236）。

但在刘备白帝城托孤之后，诸葛亮便一直担任蜀汉丞相之职直到去世；可张昭直到去世，也未曾担任过哪怕一天丞相之职。这背后的原因到底是什么呢？

一、有名于时吴栋梁

张昭，字子布，徐州彭城县（今江苏省徐州市）人。

张昭年少时便好学，擅长隶书，随白侯子安学习《左氏春秋》，与琅邪人赵昱、东海人王朗一道闻名又互为友好。张昭成年后曾被举荐为孝廉，但他推辞没有接受，后与王朗一起讨论以往君王避讳之事，徐州的才士陈琳等对他颇为称赏。徐州刺史陶谦慕名察举张昭为茂才，被张昭拒绝。陶谦认为张昭轻视他，因此将其监禁，经赵昱援救才被释放。即使这样，在陶谦病逝后，张昭还是为他写了悼文《徐州刺史陶谦哀辞》。

张昭之所以拒绝出仕为官，其实也很好理解，因为当时正值黄巾起义爆

发，局势动荡不安，归隐不仕其实是最好的抉择。

东汉末年，中原动乱，张昭随其他难民逃到江南，受到割据江南的讨逆将军孙策的重用，与其余三位江北文士张纮、秦松、陈瑞等均为其谋主。在四人中，张昭的地位最为突出，官拜长史、抚军中郎将。孙策对张昭极为礼遇，曾同他一道登堂拜见张昭的母亲，像同辈的密友一样。孙策的领地上的所有重要事务都由张昭经手，他为孙策打平江东做出了很大的贡献。

张昭也因此深受北方士大夫的敬重，在他们的书信中多有称赞张昭的言辞。不过，孙策对此非但没有猜疑，反而潇洒地说："昔管仲相齐，一则仲父，二则仲父，而桓公为霸者宗。今子布贤，我能用之，其功名独不在我乎！"可见，张昭在孙策心中的地位如同管仲在齐桓公心中的地位一样重要。

当时，荆州牧刘表想亲自写信给孙策，写完后先给名士祢衡（173—198）看，祢衡看完后讥笑道："如是为欲使孙策帐下儿读之邪，将使张子布见乎？"由此可见，就连一向狂傲的祢衡，都认同张昭的才华。

公元200年，孙策遇刺重伤，临终前将弟弟孙权托付给张昭。孙策嘱咐张昭说："若仲谋不任事者，君便自取之。正复不克捷，缓步西归，亦无所虑。"

当时，孙权年少，其母吴夫人担心他不能成事，便引见张昭及大将董袭等人，询问江东能否保得住。董袭回答说："江东地势，有山川之固，而讨逆明府，恩德在民。讨虏承基，大小用命，张昭秉众事，袭等为爪牙，此地利人和之时也，万无所忧。"

孙策去世后，江东形势严峻。为维持孙氏的统治，张昭立即向朝廷上表，又给各属县发公文，并令江东的内外将校各守其职。其时，孙权非常悲伤，张昭劝孙权说："夫为人后者，贵能负荷先轨，克昌堂构，以成勋业也。方今天下鼎沸，群盗满山，孝廉何得寝伏哀戚，肆匹夫之情哉？"张昭亲自扶孙权上马，列兵而出，然后众人才服从了孙权。

在孙权最初掌管江东时，因根基未稳导致一些不服的人勾结在一起而谋图造反。张昭辅佐孙权安抚百姓，地方的长吏及羁旅之人也得到重用，方才安定下来。孙权每次出征都留张昭镇守后方，总领府署事务。后来，黄巾军余党起兵，张昭率军将其讨平。孙权征合肥时命张昭另外率部攻讨匡琦，后又命张昭督统诸将攻破豫章"贼"帅周凤等人于南城。自此以后，张昭鲜少领兵，常在孙权左右任谋臣。孙权因为张昭是旧臣，对他格外厚待，依然任其为长史。张昭在孙权面前敢于说出自己的意见，往往指出孙权做得不对的地方，对孙权有良性的作用。

吴夫人临终前，召见张昭等人，嘱托后事。由此可见，张昭的地位非同一般。

史书记载，张昭"容貌矜严，有威风"，"举邦惮之"。从孙权的角度来看，孙策当年是把自己托付给张昭，所以张昭不仅尽心竭力地辅佐孙权，而且对孙权不合时宜的举动从来都是直言劝谏。

孙权在武昌时曾有一次在钓台饮酒大醉，让人用水洒向群臣说："今日酣饮，只有醉后落入水中，才能停止。"张昭正色不言，外出坐于车中。孙权遣人请回张昭，对张昭说："大家一起高兴，你又何必发怒？"张昭回答："以前纣王作糟丘酒池一夜宴饮，当时也以为只是高兴而已，不认为有什么不对。"孙权默然而感到惭愧，于是罢酒。

二、"东吴之望"主迎降

公元207年，原江夏太守黄祖的部将甘宁投奔孙权后，立即向孙权献上讨伐黄祖的计策。当时，张昭在座，对甘宁的意见不以为然，说："江东自身危急，如果军队真的西征，恐怕必然导致国内大乱。"甘宁不客气地反驳张昭，说其："国家将萧何那样的重任交给你，而你却留守担心出乱子，用什么来追慕古人呢？"孙权见二人争执，就举杯向甘宁劝酒解围。后来，孙权依甘宁之计，大败黄祖并将之擒获。

公元208年，赤壁之战爆发前夕，曹操写信给孙权劝降。孙权把书信给部属们看，众人无不惊惶失色。张昭等人说："曹公，豺虎也，挟天子以征四方，动以朝廷为辞；今日拒之，事更不顺。且将军大势可以拒操者，长江也；今操得荆州，奄有其地，刘表治水军，蒙冲斗舰乃以拊数，操悉浮以沿江，兼有步兵，水陆俱下，此为长江之险已与我共之矣，而势力众寡又不可论。愚谓大计不如迎之。"但在主战的周瑜、鲁肃等人的劝说下，孙权与刘备联合，最后击退了曹操大军。

这两件事在张昭的人生中是一次重大的失误，也是老成持重的老臣和少壮君主矛盾产生的必然。张昭一生以忠于孙氏基业为任，其"投降"之议未必是真心出卖江东。当时，曹操不仅有赫赫声名与强大威势，而且有拥戴汉廷的道义优势，张昭作为儒学士大夫，在军事谋略上自然不能与尚武之周瑜、鲁肃相比，在道德伦理上更无法摆脱汉廷归属正统的观念。孙权称帝时大会百官，归功于周瑜。当张昭举杯想褒赞功德，但还没等说话，孙权就说："如张公之计，今已乞食矣。"张昭非常惭愧，伏在地上流汗不止。当然，就是这看似玩笑而实则毫不留情的一句话，不仅抹杀了孙权对张昭的所有旧情，也让老臣张昭无地自容地羞愧而走。此后，张昭逐渐受到冷落，成为可有可无的边缘人。

然而，即便如此，张昭仍在朝堂上慷慨陈词，甚至与孙权针锋相对。

公元209年初，孙权亲自率军包围合肥，派张昭率军攻打九江郡所属的当涂县，但未能攻克。此后不久，刘备表奏孙权为车骑将军，张昭任军师。孙权每次打猎经常骑马射虎，老虎也常常往前扑到马鞍上。因此，张昭改变脸色上前说道："你用什么抵挡它？为人君者，应该能驾驭英雄，驱使群贤，岂能驰逐于原野，骁勇于猛兽？如果一旦有个好歹，不怕被天下耻笑？"孙权向张昭道歉道："年少虑事不远，此事有愧于你。"但是，孙权仍然不能控制自己，于是制造射虎车，车中不设盖，有一人驾驶，自己在里面射兽。当时，有脱群的野兽扑向孙权的车，但孙权每次都亲手搏斗以此为乐。对此，张昭尽管不遗余力地苦谏，但孙权常笑而不答，可见严肃的老臣和年轻的君主之间代沟相当严重。

事实上，张昭坦诚直率得几乎无顾忌，他热心地为孙权出谋划策，却也不惧触怒龙颜，时常抛出孙权不愿听闻的逆耳忠言。由此可见，张昭真是一个敢于挑战权威的耿直之臣。

公元212年，司空军谋祭酒阮瑀在《为曹公与孙权书》中写道："若能内取子布，外击刘备，以效赤心，用复前好，则江表之任，长以相付，高位重爵，坦然可观。"当时，周瑜已去世，而刘备已入蜀，曹操临濡须。作为曹操喉舌的阮瑀却在拉拢孙权的信中要求除掉张昭，可见张昭的声誉之高。

曹丕称帝后，孙权便遣使请求成为魏国的臣属，并将降将于禁等送回北方。公元221年秋，魏文帝曹丕赐给孙权九锡，册封其为吴王、大将军、领荆州牧，节督荆、扬、交三州诸军事。曹丕派来的使者邢贞来到武昌时，入城门却不下车。张昭很是生气，便对邢贞说道："礼节没有不恭敬的，故此法律也没有不施行这一点。而你胆敢妄自尊大，难道是认为江东势弱，连一把用来执法行刑的小刀也没有吗？"邢贞慌忙下车。之后，张昭被任命为绥远将军，封由拳侯。后来，孙权再次遣使称臣于魏国时，提到要派张昭与孙邵随其子孙登一同入侍为质，因此曹丕才相信了孙权。由此可见，张昭在赤壁之战后还是享有极高的声望，具有很大的影响力。

三、众望所归不为相

孙权设立丞相，很多人提名张昭，但孙权推托说："现在事多，丞相责任很重，这不是优崇他的举措。"于是，孙权任命孙邵为丞相。孙邵去世后，大家又提出让张昭任丞相，孙权又说："孤怎么是对子布吝啬呢，只是考虑到丞相的事务繁杂，而他性情刚烈，他的话要是没有被听从采纳，就会产生怨忿诘难，这对他并无益处。"孙权又任命顾雍为丞相。

关于孙权始终不用张昭为丞相的原因，主要有以下几个方面：

首先，张昭与孙权存在着深层的矛盾。作为汉末大儒，张昭与寒门出身的孙权在出身及文化品格上存在着差异，二人在一些重大军政方略乃至日常事务中均有不同程度的分歧。面对刚直不阿的张昭，孙权既敬重，又难免有所畏惧和怨恨。

其次，与孙权的建国方略有关。后世研究者指出，作为位极人臣的丞相，历来是大臣们觊觎的重要职务，而在当时居然能够做到在众臣心目中唯有张昭才是最合适的人选，可见张昭完全能够协调淮泗与江东两大集团的利益。但是，由于孙权大力推进东吴政权的江东化，以吴人治吴，故最终不顾廷议，弃张昭而不用，而先后以江东大族顾雍、陆逊为相。

最后，孙权选择丞相的标准是只要他们用起来得心应手就好，甚至就是让他们做摆设。按照这个标准，张昭不合适，孙邵和顾雍合适。孙邵在丞相任内基本上没有什么突出贡献，而顾雍虽然管些事，但他很少主动建言，而且当面说也是寡言少语、心平气和。有一次，张昭在朝会上痛陈时弊，说法令太繁、刑罚偏重。孙权沉默，回头问顾雍，顾雍的回答只有一句——"我听到的和张昭一样"。从中可以看出，顾雍是把丞相之职当顾问来看待的。顾雍很清楚孙权需要一个什么样的丞相，即到位不越位，帮忙不添乱，有事做顾问，没事做摆设。所以，顾雍做丞相做了很长的时间，直到去世。

不久，张昭称"老"退职，上交了自己统领的部属，被改拜为辅吴将军，地位仅次于三公，改封娄侯，食邑万户。张昭退居无事后，一心为《左传》和《论语》作注解。

关于孙权与张昭之间的分歧，在日常事务中也表现颇多。

蜀法曾经发生一事，即刘备手下将领张飞曾到名士刘巴处就宿，刘巴却不理会张飞，张飞十分恼怒。后来，张昭曾和孙权谈论此事，张昭认为刘巴心胸过于狭隘，不应如此抗拒张飞。孙权则说道："若让刘子初随世俗沉浮，为了取悦玄德而结交张飞，怎么能称得上是高士呢？"

有一次，孙权和张昭辩论神仙，虞翻指着张昭说："他们都是死人，还辩论神仙，世上怎么会有神仙！"

孙权曾经问被张昭推荐任职的卫尉严畯："你还记得小时候熟读的书吗？"严畯就背诵了《孝经》中的"仲尼居"一节。张昭说："严畯是个书呆子（鄙生），老臣请求为陛下背诵。"于是背诵了"君子之事上"一章。因此，众人都认为张昭知道要在君主面前背诵什么。

在一次宴会时，孙权命诸葛恪依次给大家斟酒，斟到张昭面前时张昭先已有了几分酒意，不肯再喝。张昭对诸葛恪说："这样的劝酒，恐怕不符合尊老的礼节！"孙权便对诸葛恪说："你能否让张公理屈词穷，喝下这杯酒？"于是，诸葛恪反驳张昭："吕尚年已九十，依然高举白旄，手持兵器，指挥军队作战，还没有告老退休。如今军队上的事，将军你跟在后边；聚会饮宴的事，将军你总被请到前面，这还不够尊敬老人？"张昭听后无话可说，只好饮酒。

曾经有白头鸟聚集在东吴宫殿前，孙权问道："这是什么鸟呢？"诸葛恪答道："这是白头翁。"张昭认为自己是座中年龄最大的，怀疑诸葛恪利用鸟来戏弄他，对孙权说："诸葛恪欺骗陛下，未曾听过有鸟名叫白头翁的，试一试让诸葛恪再找出一只白头婆来。"诸葛恪说:"鸟名鹦母,不一定就有与它名字配对的,试一试让辅吴(张昭)再找出一只鹦父来。"张昭不能回答,在座的人都欢声大笑。

四、老而弥辣简入葬

张昭每次朝见都辞气壮厉、义形于色,曾经因为直言逆旨而不觐见。后来,蜀汉的使者抵达,称赞本国的德业,而东吴群臣中竟没有一人能让他屈服。孙权叹息道:"如果张公在座的话,他不屈服也会意挠,怎么还能自夸呢!"隔日,孙权派使者劳问,想要请见张昭。张昭到达后避席道歉,孙权跪着阻止。张昭坐定后,仰头说道:"当初太后(指孙权母亲吴夫人)、桓王(指孙策)不把老臣交给陛下,而把陛下交给老臣,所以臣思尽臣节想要报答厚恩。但臣见识思虑浅短,违逆陛下圣明的意旨,自己认为死后必将尸骸永远丢弃在沟壑中。不料,又蒙召见,得以报效陛下于朝廷。然而,臣这颗愚暗的心用来服侍国家,志在忠贞不移,死而后已。假如说要臣改变思想,以求得世间的尊荣和陛下的欢心,这一点为臣是绝对做不到的!"孙权为此向张昭道歉。

公元232年冬,曹魏辽东太守公孙渊在辽东反魏,向东吴称臣以为外应。张昭劝谏道:"公孙渊背叛魏国而惧怕其征讨,所以才远来求援,这不是他的本意。如果公孙渊改变意图想要自我表白于魏,那两位使者就回不来,这难道不会让天下取笑吗?"孙权与其反复争辩,张昭劝谏之意越来越恳切。孙权不能忍受,抓着刀愤怒地说:"吴国的士人入宫就拜朕,出宫则拜你。朕对你的敬重已经到了极点了,但你数次在众人中折辱朕,朕害怕自己失手伤害你。"张昭这才说道:"臣虽然知道自己的话不会被听从,但每次仍然想要竭尽愚忠,这是因为当初太后临终的时候呼唤老臣在床侧,遗诏顾命的话如今还在耳旁啊！"说完后涕泣横流。孙权也掷刀于地，与张昭相对而泣。但孙权还是遣使前往辽东，张昭愤恨自己的话不被采纳，于是退居不朝。孙权在盛怒之下命令用土封住张昭的家门，以此表示张昭永远不必出门了。张昭也用土从门内将门堵住，以表示他也永远不打算出门了。

公元233年春，孙权派遣太常张弥、执金吾许晏为使者，将军贺达、虞咨、中郎将万泰、校尉裴潜等人率领大军万人护送公孙渊的使者回辽东，同时携带金银珠宝珍货，九锡齐备赏赐公孙渊，并封公孙渊为燕王。同年夏，东吴舰队顺利抵达辽东沓津（今辽宁省大连市旅顺口），张弥、许晏与万泰、裴潜将吏兵四百余人，赍文书命服什物，终于来到襄平（今辽宁省辽阳市）。公孙渊先分其人众，将其安置于辽东诸县及玄菟郡（今辽宁省抚顺市）。张弥等见公孙渊不接受孙权的封号才起了疑心，可是一切都已经晚了。辽东进兵围取，斩张弥、许晏、万泰、裴潜等首级传送洛阳，悉没其兵资珍宝。

这时，孙权才感到后悔，数次派人请张昭上朝无果，但又不愿道歉示弱，于是下令用火烧张昭的家门以此逼他出门。但这方法也没吓倒张昭，因此孙权只好又下令将火扑熄。最后，孙权在张昭家门前久站不去，张昭才在儿子的搀扶下出门与孙权和解。

作为两朝老臣，张昭深知孙权的猜忌心极重，可他在行为处事上却丝毫不顾及孙权的感受。在江东数十载，张昭与吴中四姓顾、陆、朱、张四大家族关系匪浅，丞相顾雍是他的好友，对他"唯命是从"。陆逊的儿子陆抗迎娶了张昭的孙女为妻，而张昭的儿子张承（178—244）则是诸葛瑾的乘龙快婿。不过，张昭用联姻的方式，巩固张家的地位、权势，却也将他的子孙后代推进了万劫不复的深渊。

公元236年，张昭去世。临终前，张昭仰屋窃叹，绝望怒吼，再三告诫儿子张承、张休：一切丧事从简，切勿参与朝中争斗！孙权也身着素服前往吊唁，并以太牢礼仪祭祀。然而，张承、张休兄弟平安度过此生不久，诸葛恪就被孙亮、孙峻联手诛杀，张昭的孙子张震也因诸葛恪案遭到牵连而人头落地并三族尽灭。

张昭不仅是孙策、吴夫人双双托孤的值得信赖的重臣，更是孙权自幼的良师益友。每当东吴面临危机，张昭总能挺身而出，化险为夷，为东吴的稳定与繁荣立下了赫赫功劳。同时，张昭还胆敢挑战天威，坚守真我，从不向孙权献媚。身为臣子，张昭在行事与性格上或有不足，然其真诚坦荡之态可称为典范，值得敬佩！

第十三章

孙邵与顾雍：东吴首任丞相和第二任丞相

孙权称帝后，主要任用了三个人做丞相，分别是第一任丞相孙邵（163—225）、第二任丞相顾雍、第三任丞相陆逊。其中，力压张昭成为东吴第一任丞相的孙邵居然在史书上没有传记，而顾雍则在东吴第二任丞相的位置上前后达十九年之久。那么，与两次落选相位的张昭相比，孙邵和顾雍到底有什么长处呢？

一、力压张昭的孙邵

孙邵，一作孙劭，字长绪，青州北海国人（今山东省昌乐县）人。

孙邵身长八尺，原先是北海相孔融的功曹，孔融称其"有廊庙才也"，意指他能在朝廷中担任要职。后来，孙邵跟随刘繇到了江东。孙权统事时，孙邵多次上陈便宜之策，提议应该向朝廷进贡。孙权随即听从，孙邵被拜为庐江太守，之后又转任车骑将军长史。

孙权向曹魏称臣时曾给浩周写信，声称自己打算让长子孙登与孙邵入朝，之后又说自己想让张昭一同入朝。魏帝曹丕以孙邵、张昭都是孙权的股肱心腹而认为孙权是真心归附，结果为孙权所欺。

公元222年，孙权称吴王后，孙邵与张昭、滕胤、殷礼仿周汉旧制，撰定吴国的朝仪制度。与此同时，孙权开始设置丞相，孙邵成为东吴的首任丞相，拜威远将军，封阳羡侯，成为百官之首。

孙权之所以任孙邵为东吴首任丞相，首先是因为孙邵的政治立场较为中立。

东吴政权有两大派系，以江北淮泗集团为核心，而江东士族集团是被压制的对象。孙权称吴王时，北方面对曹魏的巨大压力，南方山越等部族也蠢蠢欲动，正是"方今多事"之时。因此，丞相一职关系重要，孙权自然不会把它交到江东士族集团手中。江北淮泗集团中唯有张昭最为合适，但孙权早已把他排除在外，所以选择一个中立于两者之外的人来担任丞相最为合适。孙邵是青州北海国人，其先出仕孔融，后投奔刘繇，再归降江东孙氏，从政治立场上来说并不属于两派，较为中立。

其次，孙邵在东吴政权中有一定的地位。孙邵虽然是半道归降而来，但其地位并不低。孙权掌江东大权后，孙邵出任庐江太守一职，扼守江北要地。赤壁之战后，孙权任车骑将军、徐州牧，以孙邵为车骑长史，孙邵成为孙权的重要幕僚之一，是孙权信赖之人。

最后，孙邵的政治理念与孙权一致。在面对曹魏的问题上，虽然孙邵主张孙权应向曹魏"称臣纳贡"，放低姿态，但这只是一种适时的外交策略，同张昭的"投降论"有本质的区别。孙权称吴王时正值多事之秋，稳定局势当为关键，特别是缓和与曹魏的关系，而在这一点上孙邵同孙权的理念是一致的。再加上孙邵"有廊庙才也"，处理内政当无问题，所以孙权才会选择孙邵出任东吴首任丞相。

然而，孙邵出任丞相一职后，却引来东吴大臣的不满和非议。此时，东吴的外患虽然解除，但内患渐起，主要是冗官庸官太多，导致真正的人才失去了晋升的空间。孙邵出任丞相后，却无力改变这一现状。

于是，选曹郎暨艳就上奏弹劾孙邵，说孙邵在其位不谋其职。孙邵心中恐惧，就主动向孙权辞职谢罪，但在孙权的劝阻下留任了。

但事情并没有完，由于暨艳在整顿吏治的过程中损害了士大夫的利益，因此很多人到孙权面前诬陷暨艳公私不分，做事全凭个人喜好。在孙权的压力下，暨艳及副手被迫于公元224年自杀，史称"暨艳案"。"暨艳案"牵连到太子太傅张温（193—230），导致张温丢了官。

太子太傅张温，字惠恕，吴郡吴县（今江苏省苏州市）人。

张温出身于江南四大姓之一的吴郡张氏，少修节操，容貌奇伟。孙权召拜议郎、选曹尚书，徙太子太傅。公元224年，张温以辅义中郎将身份出使蜀汉，而孙权原本害怕诸葛亮会有意留难张温，张温却不担心。在呈上蜀汉朝廷的文书上，张温刻意称颂蜀汉，以表明和解的诚意，并重建吴蜀关系。张温在蜀汉表现出色，得蜀汉朝廷重视。回东吴后不久，张温被调进豫章的军队，事业上再无进展。孙权一方面介怀张温出使蜀汉时称颂蜀汉，另一方面又嫌张温声名太盛，恐怕他不会尽忠地由他任用。当时，正好碰上"暨艳案"，孙权便以张温与暨艳等人多有来往而下罪于张温，后更将张温发还到家乡吴郡。六年后，张温病逝。

在此次事件中，作为丞相的孙邵承受了巨大的压力，后在公元225年病逝了。此时，孙邵就任丞相的时间还未满三年。孙邵担任丞相三年，其间东吴政局稳定。同时，孙邵的所作所为受到了孙权的赞赏，这从其死后的谥号"肃"可以看出。

值得注意的是，张温、暨艳和编写《吴书》的韦昭都是江东士族的代表人物，而这正是他们反对孙邵出任丞相的主要原因，因为在他们看来，孙权不选择张昭出任丞相，自应在江东士族中选择一人，而非身份较为中立的孙邵。另外，陈寿撰写《三国志》所写东吴内容主要参考的便是韦昭所写的《吴书》，裴松之《三国志注》对东吴内容的补充也非常少，因此才会出现东吴首任丞相孙邵在史书中"史无其传"的现象。

二、大名鼎鼎的顾雍

东汉中晚期，苏州所在的吴郡地区形成了以顾、陆、朱、张为代表的士族集团。这四大士族人才济济，对地方政治、经济和文化影响巨大。《世说新语》这样概括吴郡四姓的门风："吴四姓旧目云：张文，朱武，陆忠，顾厚。"这段话的意思是，从前评价吴郡四大姓说："张家出文人，朱家出武官，陆家人忠诚，顾家人宽厚。"其中，吴郡顾氏乃越王勾践七世孙驺摇之后，汉高祖刘邦封驺摇为东海王，世称东瓯王。驺摇别封其子为顾馀侯，以爵为氏，汉初居会稽，此即吴中顾氏之先祖。

作为顾氏家族的佼佼者，顾雍理所当然地被孙权委以重任。从孙权继承其父兄的基业到称帝建国，顾雍见证了江东的崛起，并始终是东吴群臣之首，被孙权亲近和信任。顾雍不仅是东吴任职最长的丞相，也是三国任职最久的丞相。但顾雍是如何做到的呢？

顾雍，字元叹，吴郡吴县（今江苏省苏州市）人。顾雍的曾祖父顾奉是东汉颍川郡太守。顾雍幼时拜名士蔡邕（133—192）为师，学习弹琴和书法。顾雍才思敏捷、心静专一，艺业日进，深受蔡邕喜爱，因此蔡邕赠之以名。由于顾雍与老师蔡邕的名同音，又受到老师称赞，故取字元叹。后顾雍被州郡表荐，弱冠时就出任合肥县长，相继担任娄、曲阿、上虞的县长，所在之处都有治绩。

公元200年，孙权被汉朝廷授为讨虏将军，领会稽郡太守。孙权受命后，并未到郡就职，而是以顾雍为会稽郡丞，代理太守之职。顾雍讨除寇贼，使得郡界宁静，官吏百姓归服。

数年后，顾雍进入孙权幕府担任左司马。公元221年，孙权为吴王，顾雍任大理、奉常，又领尚书令，封阳遂乡侯。顾雍受封之后，家人根本不知道，直到后来听说才大吃一惊。公元225年，顾雍在吴县迎接其母至武昌。抵达武昌后，孙权亲自前来祝贺，在庭上拜其母，同时公卿大臣都前来参加宴会，后太子孙登也前来庆祝。

顾雍不饮酒，沉默寡言，举止严肃。孙权曾经感叹："顾公不说话，只要说了言必有中。"在众臣饮宴欢乐之际，大家都唯恐自己酒后失态被顾雍看见，所以不敢尽情。孙权也说："顾公在坐，让我们无法开心。"可见，顾雍让人敬畏到如此地步了。同年，顾雍改任太常，晋封醴陵侯，不久代孙邵为丞相、平尚书事。

在处理和孙权的关系时，顾雍的处世之道是不矜不伐、不卑不亢。顾雍处世十分低调，不重名，不争权。从顾雍受封这样的大事都瞒着家人可以看出，他一方面无意为自己谋取名利，另一方面也无意为亲朋好友谋取好处。顾雍为相期间，常常去民间考察朝廷政策的利弊并提出好建议，立下了不少功劳。但是，顾雍从不自以为是地为自己邀功，而是推功于孙权，甘愿做无名英雄。顾雍在处理日常事务时态度谦逊随和，但在大是大非的问题上原则性却非常强。

然而，顾雍在朝廷上有所陈述与建议，言辞表情虽然恭顺，但所坚持的原则却正直不屈。孙权曾咨询朝政得失，辅吴将军张昭趁时将自己收集到的意见陈述出来，颇以为法令太严、刑罚过重，应该有所减损。孙权听了不作声，回头问顾雍："你认为怎样？"顾雍回答说："臣听到的，与张昭所说的一样。"于是孙权才讨论讼狱减轻刑罚。

当时，驻守前线的各位将领纷纷献上讨敌之策，孙权为此询问顾雍。顾雍回答："臣认为他们都是为了自己的私利功名，因此不应该听从。"

孙权对顾雍很尊敬，也很信任，每有难题时便会派中书郎前往请教他。当顾雍赞成孙权的意见时，顾雍就会请中书郎吃饭，把问题研究个透彻，然后再送其离开；如顾雍不赞成孙权的意见，那么他就不仅不请吃饭，甚至都不多说话，这样孙权就会知道自己的意见有待改进。因此，孙权派中书郎请教顾雍后便不是问"顾公怎么说"，而是问"你吃饭了没有"。

在处理和同僚下属的关系时，顾雍的处世之道是充分信任、彼此尊重。顾雍处世谦恭随和，无论是对同僚，还是对下属，都能够给予充分的理解与信任。尤其在用人问题上，顾雍不以个人喜好为依据，也不考虑地域、阶层、亲疏等因素，而是以此人能否胜任为标准；一旦任用，顾雍便充分地理解和信任他们，做到"疑人不用，用人不疑"。在日常事务中，顾雍对待同僚下属常怀宽厚之心、厚道待人，能够体谅、尊重他们，尽量避免言语上伤及他人。正因为懂得尊重同僚下属，顾雍也赢得了同僚下属的尊重。

在处理与反对自己的人的关系时，顾雍的处世之道是心平气和、秉公执法。

孙权晚年宠信酷吏吕壹、秦博，任命他们为中书，主管审核各官府及州郡上报的文书。吕壹等因此逐渐作威作福，开始建置机构卖酒、设关隘征税以牟取暴利；检举他人罪过，细微的小事也上报朝廷，再加重案情进行诬陷；毁谤大臣，排斥陷害无辜之人，如顾雍等人都曾受到他们的举报告发。因此，吕壹等遭到谴责。

后来，吕壹邪恶罪行暴露，收押在廷尉府中。顾雍前往审理此案，吕壹以囚犯身份见顾雍，但顾雍仍然和颜悦色地问他诉讼言辞。临走时，顾雍又对吕壹说："你心里还有什么想说的吗？"吕壹只是叩头无话可说。当时，尚书郎怀叙当面斥骂羞辱吕壹，顾雍批评他说："官府有明确的法令，何必如此呢？"对待一位犯人尚且如此，顾雍在民间体察百姓疾苦时对待普通民众的态度与做法就可以想见了。在顾雍看来，对待吕壹这样的人，没有必要满腔怒火地谴责他，而是要坚持依照法律处置，不掺杂个人感情。此举不仅体现了顾雍的个人品德修养，更体现了他对国家法律的尊重。

在处理和家族子女的关系时，顾雍的处世之道是从严治家、砥砺德行。

《大学》曾言："所谓治国必先齐其家者，其家不可教而能教人者，无之。故君子不出家而成教于国。"一个人要想治理国家，首先要管理好自己的家庭，如果连自己的家庭都管理不好，又怎能管理好百姓呢？在朝廷中，顾雍是一位为国为民的好官；在家里，他则是一位砥砺德行的好家长，要求家人言行有度、隐忍克制。

有一次，孙权的一个侄女出嫁给顾氏的外甥，婚宴请了顾雍父子及孙子顾谭（205—246）。当时，君臣非常欢乐融洽，顾谭多喝而醉，醉而起舞不已，无法制止，但顾雍只是内怒，留待明日再作处理。第二日，顾雍召孙子顾谭当面严责，说道："君王以忍辱负重为德，臣下以恭敬谨慎为节。当年萧何、吴汉都立有大功，但萧何每次见到高帝（刘邦）时都如同不会说话一样；吴汉侍奉光武皇帝（刘秀），也一向谨慎勤劳。你对国家有什么汗马功劳可言吗？你只不过是依靠了顾氏门第的资格而受宠用罢了，为何舞得如此得意忘形？虽说是出于酒后，其实还是恃恩忘敬、谦虚不足，看来败毁吾家族的人必是你了。"说毕，顾雍转身向壁而卧，不再理顾谭。顾谭悔立一旁，足足达一个时辰，然后才被顾雍遣走。

在顾雍病势稍轻的时候，孙权令太医赵泉诊断，又拜顾雍的小儿子顾济为骑都尉。顾雍听说后，悲伤地说："赵泉善别死生，我一定起不来了，所以陛下想要我活着见到顾济拜官啊！"公元243年冬，顾雍去世，孙权身着孝服前往祭吊，并赐谥肃侯。

东晋人袁宏（328—376）曾作一文，称赞顾雍"如彼白珪，质无尘玷。立上以恒，匡上以渐。清不增洁，浊不加染"。可以说，顾雍于公于私、于国于家都算得上是谦谦君子，因此《唐会要》将其评为"魏晋八君子"之一。王夫之《读通鉴论》中盛赞顾雍"三代以下之才，求有如顾雍者鲜矣"，可谓名副其实。

第十四章

诸葛瑾：诸葛亮的兄长，东吴的开国元勋

北宋《太平御览·人事部·品藻中》记载："诸葛瑾弟亮及从弟诞，并有盛名，各在一国。于时以为蜀得其龙，吴得其虎，魏得其狗。诞在魏，与夏侯玄齐名。瑾在吴，吴朝服其弘雅。"这说的是汉末的诸葛三兄弟，哥哥诸葛瑾、弟弟诸葛亮以及从弟诸葛诞（？—258）。三人虽同出一氏，却分投三国：诸葛亮被刘备重用，为蜀汉丞相，是龙；诸葛瑾报效东吴，被孙权重用，为东吴大将军，是虎；诸葛诞投奔了曹丕，拜曹魏大将军，是狗。其中，称诸葛诞为狗并非讽刺，这里的狗意指"功狗"，为有功的战将。诸葛瑾虽然没有弟弟诸葛亮那样的经天纬地之才，但也是东吴政权的开国元勋，而且还是东吴军队中的二号人物，其地位仅次于丞相陆逊。

那么，诸葛瑾凭借什么能够做到这个位置呢？

一、当时英俊避江东

诸葛瑾，字子瑜，琅邪郡阳都县（今山东省沂南县）人。诸葛瑾少时曾游览洛阳，曾博览《诗经》《尚书》《左氏春秋》。其生母去世得早，诸葛瑾不仅在守孝期间一切合乎礼节，而且后来侍奉继母恭敬谨慎，甚得人望。

公元200年，诸葛瑾因中原战乱而避乱江东。在江东，诸葛瑾偶遇孙权的姐夫弘咨，而此人非常认可诸葛瑾的才学，于是向孙权推荐了他。此时，恰逢孙策刚刚去世，初掌东吴大权的孙权正在广揽人才。经过一番询问，诸

葛瑾与鲁肃等一起成了孙权的门客。一开始，孙权让诸葛瑾做长史，后来晋升为中司马（主要负责管理军事事务）。

在史书上，关于弘咨的记载非常简单：孙权的姐夫，推荐诸葛瑾给孙权。当时，不知道弘咨是如何看好诸葛瑾的，但弘咨竟然称诸葛瑾为大才。孙权与诸葛瑾见面之后，也将其当作重要人物予以重任，并与鲁肃等一起待为上宾。这确实令人难以理解！要知道的是，当时的诸葛瑾既没有背景，也没有财产，甚至只是流民一个，更没有钱去贿赂他人，同时说到他的才学似乎也没有什么特别。难道诸葛瑾真的有什么特殊的本领？史书上并无记载。

诸葛瑾在孙权这里站稳了脚跟，与其交好的朋友则是步骘和严畯。

步骘，字子山，徐州临淮淮阴（今江苏省淮安市淮阴区）人。与诸葛瑾一样，步骘也是迁居到江东避乱的，同是在公元200年才受到孙权重视并委以主记（又称主记史、主记掾，长官亲近之吏，掌记录、文书。主记多与主簿相前后，居则赞襄郡务，出则从车相随。在位次上，主簿在前，主记在后）；与诸葛瑾不同的是，步骘迁居到江东的时间更早，并且到江东后的很长一段时间里生活一直处于困苦之中。

严畯，字曼才，彭城（今江苏省徐州市）人。年少时喜爱学习，通晓《诗》、《书》、三《礼》，喜好《说文解字》，因避乱来到江东。

诸葛瑾、步骘和严畯三人有着相似的经历，这也使他们成了无话不谈的好朋友。公元201年，诸葛瑾和步骘、严畯一起游历吴中各地，逐渐声名显赫，被称为当世的英杰俊才。

值得注意的是，关于这次游历，裴松之《三国志注》引《吴书》记载，步骘是因病辞官之后陪同诸葛瑾和严畯游历吴中各地的，至于诸葛瑾在孙权面前是否告假、如何告假，史书上都没有记载。

吴中游历回来之后，诸葛瑾先升任孙权长史，后转中司马；步骘也转任海盐（今浙江省海盐县）长。

这之后十几年时间里，史书中再无关于诸葛瑾的记载。直到公元215年，诸葛瑾的人生终于有了一点变化。当时，刘备占据益州，东吴为了让刘备将借去的荆州还回来，孙权派了诸葛瑾出使蜀汉。在蜀汉谈判期间，诸葛瑾与多年未曾谋面的弟弟诸葛亮只在公开场合谈公事，私下从不见面，可见这两兄弟确实公私分明，一度成为美谈。

那么，这次谈判有结果吗？没有。对于刘备借走的东西，想让他还，根本不可能。东吴方面虽然占理，且有实力，但诸葛瑾这个代表什么都没有要到就回去了。奇怪的是，回到东吴后的诸葛瑾并没有被孙权责怪。

由此可知，《三国演义》中所谓赤壁之战前诸葛瑾与诸葛亮曾经见过面的说法，则是完全不符合历史的。

二、公私分明屡从戎

公元219年，诸葛瑾跟从吕蒙讨伐关羽，最终败走麦城的关羽身首异处。吕蒙因功升任南郡太守，不久去世。诸葛瑾被封为宣城侯，并接替吕蒙出任南郡太守、绥南将军。

公元221年，刘备伐东吴，孙权求和。诸葛瑾奉命给刘备写信，说："陛下老远来至白帝城，恐怕是因为吴王袭取荆州、危害关羽而怨念颇深，觉得不应该讲和。你这就是小人物之心，不肯着眼于大处了。我试着为陛下论其轻重和其大小，陛下若抑威损忿，可以马上决定下来，不用再咨询各位将领。陛下和关羽的亲密与诸汉先帝如何相比？荆州大小与海内各州又如何相比？这些仇恨，谁当先后？如果仔细思考，不是很简单的事吗？"这年秋，刘备以为关羽报仇的名义，发兵讨伐东吴。当时，诸葛瑾身在南郡，有人进谗言诋毁诸葛瑾，称其与刘备互通信息，流言甚盛。陆逊上表孙权，力保诸葛瑾绝无此意。孙权回复说："我和子瑜在一起很多年了，有生死不易的誓言。他为人非道不行，非义不言。当初孔明使吴，我让子瑜留下他，子瑜对我说：'弟弟已经跟随他人，义无二心。弟弟不会留下，就像我不会离去一样。'他的言行是如此英明。论世上君臣大义，我和子瑜可以说是'神交'了，不是旁人可以离间的。我已知你的心意，表函会再递交给子瑜，让他也了解你的良苦用心。"

公元222年，东吴在夷陵之战中大破蜀军，刘备逃回白帝城。随后，孙权假意归附曹魏，被魏帝曹丕封为吴王。诸葛瑾被授予左将军、督公安，假节，封宛陵侯。同年，魏帝曹丕发觉孙权并非真心归附，便举兵三路出师讨伐东吴。

魏军东路由曹休、张辽、臧霸出兵洞浦（今安徽省和县南长江岸边）；中路由曹仁出兵濡须坞；西路由曹真、夏侯尚、张郃、徐晃等围朱然于江陵。诸葛瑾派兵救援朱然，结果在渡江时遭遇夏侯尚火烧船只，被水陆同时进攻所击退。随后，曹真与夏侯尚夺取了江陵中洲，彻底包围了江陵城。曹真命令士兵堆土山、挖地道，在城边立起楼橹，向城中放箭。但吴军守将朱然指挥得当，趁魏军出现战术漏洞时攻破其两个军营。此后，曹魏大军围城六个月，吴军粮谷将尽，城破在即，又疫疾大起，于是孙权不得不重新遣使纳贡，魏军撤退。此战，诸葛瑾以全师保境有功。

公元226年秋，孙权在得知魏帝曹丕去世后，决定出兵攻打曹魏。孙权命吴左将军诸葛瑾部兵分两路进攻襄阳，他自己则率军进攻江夏郡。孙权一路为魏军所败，遂撤兵而走；而诸葛瑾一路也被司马懿击败。东吴两路大军战败之后，诸葛瑾不仅没有受到处罚，而且还升了官——直接从左将军晋升为骠骑将军。

公元229年，孙权称帝，陆逊被拜为上大将军、右都护，诸葛瑾被拜为大将军、左都护，领豫州牧，军中的官位仅次于上大将军陆逊。

这里有一个细节，豫州当时是魏国的地盘，并没有在吴国手上。至于孙权为什么给诸葛瑾这个职位，应该是希望诸葛瑾能够夺得豫州，并且只要打下这块地盘就由其统治。

此时能够做到大将军、左都护、领豫州牧的诸葛瑾，是否有着非常出色的战绩呢？通过前面的介绍可以知道，诸葛瑾不但没有战绩，反而屡战屡败。换言之，诸葛瑾既没有显赫的战功，也没有突出的成就。可是，诸葛瑾却做到了很高的位置，这又是为什么呢？孙权到底看中了诸葛瑾的什么长处呢？

三、抱朴守拙敢言谏

史料记载，诸葛瑾与孙权对话比较讲究技巧，不管是谈话还是劝谏，他从来不直说，只是稍微表达一下自己对此事的看法就点到为止。诸葛瑾善于察言观色，如果发现孙权稍微有点不爱听，他就马上转向其他的话题，然后再慢慢将话题兜回来，从而求得孙权的赞同。如此看来，诸葛瑾是一个高情商的人，说话做事确实有他自己的一套策略。

诸葛瑾是一位很善于为孙权分忧的人。例如，吴郡太守朱治是举荐孙权为孝廉的将领，孙权对朱治也非常尊重，但有时他看到朱治有什么不满意的地方又不好意思开口说，自己的心里又总是不舒服，故而心内忿怨得无法排解。诸葛瑾揣摩到其中的缘故，不敢公开明白地对孙权说出口，于是请求用孙权的意思来问自己，这样他就能在孙权面前写信并广泛地阐明常理，然后借题用自己的思想迂回地推测分析孙权的内心活动。写完后，诸葛瑾将信呈交孙权，孙权看后很高兴，笑着说："孤意解矣。颜氏（指孔子的弟子颜回）之德，使人加亲，岂谓此邪？"可见，孙权对诸葛瑾的评价非常高。

又如，虞翻因为狂放直率而被流放，只有诸葛瑾多次替他说情。虞翻在给亲友的书信中说："诸葛瑾敦仁厚义，效法上天救活生灵，近来承蒙他仗义执言为我保全名分，无奈我累积罪恶过多，深为陛下所忌恨，虽有祁奚之类的人相救，而我却无羊舌氏那样的德行，解救是没有什么希望了。"

有一次，孙权又责怪校尉殷模，所定罪名恐令人难料。很多大臣都为殷模求情，孙权更加愤怒，与为其求情的人反复论争，只有诸葛瑾默不作声。孙权说："子瑜怎么不说话？"诸葛瑾离开座席说："臣下与殷模等因遭受故土沦陷、生灵涂炭，遂离弃祖坟、携老带幼、披荆斩棘地前来归顺圣明的教化。在流亡的奴隶中，承蒙主上提拔恩遇之福，不能自我互相督责砥砺，以报答万分之一的恩德，致使殷模辜负圣上的恩惠，令自我陷入罪恶。我也一样，认罪还来不及呢，所以不敢说什么了。"孙权听了以后，心里也很难受，最后看在诸葛瑾的面子上赦免了殷模。

由此可见，诸葛瑾是一个非常注重言行的人，这或许就是他的可贵之处。当然，说到具体事务，诸葛瑾虽然不怎么做事，或者成不了什么气候，但他不是挑事的人，始终忠于吴国，而这一点也让孙权非常欣赏。

诸葛瑾能在当时如此恶劣的政治环境下生存，并且事业发展得非常好，主要原因之一在于他善于揣摩领导的意图。诸葛瑾比较擅于采用委婉的表达方式对话，对孙权不仅真心，同时说话也很有技巧。换言之，诸葛瑾真诚地关心孙权，然后有技巧地说出自己想说的且也是孙权想听的话，于是就自然而然地有了双方都想要的结果。

在孙权看来，诸葛瑾不仅是他的属下，也是他的好朋友，如同兄弟般的好友。孙权一路走来，有很多人跟随在他身边，建功立业的人很多，但诸葛瑾是处于特殊地位的一个，且是绝无仅有、不可替代的。换言之，在那么多属下当中，孙权心里明白只有诸葛瑾是真正关心他的，是一位能够做到感同身受且让他舒心的朋友。据记载，在孙权十八岁执掌江东以来，诸葛瑾就一直陪伴着他，但没有一次惹过孙权不高兴，而能够有这样的朋友确实非常难得。

再看看孙权的其他属下，能够做到与其关系这么好的人寥寥无几，即便有也会争权夺利，最终身败名裂。但诸葛瑾从来没有利用孙权对他的充分信任而去做坏事，也没有作威作福、恃宠而骄，反而一次又一次地帮助同僚们，让他们脱离困境。换言之，诸葛瑾不争、不抢，也不说是非。

四、身居高位盛世名

公元236年，孙权北征，派右都督陆逊与中司马诸葛瑾攻襄阳。陆逊派亲戚韩扁怀揣奏疏上报朝廷，而韩扁在返回途中遇到魏军，被俘。诸葛瑾听后，写信给陆逊说："大驾（指孙权）已还，敌人得到韩扁，将我们的虚实全部打听清楚了。河水快干了，最好是赶快离去。"陆逊接报后并未作答复，却催促人种葑豆（蔬菜名，即芜菁，又名蔓菁），与众将领下棋、射箭、游戏，一如平常。诸葛瑾知道后说："陆伯言足智多谋，他这样做一定自有考虑。"于是诸葛瑾亲自来见陆逊。陆逊说："魏军知道大驾已还，再不用为此筹谋，便专心对付我们。如今魏军已经守卫了要害之处，兵将已经出动，我们自己应当首先镇定自如地稳住部队，然后再巧施计谋退出此地。如果今天就向魏军表明我们要走，魏军会以为我们害怕了，必然会来威逼我们，那就是必败之势了。"于是二人秘密定计，令诸葛瑾坐镇舟船，陆逊率领全部兵马向襄阳进发。魏军素来忌惮陆逊，见陆逊要攻襄阳，立即退回城中。诸葛瑾便引舟而出，陆逊则慢慢地整顿好队伍，大张旗鼓地上了船。魏军不知究竟，反而不敢追击，于是陆逊全军安然退出。

公元238年，"弄政大臣"吕壹被处死。先前，吕壹操纵玩弄权柄，丞相顾雍、左将军朱据等人都遭遇审查。面对吕壹的胡作非为，骠骑将军步骘曾多次上疏孙权，希望孙权能看到。但是，诸葛瑾、吕岱、朱然、步骘自以为武官，没有直接干涉吕壹诬告丞相顾雍、左将军朱据等人一事。吕壹死后，孙权派遣中书郎袁礼斥责诸葛瑾、吕岱、朱然、步骘四人，指自己与其四人"恩犹骨肉，荣福喜戚，相与共之"，自己政治上出错理应上奏劝告，不应置身事外。

公元239年，诸葛瑾、步骘连名上疏希望孙权宽恕周瑜之子周胤的罪过。孙权开始并不允许，后来朱然和全琮亦上疏乞求，这才终于答应。可惜，不久之后，周胤病死。

公元241年夏，孙权分兵四路攻魏：卫将军全琮率军数万出淮南决芍陂（今安徽省寿县南）之水，威北将军诸葛恪攻六安（今安徽省六安市），前将军朱然攻樊城（今湖北省市襄阳市樊城区），大将军诸葛瑾攻柤中（今湖北省南漳县）。其中，全琮决战芍陂，朱然、孙伦围攻樊城，诸葛瑾、步骘攻取柤中。最终，自请出兵往讨的司马懿检选精锐、招募勇士，发布号令，摆出攻城的架势，而吴军惊惧，连夜撤退。

同年，诸葛瑾去世，死前嘱咐买棺材、丧服及办丧事要简约。

纵观诸葛瑾的一生，可以说是乏善可陈，既没有显赫的战功，也没有突出的成就。可是，诸葛瑾却做到了很高的位置，拜为东吴的大将军。其实，这并不难解释：第一，诸葛瑾的人品非常好，能够做到以德服人。第二，诸葛瑾的资历深，与孙权的关系非常亲近，孙权信任诸葛瑾，诸葛瑾也懂得孙权的心思。第三，诸葛瑾的弟弟诸葛亮是盟友蜀汉的丞相，其子诸葛恪是孙权重点培养的后辈，而这也是有可能产生影响的原因。

第十五章

步骘：出将入相的东吴第一谋主，何以善始终

在三国历史上，步骘（？—247）是出将入相的东吴第一谋主。在《三国志》里，步骘与张昭、顾雍、诸葛瑾同传一书，这四位都是东吴的头号重臣，其中张昭和顾雍皆以超然地位见重，而诸葛瑾和步骘皆以德行和操守为典范。

一、步扬后裔避江东

步姓，出自姬姓，是以封邑命名的姓氏。

在春秋时期，晋国有一个郤氏家族，本为晋国公族。郤氏的第一代为晋大夫姬豹（字叔虎），晋献公姬诡诸（？—前651，前677—前651年在位）时任大夫，是晋国公族子弟。公元前672年，晋献公姬诡诸派兵攻打翟柤（春秋时众狄之一，约分布在晋东南，后随众狄北移，与晋国为邻），姬豹奋勇杀敌，率先攻破敌城。因此，晋献公封姬叔虎于郤邑（今山西省沁水县、安泽县一带），建立郤国，为子爵，称郤子，后遂以封地为姓而形成郤氏。

姬豹的下一代有郤芮、郤称、郤縠、郤溱、郤义、郤乞。

郤义之子郤扬被封于步邑（今山西省临汾市境内），人称步扬。步扬的后代以封地为姓，称为步氏。后步氏族人中有名步叔乘（字子车）的人，是孔门七十二弟子之一。秦汉之际，步氏族人有为将军者，因功封淮阴侯（不是那个淮阴侯韩信），于是步氏成为淮阴大族。

步骘，字子山，汉末临淮淮阴（今江苏省淮安市淮阴区）人。

汉末扰攘，步骘迁居到江东避乱。到江东后，步骘生活困苦，后与同龄的广陵人卫旌（177—？）相识交好，二人白天靠种瓜自给自足，晚间则努力研习书籍。步骘广泛地学习了各种学问和技艺，对各种书籍无不通读博览。

步骘性情宽厚，儒雅深沉，能够折节降志、屈己辱身。当时，会稽人焦矫（曾担任过征羌令，人称焦征羌）是郡中的豪族，其门客放纵无理、霸道胡为。步骘与好友卫旌避乱于此，怕受其害，便共同修书带着瓜果去求见进献。到其府邸后，焦矫正在室内睡觉，步骘、卫旌二人只得在外面等待。

过了一段时间，卫旌等得不耐烦了，想要就此离去。步骘制止道："本所以来，畏其强也；而今舍去，欲以为高，只结怨耳。"过了很久，焦矫开窗看见了他们，于是命人在外面铺上坐席让他们坐在室外，而他自己却在室中帷幄端坐。卫旌越发觉得耻辱，但步骘神色言谈自若。焦矫安排他们就餐，在自己的大案上堆满了美味佳肴，却以小盘盛饭给步骘、卫旌，且只有少许蔬菜佐餐而已。卫旌心中郁闷难以下咽，而步骘却把饭菜全部吃光，其后才与卫旌告辞而去。对此，卫旌怒骂步骘："何能忍此？"步骘答道："吾等贫贱，是以主人以贫贱遇之，固其宜也，当何所耻？"

二、占领交州称平戎

步骘在困境之中仍然抱璞守真、勤奋好学并博览书传，使其学识益加广博，因而很快崭露头角，成为远近知名的青年才俊。步骘坎坷的人生经历、坚强的意志品格、丰富的学识积累，是其后来成为军事家、政治家的重要条件。在名将如云的三国时期，步骘文武兼备、风流儒雅，而非赳赳武夫，则尤为难得。

时势造英雄，英雄借时势大展鸿图，汉末的大动荡最终把步骘推上了历史舞台。

公元200年，孙权继为江东之主后征召天下英才，饱尝艰辛的步骘进入孙权幕府，被任命为主记（掌管文书的官吏）。

公元201年，步骘辞官与诸葛瑾、严畯等游历吴中各地，三人逐渐声名显赫，被称为当世的英杰俊才。其后，步骘又出任海盐县长。

公元209年，刘备表奏孙权代理车骑将军、领徐州牧，孙权辟命步骘为车骑将军、东曹掾（汉制，自三公至郡县都有掾属，人员由主官自行选用而不由朝廷任命，主官与属吏有君臣的名分。太尉府东西曹掾秩比四百石，月五十斛，西曹掌府史署用，东曹初出督为刺史，后掌二千石长吏迁除及军吏）兼任徐州治中从事，且被举为茂才。

公元210年，步骘先出领鄱阳，后迁交州（今越南北宁）刺史，立武中郎将。此时，交州到底发生了什么事呢？

自汉末以来，交州因地处偏远而难以管控，前交州刺史朱符、张津都因为难以有效控制局势而被迫逃亡和被杀。刘表治理荆州，派赖恭担任交州刺史，吴巨担任苍梧（今广西壮族自治区梧州市）太守。为避免刘表的势力过于强大，曹操以东汉朝廷名义委任士燮（137—226）为交趾太守，督岭南七郡，借以与吴巨抗衡。

交州刺史赖恭和苍梧太守吴巨，素来不睦，辄相怨恨。最终，吴巨举兵驱逐赖恭，赖恭回到零陵郡向步骘求助，并进一步向孙权求援。公元210年，孙权迁步骘任交州刺史、立武中郎将，于是步骘"领武射吏千人，便道南行"，接管交州。

当时，步骘率部交州，道路不通。吴巨拥兵五千，步骘怀疑吴巨图谋不轨，先派人前往告谕。于是，吴巨便把步骘迎接到零陵，步骘得以进入交州，而事后吴巨却后悔了。步骘见自己兵少，担心不能自保。吴巨的都督区景曾是交州刺史张津的部将，后杀死张津为苍梧太守吴巨效力，他与吴巨一样有勇略又得人心。因此，步骘讨厌吴巨、区景二人。

公元211年，孙权追拜步骘为使持节、征南中郎将。此时，吴巨表面归附而内心背离。步骘假意抚诱吴巨，请吴巨前来相见。吴巨只得前往相见，但其动身前告诉区景不要去见步骘。吴巨到后，步骘又不断请区景，区景便也去见步骘。于是，步骘就在厅事前中庭斩杀了吴巨、区景，以二人的首级示众。随后，步骘带着两万水军顺流而下，在高要峡（今广东省肇庆市羚羊峡）和吴巨的余部大战，占领番禺（今广东省广州市）。

交趾太守士燮及其兄弟被迫宣布归顺东吴，向孙权称臣。可见，步骘对东吴疆域的扩大可谓做出了不小的贡献。当时，前交州刺史张津故将夷廖、钱博之徒仍然割据山头、称雄一方，步骘逐一将其讨伐消灭。这样，交州的秩序才渐渐趋于稳定，法令遂得到执行。

步骘经略岭南，镇守并开发南方。当时，步骘来到南海郡治番禺（今广东省广州市），见巨海浩荡、原野殷阜，大为赞赏，于是在这里修筑城郭。公元217年，步骘把交州州治由广信（一说在广西壮族自治区梧州市，另一说在广东省封开县）东迁至番禺。步骘移治番禺，进而控制岭南。从此，南海之滨成了孙权的稳固领土。

在吴蜀争夺荆州、关羽败走麦城的过程中，步骘为策应孙权与刘备的正面作战，与蜀汉南部各族建立了盟友关系：蜀汉南部的益州郡（今云南省晋宁县）、永昌郡（今云南省保山市）、牂牁郡（今贵州省福泉县）、越巂郡（今四川省西昌市）四郡，自秦代以来就是少数民族与汉族杂居之地，由于蜀汉从这一地区获得了巨量财物，征用大批人力以支撑连年的战争，百姓深受其难，而这里的百姓不能忍受当地官府的压榨，经常进行反抗。与此同时，益州郡大姓（豪族）雍闿也希望依靠东吴的力量来称霸西南，遂在益州杀太守正昂后起事，新任益州太守张裔（165—230）也被缚送到吴。步骘遣使宣恩抚纳，加雍闿永昌太守的封号。雍闿接受永昌太守的封号后，派郡人孟获煽动各族上层人士反蜀，牂牁郡太守朱褒、越巂郡叟帅(彝族土长)高定一齐响应，有效地牵制了刘备集团的军事力量。因此，步骘以此功加拜平戎将军，封广信侯。

公元220年，孙权任命吕岱（161—256）接替步骘为交州刺史，步骘率领一万名交州义士进驻长沙。当时，正遇刘备东征孙权，武陵郡的百越更接受蜀汉的招降而蠢蠢欲动，孙权遂任命步骘驻守益阳。后来，刘备在夷陵被陆逊击败，但零陵、桂阳等郡仍然不稳，皆被步骘领兵平定。

三、晚年终位高权重

公元223年，步骘迁右将军、左护军，改封临湘侯。公元226年，步骘被授予符节，屯驻沤口（今湖南省茶陵县）。公元229年5月23日，孙权在武昌称帝，任命步骘为骠骑将军、领冀州牧，同年都督西陵，代替陆逊镇抚吴蜀边境。

公元223年夏，蜀汉派遣卫尉陈震出使吴国，贺孙权称帝登极。孙权与蜀汉约定平分天下，以豫、青、徐、幽四州归属东吴，兖、冀、并三州归属蜀汉。由于将冀州"分给"了蜀汉，步骘的冀州牧一职解除。

公元223年秋，孙权迁都建业，留太子孙登和上大将军陆逊继续镇守武昌。孙登写信给步骘，请求教诲。于是，步骘把当时在荆州界内担任重要职务的官员即诸葛瑾、陆逊、朱然、程普、潘濬、裴玄、夏侯承、卫旌、李肃、周条、石幹等十一人列出，对他们的品行、才能进行逐一的介绍分析，且上疏希望孙登要信任和重用这些杰出人才。

后来，孙权信任酷吏中书校事吕壹，让他负责监察百官、处理刑狱。吕壹经常对官员的公文进行审查，对许多具体事项吹毛求疵，稍微有问题的官员就会被诬陷并处以重罪且被滥用严刑，还弹劾处理了许多无辜官员，甚至孙权的女婿左将军朱据、丞相顾雍等也难免被诬陷以罪名而遭到软禁。对此，步骘深为不满，多次上疏劝谏孙权觉悟。后来，典军吏刘助提供证据证明朱据无罪，揭发了吕壹制造冤案的真相。在步骘、潘濬等人的压力之下，孙权终于觉悟，于公元238年诛杀了吕壹，且派中书郎袁礼前往安抚步骘等人。步骘先后上疏数十次，举荐屈居下位的贤能，为遭受无辜陷害的官员开脱。对此，孙权虽然不是全部采纳，但还是在步骘的多次劝谏中修正了不少错误的行为和意图。

公元229年，孙权称帝后追录功臣，但其时周瑜长子周循已过世，于是封周瑜次子周胤（200—239）为都乡侯，并娶宗室女为妻。然而，周胤仗着父亲周瑜的功劳居功自傲且沉湎于酒色，屡教不改，被孙权免官为民，并流放到庐陵郡。公元239年，诸葛瑾、步骘连名上疏希望孙权宽恕周胤。孙权开始并不允许，后来朱然和全琮亦上疏乞求，孙权终于答应。

公元241年夏，孙权分兵四路攻魏，其中大将军诸葛瑾、步骘攻柤中（今湖北省南漳县），而曹魏方面司马懿自请出兵应战。公元241年7月24日，诸葛瑾、步骘在柤中被司马懿击退。同年，太子孙登去世。

公元242年，孙权因太子孙登于此前逝世，乃立三子孙和为太子，另立四子孙霸为鲁王。鲁王孙霸因得宠于孙权，野心渐生，在其党羽支持下阴谋废储夺位，由此引发了"二宫之争"。

由于孙权未能及时解决这场争斗，此后"二宫之争"愈演愈烈，吴国内外文武逐渐分裂为两派。丞相陆逊、大将军诸葛恪、太常顾谭、骠骑将军朱据、会稽太守滕胤、大都督施绩、尚书丁密等支持太子孙和，而步骘则与镇南将军吕岱、卫将军全琮、左将军吕据、中书令孙弘等依附鲁王孙霸，两派争夺不休，几乎使得吴国陷入政治危机。

在"二宫之争"中，步骘站在了鲁王孙霸一方，与支持太子孙和的陆逊等人对立，而这可能是因为步骘与鲁王孙霸有着深厚的交情，也可能是因为步骘担心太子孙和难以控制江东大族。但是，不管原因是什么，步骘这一举动无疑引起了孙权的不满和猜忌。

不过，步骘尽管在"二宫之争"时被视为鲁王党，但他并没有明显的党派行为，始终保持了高度的公正和坦荡，而这使他安然度过了"二宫之争"风波。

公元245年，卷入"二宫之争"的丞相陆逊在孙权的责骂下忧郁而终。第二年，步骘被任命为东吴丞相，由此成为东吴军政的一号人物。步骘在出任丞相一年多后，于公元247年夏因病去世了，因而幸运地没有遭到孙权的打压或处罚。步骘的去世给吴国带来了不可估量的损失，也为他和孙权之间复杂的关系画上了一个圆满的句号。

步骘之所以能够在东吴政权中取得如此高的地位，既因为他的亲信地位，又因为他的卓越才智。作为一名政治家，步骘能退能进，总是能够在适宜的时机发挥自己的才华，也懂得在危险来临之际急流勇退。作为一名军事家，步骘极具才华，曾经多次在战场上取得战绩。在对待子弟方面，步骘总是尽心尽力地倾尽所有来教导他们且常常以身作则，如其日常的衣食起居都和旁人一样朴素。

第十六章

朱然：孙权同窗好友，曾三次影响三国走势

朱然（182—249）是东吴之主孙权的心腹，其本身文武双全，在军政两途都有极佳表现，是东吴中期以来政坛上的核心人物之一。

在历史上，东吴大将朱然之所以为《三国志》等史书所记载，主要是因为他曾参与过影响三国走势的三次重大作战行动：一是在东吴主帅吕蒙大败关羽的荆州一役中，作为吕蒙麾下大将的朱然和另一将领潘璋一起在关键的阻击战中成功擒获了关羽父子，因此一战而赫然成名；二是在另一东吴名将陆逊大败刘备的夷陵之战中，朱然率军攻破蜀军前锋，截断蜀军后路，迫使刘备败退白帝城，从此奠定了吴强蜀弱的两国局势；三是当东吴与蜀国交战之时，驻守江陵的朱然判断魏军必乘虚入而做了提前准备，并在此后的江陵保卫战中东吴援军被曹军击溃时，朱然指挥仅剩的五千孤军击退曹魏数万大军的围攻，三战而威震曹军。

一、养父舅舅是太守

在介绍朱然之前，有必要先介绍一下朱然的舅舅兼养父朱治（156—224）。

朱治，字君理，丹杨郡故鄣县（今浙江省安吉县）人。朱治早年做过县吏，继而为州从事。时值东汉名存实亡实际，群雄纷起，朱治遂投孙坚麾下。公元188年，朱治被拜为司马，随军讨伐长沙、零陵、桂阳三郡的周朝、苏

马等军并立有战功，孙坚表奏其为行都尉。公元191年，关东联军讨伐董卓，朱治随孙坚大破董卓于阳人城，随后进入洛阳，被表行督军校尉，特许将领步骑，往徐州帮助陶谦讨伐黄巾军。公元192年，孙坚战死，朱治便辅助其子孙策而依附于袁术。

后来，朱治知道袁术不立政务、品德，便劝孙策返回江东自立。太傅马日磾滞留寿春期间，辟朱治为掾属，升授吴郡都尉。当时，孙策的舅舅吴景在丹杨任太守，而孙策受命为袁术攻打庐江，刘繇生怕为袁术、孙策所吞并遂产生误解、猜疑。但孙策的家人都在吴郡，朱治便派人到曲阿迎接孙策母亲吴夫人及孙权等幼弟，并对其提供养护，甚有恩惠。

公元195年，朱治自钱唐起兵，赶走吴郡太守许贡，自领太守事。由此，孙策成功平定江东。公元196年，朱治举孙策之弟孙权为孝廉。公元200年，孙策死后，朱治与张昭、周瑜等继续辅助孙权嗣位。公元202年，孙权表奏朱治任吴郡太守，行扶义将军。其间，朱治率军攻打夷越，佐定东南。公元222年，朱治封为毗陵（今江苏省常州市）侯，领郡如故。公元223年，孙权拜朱治为安国将军，授金印、紫绶，徙封邑到故鄣。孙权常赞叹朱治忧心、勤于王事，令其担任督军御史典属城文书，而朱治只愿意接受领四县的租税。但当地子弟及吴郡四大姓的家族子弟多到郡中出仕，郡吏常常以千计，朱治统辖了数年，全部遣到王府，每次都有数百人。每年进献，孙权都答报过厚。

当时，丹杨叛乱频频发生，而朱治觉年事已高且思恋故乡，自表到故鄣屯兵，镇抚山越。郡中的长老、朋友都到朱治家拜访，朱治任由引见，与他们共饮欢宴，乡党都引以为荣。朱治在故鄣居住数年后，又返回吴郡住了三十一年。

朱然，原名施然，字义封，丹杨郡故鄣县（今浙江省安吉县）人。公元194年，朱治当时未有子嗣，于是请求孙策把朱治姐姐的儿子施然作为子嗣。

孙策遵从朱治的意思，命令丹杨太守以羊酒为礼召请施然。施然来到吴郡后，孙策厚礼相待，于是施然改名为朱然。

孙策为何如此呢？因为朱家在江东为四大姓之一，是江东最有势力的豪族，而且朱然的舅舅朱治与孙氏也有着密切的联系。为了结纳朱家，孙策自然要培养他们下一代的感情。

朱然曾经和孙权一同读书学习，友情颇深。公元200年，孙权统领江东后，任命朱然为余姚长，后又被任命为山阴令，加折冲校尉。孙权对朱然的才能感到惊讶，分丹杨为临川郡（今江西省抚州市），以朱然为太守，授二千兵给他。正值山贼四起，朱然出兵讨伐，约一个月时间便平定乱事。

公元217年，曹操出兵濡须口，朱然在大坞（濡须坞）及三关屯（东兴东关）备军，被拜为偏将军。在汉末三国时期，偏将军可以说是武将的门槛，如关羽、张辽等名将都曾担任过偏将军这一官职。

战后，孙权欲以周泰为濡须督。当时，驻守于濡须附近的朱然、徐盛等将领将会被迫听从周泰的调遣，心中难免不服。孙权特会诸将，行酒到周泰座位时命周泰解衣，然后手指其伤疤问起受伤缘由，周泰遂一一作答，于是朱然、徐盛等人心服。

二、三战立功震敌国

公元219年，关羽调荆州之兵北上，进攻曹操所控制的樊城和襄阳，是为襄樊之战。在此战役中，关羽用计水淹曹军将领于禁所率的七军，生擒于禁，斩杀庞德，威震华夏，直逼身在许昌的曹操。

此时，关羽托以粮乏，擅取湘关米。这是因为突然多了数万大军，关羽的粮草供应比较紧张，从而擅自拿走了东吴的粮草。然而，这却给了孙权偷袭荆州的理由。

关羽没想到，由于调军北上使荆州防务空虚，早已对荆州虎视眈眈的东吴都督吕蒙带领朱然依"白衣渡江"之计偷袭荆州。孙权亲自率军为后援，糜芳和傅士仁不战而降，南郡陷落。关羽得知南郡失守后，立即向南回撤。回师途中，关羽多次派使者与吕蒙联系，而吕蒙每次都厚待关羽的使者，允许在城中各种参观，向关羽部下亲属各家表示慰问，甚至有人亲手写信托他带走以作为平安的证明。使者返回，关羽部属私下向他询问家中情况，尽知家中平安，所受对待超过以前，因此关羽的将士都无心再战，士卒渐渐溃散。最后，关羽败退至麦城。

公元220年初，关羽在麦城向孙权诈降。吴范预测关羽伪降，不容放虎归山的孙权亲自坐镇江陵，派潘璋和朱然两将急出江陵三百里。

潘璋，兖州东郡发干县（今河南省濮阳市）人。潘璋年轻时家贫，但他仍然天性放荡，喜欢赊账酤酒。债主上门讨债的时候，潘璋说："等我以后富贵了再还。"公元196年，孙权任阳羡长时，潘璋开始跟随孙权。孙权喜欢潘璋，让他招募士兵，得到一百多人。于是，孙权用潘璋为将领，因为讨伐山贼而提升潘璋为别部司马。后来，潘璋又担任吴郡的集市刺奸，致使盗贼绝迹，因此为人所知。

不久，潘璋升任豫章郡西安（今浙江省衢州市）长。当初刘表任荆州牧时，西安百姓常受盗贼的骚扰。自从潘璋任西安长以来，贼寇便不敢入境侵犯。邻县建昌（今江西省奉新县）又有盗贼作乱，潘璋转任建昌县令，加授武猛校尉，讨伐盗贼。潘璋一个月内就把盗贼全部平定，又召集本地的散兵游勇，得到八百多人，带领他们返回建业。

征讨黄祖时，潘璋生擒苏飞。赤壁之战时，潘璋领三千兵接应董袭，从江中攻击曹操。刘备完婚逃离东吴时，孙权令潘璋、陈武带五百精兵追赶，但为孙夫人孙尚香所拒。公元215年，合肥战役其间，张辽发动突袭，诸将没有防备，陈武战死，宋谦、徐盛等人败逃。潘璋跟随在后，驱马前进斩杀了两个宋谦、徐盛军中的逃跑者，于是士兵回身接战。事后，孙权称赞潘璋的勇敢果断，任命他为偏将军。此后，潘璋带领百校部队，驻军柴桑附近的半州（今江西省九江市西北）。

公元219年，孙权决定展开偷袭荆州之役，潘璋跟随吕蒙奇袭烽火台。在麦城向孙权诈降的关羽，决意带着长子关平率少数骑兵，趁夜从麦城突围西寻刘备的援军。不料，关羽的想法早在东吴大将吕蒙的掌控之中，而吕蒙早就已经令属将朱然、潘璋张网在其必经之地的小路边（古荆襄小道）等候。

关于关羽从麦城突围的具体过程，按照《三国志·吴书·吴主传》里的说法是这样的：孙权（实际上具体的执行者是大将吕蒙）派人去招降关羽，关羽则假意允诺降吴，而到夜里则在城墙上插了一些干草人做掩护，关羽自己却带着十几人逃出去了。关羽父子所走的这条进川小路，当地人称为"临沮小道"。

汉时的临沮，晋代称高安，至北周时改称远安，就是现在的湖北省远安县。史载，关羽突围后，经临沮小道进川，走到决石（湖北省远安县境内）时被东吴伏兵所擒。

决石，地属远安县，因名人效应后被称为"回马坡"，在距离今远安县鸣凤镇西北边三十七里的罗汉峪沟西段的上坡处。罗汉峪沟长有二十里，为远安县最大的峡谷，两岸均是悬崖峭壁，人行沟底阴森可怕，地势非常险要，是古代湖北通四川的小道。罗汉峪沟的地势，水随山转，路随水转，想走完这条沟得蹚过四十八道水。可以想见，关羽当年半夜仓皇行走此道是多么艰难，而吴兵在此设伏也可见大将吕蒙是多么的聪明绝顶，对关羽的用心又是何等的决绝！

朱然与潘璋在临沮小道生擒了关羽、关平、赵累等人。潘璋劝降无效，关羽父子被潘璋等人当即处斩。有史料说关羽尸体先被送到东吴，后又送返其遭难处掩埋，此事不确切；应该是，先将关羽尸体就地掩埋了，到次年初才又将关羽的首级送到了洛阳曹操处。至此，江陵战役结束，荆州遂平。此役之后，朱然迁昭武将军，封西安乡侯。

此时，恰逢吕蒙病情严重，孙权问吕蒙："假如你不能再起来为我效力，谁可以代替你呢？"吕蒙回答说："朱然胆略、守业都充足有余，我认为他可以代替我接受任命。"吕蒙死后，孙权以符节假朱然，镇守江陵。特别需要说明的是，虽然常说陆逊接替了吕蒙，但实际上吕蒙去世后朱然承担了镇守荆州的重任。彼时，荆州不仅需要安抚原先关羽麾下的势力，还需要防备蜀汉和曹魏的进攻，也就是说这是一项艰巨的任务。

公元222年，刘备东征，攻打宜都。朱然督领五千人与陆逊合兵五万人抗击刘备，并与陆逊、韩当在涿乡大破刘备。朱然攻破刘备前锋，截断刘备后路，于是刘备败走，退还白帝城。这一战就是三国时期著名的夷陵之战。此一战后，朱然拜征北将军，封永安侯。

陆逊在夷陵之战中功勋卓著，也让后世记住了这位东吴的名将。实际上，朱然同样也在夷陵之战中立下了大功，并成为陆逊大破刘备的重要助力。在夷陵之战后，朱然提醒孙权需要当心魏帝曹丕。在朱然看来，曹丕不断调动兵马，表面上是帮助东吴讨伐刘备，实际上是怀有奸心，应该谨慎决定计策并召还大军。没过多久，魏军果然出击，东吴迎来了更加艰巨的挑战。

不过，真正让朱然名扬天下的是公元223年的那场著名的江陵保卫战。

公元223年，魏帝曹丕亲率大军南下征讨东吴。为报此前败于东吴将领徐盛之仇，曹丕亲自坐镇宛城指挥战事，并派遣曹真、张郃、夏侯尚等魏国名将猛攻江陵。江陵作为东吴重镇，战略地位十分重要，一旦江陵有失，荆州便岌岌可危，而一旦荆州为曹魏所占，东吴则危。

当时，东吴大都督陆逊要防备刚刚在夷陵之战中战败的蜀汉集团反击而难以离身，因此镇守江陵这样的战略要地非能力出众者不可，而当时镇守江陵的吴将便是朱然。

此时江陵城的形势，可以用四面楚歌来形容。城外，有魏将曹真驻扎，修筑土山等一系列工事向城内射箭，以此动摇朱然守军的意志。当时，孙权为解江陵之围，派遣孙盛率领一万人作为援军去支援朱然，却被魏将张郃击退；又让潘璋领一路人马去解围，也没有成功。城内的情况也不乐观，朱然手下的许多士兵都患了浮肿病，部分士兵失去了斗志且士气低落，能够作战的士兵只有五千人左右。可以说，江陵城是外有大军围困，内无粮草补给，如同雨打浮萍一般，随时有可能沦陷。

江陵守军朱然也清楚地认识到，无论发生什么，为将者都应该做到"泰山崩于前而色不变"的冷静，与士兵同甘共苦。为此，朱然首先整顿士兵的士气，鼓舞军心，将五千守军拧成一股绳。之后，朱然一直坚守不出，分析形势，等待战机，有时也派出一小队士兵去袭击魏军大营。除此之外，朱然亲自处了打算投降魏军的姚泰，以此表示自己誓死坚守、与城共存亡的决心。就这样，朱然坚守了江陵竟长达半年，使得张郃、曹真也无计可施，最后不得不撤兵，就此江陵之危得以解除。

江陵之战是朱然的成名战，他在此战中经受住了战争的考验。朱然凭借此战名震敌国，被孙权封为当阳侯。

三、累有功勋受礼遇

公元227年，孙权派遣朱然等将率领二万人围攻江夏郡，为胡质击退。同年，孙权亲自率领军队进攻石阳（今湖北省武汉市黄陂区），退军时由潘璋断后。夜晚时军队出现错乱，敌军追击潘璋，潘璋不能抵挡。朱然马上回军助潘璋拒敌，使得前军船舰退得足够远，随后再引军撤退。在这场战役中，东吴大军几乎一无所获，甚至损兵折将，但在一年之后的石亭（今安徽省桐城市）之战却取得了又一次重大胜利。公元228年，曹休举军入皖，朱然在上游牵制曹休后方，呼应陆逊大军，以至于陆逊得以大破曹休。可以说，这场战役的胜利，直接奠定了孙权称帝的基础。

公元229年，孙权正式称帝登基，朱然被拜为车骑将军、右护军，领兖州牧。在汉末三国时期，车骑将军仅次于大司马、大将军、骠骑将军，已经是步入巅峰的武将官职了。

公元241年，朱然、孙伦率领五万士兵围攻樊城，朱然用朱异之计攻破樊城外围。后来，司马懿率军抵挡，朱然最后退军。

公元242年，朱然出征柤中。魏将蒲忠、胡质各自率领数千士兵接战，其中蒲忠控制险要的地方而企图断绝朱然后路，胡质作为蒲忠的后继支援。当时，朱然所率领的士兵将领四面迎战，听到这样的消息后已经来不及收合，于是朱然率领帐下仅有的八百人迎战。最后，蒲忠战斗不利，胡质等人也引军退走。

公元246年，朱然再次出征柤中。魏将李兴等人听闻朱然率军深入，于是带领六千步骑断绝朱然的后路，朱然趁晚上出击迎战魏军，最终战斗胜利，斩获数千，军队凯旋。其实，在一年前，马茂企图叛逆，被发现并且诛杀，孙权非常愤怒。此次，朱然出征柤中，在出发之前上疏孙权说："马茂小人，居然胆敢有负国家的恩惠。臣现在奉天子的威名，战事有幸报捷，有所斩获，震撼国内外，整合船舰充塞江面，令其足以成为大观，来解天子和臣下的怨恨。希望陛下理解臣战前的此言，以后再责臣日后努力的战绩。"当时，孙权收下此表而未向大臣们公布。朱然凯旋后，群臣纷纷上表祝贺。孙权举酒作乐，然后才拿出朱然出征之前的上表，说："朱然之前已经有上表给我，但我认为此战难以成功。现在，果然如朱然所预料，可以说他在预料事情方面有高明的眼光。"于是拜朱然为左大司马、右军师。

公元247年，孙权任命朱然为大督。然而，朱然此年开始寝疾（卧病）。公元249年，朱然病情日渐严重，以致孙权日间减少膳食，晚上为之失眠，派去送给朱然药物和食物的使者相望于道。每次朱然遣使者上报病情，孙权就会亲自召见，亲自询问情况，而且来的时候赐予酒食，离开的时候送去布帛。自从创业以来的功臣患有疾病者，孙权意之所钟，吕蒙、凌统最为隆重，之后就是朱然了。

据《三国志》记载，陈寿对朱然是这样描绘的："然长不盈七尺，气候分明，内行修洁，其所文采，惟施军器，余皆质素。终日钦钦，常在战场，临急胆定，尤过绝人，虽世无事，每朝夕严鼓，兵在营者，咸行装就队，以此玩敌，使不知所备，故出辄有功。"

这段话对朱然的评价大体包含三层含意：其一，朱然个子不高但相貌威严，而且品行高洁、有涵养，其才华大多只显示在军事方面，其他方面都显得很质朴；其二，朱然在平日里也像身在战场一样，时时处处恭敬戒备，即使在没有战事时也要求部队每天早晚庄严击鼓，士卒们都要整装列队，以此迷惑敌人使他们摸不着头脑；其三，一旦遇到战争等危急之事，朱然就会表现得大胆镇定、谋略超群。正因为有了这样良好的"军事素养和作风养成"，所以朱然只要一有战事就会立下战功。

四、墓中文物改史册

公元249年春，朱然去世，"孙权素服举哀，为之感恸"。

朱然死后，史书中对他的墓址并没有详细记载。不过，1984年6月，考古学家在安徽省马鞍山市发现了朱然的墓址。

马鞍山，位于长江下游东岸，距离南京仅五十多公里。这里有孙策渡江之地牛渚矶，历来是兵家必争之地。马鞍山市雨山南面有一个小土冈，当地人称为马营冈，相传曾是东吴军队牧马的场所。

1984年6月初，马鞍山市沪皖纺织联合开发公司扩建仓库，在这片小土冈上意外地发现了一座砖室墓。随后,考古人员对墓葬进行了抢救性发掘。令人惊喜的是,这座大墓的墓主人身份很快就浮出水面,他就是三国东吴左大司马、右军师朱然。

在墓葬考古中,破解墓主人身份之谜是公众最为关心的事情,同时也是考古工作者面临的难关。朱然墓之所以能够被迅速"破案",是因为墓中出土了写有朱然名字的木刺和木谒。

刺和谒,是写有主人身份与姓名的竹木简牍,类似于现在的名片。谒,稍宽,在西汉已经广泛使用;刺则流行于东汉至三国时期。当时,官吏、文士互相拜访,要先在门口将自己的名刺或名谒递给侍者通报,主人阅后才决定是否接见,以及用什么礼节接待。在庆贺、问疾等礼节交往中,拜访者将名刺或名谒置于礼品之中以表心意,这又有些像现在的贺卡。谒的使用场合较为正式,刺的使用场合相对随意一些。

朱然墓出土了14枚木刺、3枚木谒。木刺长约24.8厘米,宽3.4厘米,正面直行墨书"弟子朱然再拜 问起居 字义封""丹杨朱然再拜 问起居 故鄣字义封"等字样,字体隶中带楷;木谒长约24.8厘米,宽约9.8厘米,正面顶端中央墨书"谒"字,右起直行墨书"持节右军师左大司马当阳侯丹杨朱然再拜"字样,这些信息都与史书记载朱然的籍贯、官职契合。

在墓中放置木制名刺,可能是东吴时期流行的陪葬习俗。例如,在湖北武昌郑丑墓、湖北鄂州史绰墓、江西南昌高荣墓中均有木刺出土,而木谒则是朱然墓首次发现,同期北方的魏晋墓中则尚未发现。

朱然墓是一座前带阶梯形墓道的双室墓,坐北朝南,前室与后室之间不设通道,仅以墓壁相隔。前、后室中各放置一具黑漆棺木,因在地下埋葬已久而呈浅栗褐色,后室墓棺较大。据推测,前室为朱然一位妻妾的棺木,后室为朱然棺木。

朱然墓遭受过盗墓者的侵扰,但依然保存了140多件随葬品,包括漆器、木器、青瓷、陶器和6000多枚三国时期的钱币。其中，漆器的数量相当多，有80多件。这批漆器基本上都是生活用品，如案、盘、盒、勺、槅、壶、羽觞、凭几等。有的仍在现代生活中可见，如漆槅，就类似于在食堂吃饭所用的餐盘，方便将不同的食物分区盛放；有的则已经离我们的生活远去，如凭几，在魏晋南北朝时期贵族都是席地而坐，坐累了就会倚靠在凭几上小憩，而在唐代以后高背椅子开始广泛使用，凭几就被淘汰了。

朱然墓出土文物有4件因为极其名贵稀有，被列入我国"禁止出国（境）展览文物"，分别是漆木屐、贵族生活漆盘、彩绘季札挂剑图漆盘、犀皮黄口羽觞。

其中，最为重要的是朱然墓出土的一对珍贵的漆木屐，宽8厘米，长20.5厘米，高0.3厘米，重50克。据文献记载，我国很早就有穿木屐的历史。西汉史游《急就篇》唐颜师古注："屐者，以木为之，而施两齿，可以践泥。"南方天气潮湿多雨，地面经常泥泞不堪，穿着木屐可以提升鞋底与地面的距离，从而保持脚部的洁净。

东汉末年，木屐已经十分风靡。据《后汉书·五行志》载："延熹中，京都长者皆着木屐。"木屐甚至还应用于军事。三国时期，司马懿在五丈原追击蜀军，但由于关中地区地面有很多蒺藜，于是司马懿让军士两千人穿上平底无齿的木屐来吸附蒺藜，为后面的大军扫清障碍。魏晋以后，名士常以着木屐为时尚。朱然墓出土的木屐表明，穿着木屐在三国时期就已经是贵族生活中的流行时尚。

在现在人们的印象中，木屐是日本的特色物品，与我们中国似乎没什么关系。在日本国内，他们都把木屐当成国家的传统物品，认为木屐代表了日本的传统文化。几乎在所有人的认知中，似乎木屐就是由日本人发明的，但事实上中国在一千七百余年前的三国时期竟然就已经有了木屐。在此之前，中国的文献中虽然也曾有过木屐的记载，而且比日本木屐记载的时间早上百年，但是日本对此并不认可，他们仍然坚持认为木屐是日本人发明的，并认为中国史书虽有记载，但并无实物，说不定并不是指的同一样东西呢？朱然墓漆木屐的出土，完全颠覆了之前的认知。

实际上，朱然墓出土漆木屐并不是中国出土最早的木屐。1987年，考古工作者在浙江省宁波市慈湖新石器时代晚期遗址就发现了两件残存的木屐。这两件木屐无齿，屐板比足稍大，前端一侧略呈圆弧状，正面平。同时，其中一件背面前半部钻有四小孔以系带，后半部挖凿一近似长方形的浅凹坑，似为防滑之故。这两件木屐距今已有四千多年，属良渚文化遗物，是中国乃至全世界历史上最早的木屐。由此可见，木屐在我国已经有几千年的历史，而这也表明日本人穿木屐这一习俗很有可能是通过东吴活跃的航海活动传播到日本等域外国家的。

值得注意的是，朱然墓中出土漆器80多件，其中器形十几种，绘有人物、故事以及动植物等各种图案，堪称中国古代漆器工艺品的一座宝库。其中，最为著名的有季札挂剑图漆盘、百里奚会故妻图漆盘、童子对棍图漆盘以及人物故事大漆盘等多件木质漆盘。季札挂剑图漆盘和童子对棍图漆盘底部标有"蜀郡造作牢"落款识别，可知这批漆器产自当时的蜀郡，是现存唯一有断代依据的三国绘画史料。

1996年9月，在朱然墓西南30多米处，考古人员又发现四座砖室墓，据考证为朱然家族墓。据推测，可能为朱然养父朱治或朱然之子朱绩（施绩）之墓，其中出土的青瓷羊造型优美，釉色莹润，是东吴越窑的精品之作。

如今，朱然墓已建成为朱然家族墓地博物馆，向公众开放。朱然生前应该不会想到，他的家人将"名片"投入墓中这个细微的动作，让他在千年以后成为屈指可数的能够被后人"看见"的三国名将。

第十七章

卫温与诸葛直：最早带兵登陆台湾岛的将领

在中国历史上，第一次与台湾岛的正式联系是在三国时期。公元230年，孙权"遣将军卫温、诸葛直将甲士万人浮海求夷洲及亶洲"，也就是派遣卫温（？—231）、诸葛直（？—231）两位将领率万余将士出海寻找夷洲、亶洲。此处的夷洲便是如今的台湾岛，而这也是目前已知最早的有关于中国大陆与台湾岛交往的史书记载。

一、卫温诸葛至夷洲

公元229年5月23日，孙权在武昌称帝，国号吴，史称东吴。至此，魏、蜀、吴三国鼎立的局面正式形成。吴国领地处长江以南，土地肥沃，气候湿润，沿海渔盐丰富，江海之上水运发达，商业兴旺，经济繁荣。但在汉朝统治时期，汉朝统治者不重视南方发展，以至于南方完全是真正的蛮荒之地，不仅耕地面积少，而且湖泊纵横，陆路交通更是不便。到吴主孙权继承父兄之业时，孙权久有重振兴室的夙愿，但是如何扩大领土、向外发展呢？北面魏国雄踞中原，势力强大，而东吴的实力明显不及；西面蜀国，虽然在公元221年陆逊率东吴精兵火烧刘备连营七百里，大败蜀军，之后刘备病死白帝城，但是蜀相诸葛亮辅助十七岁的刘禅承继帝位后励精图治，不拘一格任用人才，平定南中，七擒孟获，国内安定，而东吴无力吞并蜀国。这些事情使孙权十分烦恼。有一天退朝后，孙权和大将诸葛直谈论历史，说到了秦始皇派人入海寻仙的事：秦始皇做了皇帝以后，很想使秦朝统治万年，因此希望自己长生不老，于是想尽办法炼丹求药。后来，秦始皇听信了一个方士的主意，派徐福带五谷百工及童男童女三千人入海寻求长生不老之药。传说徐福到过夷洲，那里四季如春，没有冰雪，如仙境一般。话说长生不老之药本是世间无有之物，徐福根本不可能找到，但又怕回去遭受杀身之祸，遂不敢返回。于是，徐福漂泊到了更远的亶洲，居住下来。

"那么，到底有没有夷洲呢？"孙权问道。

"有，古代地理文献《禹贡》就记载过夷洲。"诸葛直答道。

孙权翻找出《禹贡》，果然书中记有夷洲。随后，孙权脑中闪出一个念头：为什么不派人去找夷洲呢？秦代既然有人到过，如今我江东航海业发达，舰船无数，也一定能找到夷洲。于是，孙权决定派人去寻找夷洲。

在过去的日子里，孙权曾经多次进攻并包围合肥，但是都无功而返。如今，曹魏又在合肥筑造新城，加强淮南的守备，若要在淮南与曹魏争夺就更加困难了；魏国在襄阳、樊城又一直屯聚重兵防守，若要突破魏国建立的这条从东往西（合肥—襄樊）的防线将很困难，而突破不了这条防线，吴国的北面疆域就无从扩大——能做的，也就是利用东吴的水军优势再建造一些大船，进一步向南边和海外发展。

可到底是向南方的陆地发展，还是向东南的海上发展呢？

三国时期，吴国所在的江南地区人口稀少，面对北方魏国的威胁，增加人口是当务之急，但现生肯定是来不及了，周期太长。于是，孙权决定采用掠夺人口的方式解决问题。然而，向北抢魏国百姓，风险太大；向西抢蜀国人口，破坏同盟关系的危害更大；向南，山越人个个都不好惹，且已经造反好多年了。最后，没办法，只有向东南的海上发展一条路了。

其实，孙权对东南海中究竟有些怎样的土地和百姓，并不是十分清楚。孙权能了解到的就是临海（今浙江省台州市）东南海中有夷洲和亶洲，夷洲在临海两千里，而亶洲更远。

据《史记·淮南衡山列传》记载，秦始皇非常希望能够长生不老，方士徐福对秦始皇说："愿请延年益寿药。"于是，"秦皇帝大悦"，派遣徐福率领童男童女三千人以及五谷百工入海寻找蓬莱仙山以求取仙药。

到了孙权的三国时代，民间传说夷洲以及更远的亶洲就是徐福的童男童女繁衍居住的地方（也有人传言，徐福带领童男童女们留在了现在的日本），而且这时夷洲和亶洲与大陆的会稽有了一些生意上的交换，会稽人到海上活动也有遇风流移至亶洲的。所以，孙权决定派兵收取夷洲和亶洲，顺便收取靠近交州的琼崖，这样吴国的领土就延伸到了海中，不必再与魏蜀在陆地上争夺——当然，也顺便多些人口。

不过，这夷洲及亶洲到底在什么地方，没人确切知道，只知道书上写着夷洲在临海郡东方两千里。于是，孙权决定碰一碰运气。公元230年2月24日（农历正月二十四），吴大帝孙权派遣卫温、诸葛直率甲士万人，从建业始发至章安（今浙江省台州市椒江区）军港会集水师，"浮海求夷洲及亶洲"。

话说将军卫温、诸葛直率领一万水兵，开着两百多艘大船出发，渡海向夷洲、亶洲驶去。不过，在陆地上骁勇善战的士兵，上了船后大都缩着脖子，脸色苍白地背靠背站着，大多晕船呕吐，苦不堪言。在这种情况之下，卫温、诸葛直只好不断鼓励将士振作起来。

经过数月的航行，卫温、诸葛直率领的舰队终于抵达了夷洲。随行的东吴丹杨太守沈莹在《临海水土志》中记录了当年夷洲的情况："夷洲在临海东南，去郡二千里，土地无霜雪，草木不死。四面是山，众山夷所居。山顶有越王射的，正白，乃是石也。此夷各号为王，分划土地人民，各自别异。人皆髡头穿耳，女人不穿耳。作室居，种荆为藩鄣。土地饶沃，既生五谷，又多鱼肉。舅姑子父男女卧息，共一大床。交会之时，各不相避。能作细布，亦作斑文布，刻画其内有文章，以为饰好也。"

由此可见，那时候夷洲的原始居民的生产生活状态还比较原始，生产力也很落后，几乎还处于"刀耕火种"的原始社会阶段。然而，当地气候宜和、土地肥沃、物产丰富，实在是一方有待耕耘的宝地。

不过，东吴的士兵很快就出现水土不服的情况，由于缺乏医药、疾病丛生，再加上思乡心切，卫温、诸葛直等人没有继续前往寻找更加遥远的亶洲，在夷洲停留了将近一年后就回到了大陆，"（亶洲）所在绝远，卒不可得至，但得夷洲数千人还"。

问题是，卫温和诸葛直还带回了关于夷洲的哪些鲜为人知的信息呢？

根据沈莹《临海水土志》记载可知，首先山夷人为百越人的支系。"夷洲……土地无霜雪，草木不死。四面是山，众山夷所居。山顶有越王射的，正白，乃是石也"。山夷人"磨砺青石以作矢镞"，"山顶有越王射的"，足以说明夷洲山夷人系百越人的支系。"此夷各号为王，分划土地人民，各自别异"，更是百越人自治的共同特征。其次山夷与百越人的生活方式相似：居住房屋同为干栏式，饮食习惯同好腌制鱼腥，审美同喜"断发文身，雕题凿齿"，丧葬习俗同为"悬棺葬"。这些都能证实台湾与大陆同根同源。

二、卫温诸葛因何死

那么，孙权是否满意卫温和诸葛直带来的这些关于夷洲的信息呢？答案当然是不满意。

话说卫温、诸葛直从夷洲回来以后，孙权很是生气。当初，上大将军陆逊曾说过，这样的远行"风波难测，民易水土，必致疾病。今驱见众，经渺不毛，欲益更损，欲利反害"，当务之急还是要在国内休养生息，以图将来统一全国。公元231年，孙权发兵讨伐"五溪蛮"，卫温、诸葛直"皆以违诏无功"被杀。

这里要注意的是，史书称卫温、诸葛直于公元230年春正月出发，而第二年春二月便"皆以违诏无功，下狱诛"。从字面上看，卫温、诸葛直之死的原因主要有两个：一是"违诏"；二是"无功"。

首先说违诏。上文提到孙权是让卫温、诸葛直"浮海求夷洲及亶洲"，其要求可谓相当直白简练。夷洲即今天的台湾岛，那么亶洲又在哪里呢？其实，关于这一点，史书当中已经有了比较详细的记载。

据《三国志》载："亶洲在海中，长老传言秦始皇帝遣方士徐福将童男童女数千人入海，求蓬莱神山及仙药，止此洲不还。世相承有数万家，其上人民，时有至会稽货布，会稽东县人海行，亦有遭风流移至亶洲者。"也就是说，当时流传的说法是方士徐福受秦始皇委派率领数千童男童女出海，最终定居在亶洲，而且经过多年传承发展亶洲已经拥有了数万户人口，甚至还有人表示曾有亶洲人来到会稽郡做贸易，或是会稽郡有人被海风直接吹到了亶洲。

根据这段文字，可以得出两个可能：其一，亶洲其实并不存在，它和《史记》当中所谓的三座海外仙山蓬莱、方丈、瀛洲一样，都只是神话虚构的圣地，与之相关的传闻也是编造的；其二，如果结合流传甚广的徐福东渡日本的说法，以及如今已经佚失的《外国图》中"亶洲去琅邪万里"的记载，那么亶洲则有可能就是位于如今日本列岛西南部的主要岛屿九州岛等。

不管是哪种可能，总之卫温、诸葛直由于路途未知且艰险而没能找到亶洲，最终只是在夷洲掠夺了数千人便回到东吴复命了。很显然，孙权的诏书是要求他们找到夷洲及亶洲，但卫温、诸葛直只完成了一半的任务，如此确实是违背了诏令要求。以今天的眼光看，当时孙权要求卫温、诸葛直在不知道具体方向、航程和路线的情况下渡过东海到达九州岛无异于天方夜谭，但作为一国之君的孙权并不知道其中的重重困难，自然就难以体谅卫温、诸葛直二人了。

其次说无功。孙权之所以要兴师动众派出万人的队伍出海寻找夷洲和亶洲，其实是为了获取当地的人口，以补充吴国的人口不足。当时，魏、蜀、吴三国虽然处于对抗态势，可是三国争的并不是领土而是人口。事实上，魏、蜀、吴三国的领土面积虽然有些差距，但是差不到哪里去，即使是魏国也不能在领土面积上对蜀、吴两国形成压倒性优势。但是东汉末年以来的黄巾起义和诸侯混战造成人口大量流失和死亡，这一现象导致三国时期全国人口基数小。由于人口基数小，耕田者就少，手工业者也少，消费者更少，进而直接影响了一个国家和地区的发展。魏、蜀、吴三国要争霸，就得满足三个条件：一是有足够的农民在耕田，以提供军粮；二是有足够的手工业者在生产，以提供盔甲武器；三是有足够的士兵在服役，以发动战争。

吴国的领土面积在三国中排第二，可是人口仅有魏国的一半，军事动员能力和魏国差得很远；再加上江东地界破碎，湖泊江河纵横，可耕种的土地是很有限的。孙权决定渡海寻找夷洲和亶洲，体现出孙权对吴国人口短缺和增长缓慢的担忧。可是，卫温、诸葛直二人为孙权带来了多少人口呢？仅有几千名夷洲人。这远远低于孙权的期望值，尽管孙权没有明确提出要大量人口，可是他既然要充实吴国的人口数，其自然是要卫温、诸葛直二人一定要多带点人口回来。这是孙权的第一句潜台词。最后，卫温、诸葛直二人带回的仅仅几千人口，至多也只有一千户左右，对此孙权自然是很不满意。

当然，卫温和诸葛直带着一万兵甲出征，这既是为了保障东渡不出意外，也是为了炫耀东吴的国威。可是，东渡并没有遇到海盗和当地人的攻击，倒是内部却出了问题。由于古代的航海技术不发达，出海远渡风险大，当吴国船队回到故土时已经过去了一年之久，士兵们还由于各种海上疾病死了八九成。也就是说，东吴当初出海时威风凛凛的万人军队，回来时居然只剩下一千多人了。那么，孙权派出的队伍不是执行军事任务，能有伤亡吗？答案是不能！在孙权看来，找个地方、找一群人怎么能有伤亡呢？死个把人就算了，现在居然一下死了八九千人，况且本来就是为了找更多的人来补充东吴的人口数，现在带回来的人却还不及死去的将士多，这自然让孙权既震怒又心疼。也就是说，孙权派出去东渡的一万兵甲都得回来，他们可是宝贵的作战资源。这是孙权的第二句潜台词。在孙权看来，从数量上说，死亡的士兵要比卫温和诸葛直带回的夷洲人口多得多；从质量上讲，夷洲本地居民与经过训练的东吴将士的作战能力也无法相提并论。

当初孙权准备出兵时，陆逊、全琮尽管曾全力反对，认为劳师远征不但士兵容易水土不服、感染疾病，还无法得到什么实实在在的好处，但孙权没有采纳正确意见，导致了巨大的损失。但是，孙权不愿自己承担后果，于是卫温、诸葛直自然而然就背下了这口黑锅。综上所述，到达夷洲的"功臣"卫温、诸葛直之所以被扣上"违诏""无功"的罪名处死，一是因为确实没有实质上的功劳，二是被孙权当作了自己错误决策的替罪羊。

卫温和诸葛直虽然死得冤枉，但是他们的成果是值得中国人乃至全世界铭记的。《三国志》记载的卫温、诸葛直达夷洲的史料，这是正史上关于中国大陆与台湾岛交往的最早记载。从表面上看，孙权这次劳师动众派出一万人到夷洲，回来却只有区区数千人，的确是亏了；可他没看到的是卫温、诸葛直等人给台湾岛的当地人带去了先进的农业工具和技术，促进了台湾地区的经济和社会发展。更重要的是，自此之后，台湾地区在经济、文化等方面同中国大陆的联系逐渐密切，并成为中国不可分割的一部分。

第十八章

孙羌、孙静的儿子们：谋逆者的"基因遗传"

汉末三国时期的历史，充满了血与火的故事。在那个动荡的年代里，各路英雄豪杰纷纷涌现，其中不乏出身名门的父子或兄弟名将，正所谓"打虎亲兄弟，上阵父子兵"。在中国这个尤其重视宗族的社会，遭逢乱世时家族中如果有人出头逐鹿天下，那一般都是全族出动。例如，曹操起兵，有夏侯惇、夏侯渊、曹洪、曹仁等人辅佐；到了第二代曹丕，也有曹真、曹休、夏侯尚等人护翼。反观东吴，孙坚起兵时，也是得到了兄长孙羌的儿子孙贲（？—210/219）和幼弟孙静的大力支持。但是，到了孙权主政江东之后，孙羌的儿子孙贲、孙辅和孙静的儿子孙暠的所作所为就不那么令人恭维了。在东吴的历史上，有一段祖孙相继谋逆篡权的故事，似乎孙子辈遗传了祖父辈的"谋逆基因"。

一、孙坚的兄长孙羌

孙坚有兄弟姐妹四人，也就是说其父有三子一女，其中长子孙羌、次子孙坚、三子孙静，后来女儿孙氏由孙坚做主嫁给了吴郡士族徐真。

中国古代是宗法社会，宗族成员以血缘为纽带联系且同体连枝，"一荣俱荣，一损俱损"，故而其向心力和凝聚力都特别强。所谓"打虎亲兄弟，上阵父子兵"，说的就是这个道理。在传统宗法社会，宗族成员多，特别是男性多，力量就大，没人敢惹，就能获取、占有更多生产和生活资源，从而过上好日子；反之，则会受人欺负，贫穷潦倒。

对于宗族的领袖而言，宗族成员忠诚度、可信度高，使用起来相对就放心。对宗族的成员而言，跟着同宗领袖打天下，可取功名、得富贵，并传之子孙。汉末三国时，在孙坚四处征战的过程中，孙氏家族成员包括外戚成员纷纷跟随，成为孙家军的主力、核心和骨干，鏖战沙场，立功无数。

当然，凡事皆有例外，也有宗族成员或因对本宗族的发展前景没有信心而想转投他人的，或因本宗族发展前景大好而想据为己有的。有趣的是，这两种情况在孙氏家族里都出现过；而同样有趣的是，这两种情况分别出现在孙坚的两个兄弟的后代身上。

话说孙羌这个名字在《后汉书》中曾两次出现，指的都是陇西太守孙羌。一次是《后汉书·桓帝纪》的记载，"陇西太守孙羌讨滇那羌，破之"；另一次是《后汉书·西羌传》的记载，"至冬，滇那等五六千人复攻武威、张掖、酒泉，烧民庐舍。六年（延熹六年，即公元163年），陇西太守孙羌击破之，斩首溺死三千余人"。

然而，"羌"字并不是汉代常用的人名，且两个孙羌又都生活在汉桓帝刘志在位时期，可见他们应该就是同一个人。

问题在于，当时基本没有汉人名"羌"，而少数民族叫这个名字的则很多。据《资治通鉴》记载："休屠王羌叛赵，赵河东王生击破之，羌奔凉州。""陇西钟羌反，校尉马贤击之，战于临洮，斩首千余级，羌众皆降；由是凉州复安。""诏发南匈奴兵配刘虞讨张纯，单于羌渠遣左贤王将骑诣幽州。"

这其中比较著名的是夜郎自大的那位滇王尝羌。据《史记》记载："至滇，滇王尝羌乃留，为求道西十余辈。"公元前122年，汉武帝遣使出西南分道寻求身毒国，使者至滇，尝羌问："汉孰与我大？"公元前109年，汉兵临滇，滇降，置益州郡，赐滇王王印。

除孙羌外，正史中在汉朝的体制内唯二名"羌"者是一个语焉不详的将领。然而，汉朝向来就有任用游牧民族官员的先例。从这另外一个名"羌"者活跃的地理位置上看，其民族属性也和陇西孙羌一样可疑。据《史记》记载："北匈奴惊走，车师复降。会关宠已殁，谒者王蒙等欲引兵还；耿恭军吏范羌，时在军中，固请迎恭。"

汉人之所以很少以"羌"为名，是因为"羌"字的含义非常单一，除指特定的一种少数民族外，在汉语中并无其他使用意义。游牧民族之所以要用"羌"这个字自指，是因为"羌"字是"羊"字的象形，他们自认是牧羊的民族。故以"孙羌"之名可见，相当于告诉我们他不是中原汉人。

然而，在《三国志》中出现的孙羌，却是孙坚的哥哥。据《三国志·吴书·吴宗室传》记载："羌字圣台，坚同产兄也。"这里要注意，"同产"是指同一父母所生。由此看来，孙羌、孙坚二人有很大的年龄差距。

如若《三国志》中孙坚的哥哥孙羌，就是《后汉书》中的那个很有可能有胡人血统的陇西太守孙羌，那么孙坚自然也有胡人血统，如此孙权的"紫髯"便是个非常正常的遗传学问题了。

孙羌这个名字，说明他的父祖辈为之起名的初衷是希望他们能光大胡人的事业，表明其胡人血统来自父系。孙羌、孙坚的祖辈是会种瓜的孙钟，恰好凉州羌族有一支大姓正是钟氏。据《后汉书》记载："先零别种滇零与钟羌诸种大为寇掠，断陇道……明年春，诸郡兵未及至，钟羌数千人先击败骘军于冀西，杀千余人。"

直到晋朝时，钟氏势力仍然非常强大。据《资治通鉴·晋纪》记载："长史钟恶地，西溉羌豪也，谓司马乞宿云曰：'三弟纵横，势出王右，几亡国矣。吾二人位为元辅，岂得坐而视之！诘朝月望，文武并会，吾将讨焉。王之左右皆吾羌子，转目一顾，立可擒也。'"

孙羌是孙坚同母长兄，继承权比孙坚更大。后来，孙羌的官位是陇西太守，这说明东吴孙氏一族实际上很有可能是凉州人氏，正和他的名字"羌"对应。那么，《吴书》所谓的孙家世仕吴地及祖坟在富春的观点，就只是一种增加东吴政权合法性的"伪言"了。

凡熟悉东吴历史的人都知道，东吴政权的淮泗士族和本地士族非常不和，孙家实际上是率领袁术的淮泗将领打下的吴地，并非东吴本地政权。所以，东吴需要这么一段"伪言"，以肯定自己对吴地所有权的合法性，从而减少东吴的内部矛盾。

不过，孙坚表现最亮眼的也不是征战淮泗，而是征讨凉州。当时，孙坚瞬间便平定了连董卓都无计可施的凉州，甚至孙坚还打算反手把董卓做掉。因此，这段历史读来颇为令人奇怪：孙坚作为来自江南的新兵，怎么就敢去消灭董卓呢？但如果孙家在凉州很有影响力的话，孙坚有这样惊世骇俗的发言就比较合理了。

这里，我们还发现"跋扈将军"梁冀的夫人名为孙寿，和孙坚同出一姓。孙寿出身不详，考虑到梁冀是凉州安定郡的世家，那么孙寿也是凉州人的概率就很高。孙寿相貌妩媚，性情却残忍得可怕，常常欺辱丈夫梁冀，这一点和孙尚香在荆州的表现很像。

孙寿家族在朝为官者众多。史载，孙寿的贪暴在梁冀家族之上，甚至直接从夫家手中夺权给同姓宗亲。可见，孙寿时刻不忘为娘家攫取利益，与孙氏女子出嫁后内向娘家的传统接近。

孙寿与孙钟家族同出一地，传统上又如此相似，所以孙钟确实很有可能是他们家族中的一支旁系，由于血缘较远未被孙寿表入京城，只在老家凉州守护祖业。公元159年，梁冀集团灭亡；公元163年，孙羌官至陇西太守。

由此可以推断，梁冀专权时，孙羌应只是凉州的一个地方小官吏，因此在梁冀集团覆灭后未受到影响，并得以凭借军功提拔上来。梁冀的夫人孙寿大权独揽时，她将众多亲戚家属提拔入朝，而孙氏的这支旁系因在家族中地位低下只能滞留家乡故地。然而，谁知却因祸得福，避免了后来被灭族的命运。当然，孙钟家族和钟羌的复杂关系，可能也是汉桓帝刘志不敢轻易下手的原因。

当然，上述情况是从"事后诸葛亮"的视角推断的。在公元159年梁冀集团覆灭之时，孙钟并不知道未来的政治形势。当孙钟看到夺权成功后的汉桓帝刘志在京城大肆杀戮梁、孙家族时，他只是觉得非常害怕，并不能判断大清洗会不会波及自己，一味地想着跑为上策而已。

由于长子孙羌已经在凉州做官，轻易私逃只会给汉桓帝刘志留下处置的把柄，孙羌、孙坚、孙静的父亲（有可能是孙钟，也有可能是孙钟之子）选择只带着五岁的次子孙坚到遥远的江南避祸，以确保给孙家留后。

孙父带着孙坚来到江南后，因为没有势力基础，生活得十分艰苦，只能卖瓜维生。很显然，这就是孙坚被认为寒门出身的原因。但当凉州的长子孙羌确保安全并升为太守时，就开始积极资助父亲在江南发展新的家业，使他们在吴地快速成立了一支豪强力量。孙坚十七岁时便以地方官员的身份叱咤一方并成为县丞，其优异的表现和火箭般的升官速度绝非瓜农子弟所能及。

就此，孙坚的家族背景之谜也得以解开：孙坚确实不是寒门，但他的父亲在迁徙途中丢掉了大量人际关系，导致其来江南初期生活困顿。后来，孙坚虽然在孙羌的资助下打下基础，仍始终不能很好地团结江南士绅。不过，孙家在凉州的基础较深厚，加上孙坚本身表现优异，仍然得到朝廷的赏识，给他在包括老家凉州在内的多地提供建功机会。这也是孙坚对汉室较为忠心的主要原因。

二、谋逆始于孙羌子

早亡的孙羌有两个儿子，长子孙贲（字伯阳）、次子孙辅（字国仪）。

　　孙贲，任过郡督邮、县长。公元186年，孙坚在长沙举义兵起事讨伐董卓时，孙贲遂辞去官职跟随孙坚征战，他是最早追随孙坚的宗族成员之一。公元192年，孙坚单马行岘山，被黄祖的军士射杀。孙家军一时群龙无首而面临崩散危局，全靠孙贲收拢残卒，率领余部投奔袁术，得以保全了这支核心部队。随后，袁术上表推荐孙贲为豫州刺史。孙贲带领孙坚的军队，扶送孙坚的灵柩回到曲阿。

　　后来，袁术迁徙到寿春，孙贲又去依附他。当时，袁术的同父庶兄袁绍任用会稽人周昂为九江太守，但袁术与袁绍不和睦，袁术则派遣孙贲在阴陵打败周昂。袁术上表任命孙贲兼任豫州刺史，又转任丹杨都尉，代理征虏将军，讨伐平定山越。

　　公元193年，守孝结束后的孙策到寿春找袁术，哭着对袁术说："亡父过去从长沙讨伐董卓，与使君在南阳会合，结成同盟，如今不幸遇难，未能建立勋业，我怀着父亲的旧恩，想亲自依附结纳，希望使君能审察我的一片诚心！"袁术听其言语，察其举止，知道孙策能屈能伸，大有过人之处。但是，若要马上将孙坚旧部还给孙策让其自立，袁术又心有不甘，便说："我已任命你的舅父吴景为丹杨太守、你的堂兄孙贲为都尉。丹杨是出精兵的地方，你可去投奔他们，召集兵勇。"孙策便与吕范、孙河一起投靠舅父吴景，并依赖吴景招募到了数百人。袁术虽然没有全部归还孙坚旧部给孙策，但归还的部将对初出江湖的孙策来说却弥足珍贵，特别是其中有追随父亲孙坚多年且忠心耿耿的朱治、程普、黄盖、韩当、董袭等优秀将领，他们在日后都成为孙策攻打江东的骨干，而所有这些都应该归功于孙贲。

　　公元194年，孙贲被扬州刺史刘繇逼迫、驱逐，带领将士兵卒退回到历阳。袁术派孙贲与吴景共同攻击刘繇部将樊能、张英等人，连年不克。公元197年，袁术再派孙贲与吴景出击驻守长江横津、当利口的刘繇部将樊能、张英等人，失利。孙策趁机请求带兵支援而得以离开袁术，待打败张英、樊能等人后进击刘繇，开辟江东。刘繇逃跑后，孙策派孙贲和吴景回寿春报告袁术，正值袁术称帝设置百官，遂任命孙贲为九江太守。孙贲不愿再跟随袁术，便返回江东跟随孙策。夺取江东六郡后，孙策上表任命孙贲兼任豫章太守，后被封为都亭侯。

公元200年，曹操与袁绍相争，无力东顾，为拉拢孙策而免除后顾之忧，特地与孙策联姻——先将弟弟的女儿许配给孙策的小弟孙匡，再为儿子曹彰（189—223）迎娶孙贲的女儿，并征召孙权、孙翊（184—204）入朝为官，令扬州刺史严象（163—200）举荐孙权为茂才。

公元208年，曹操兵不血刃地占领荆州，威慑江东，大战一触即发。孙贲既畏惧曹操的实力，也担心抵抗曹操会危及女儿的安危，就想把自己的儿子送给曹操当人质以求自保。吴郡太守朱治听说后极力劝阻，孙贲才没有那么做。同年，朝廷使者刘隐奉诏任命孙贲为征虏将军，继续兼任豫章太守。最后，孙贲病死于豫章太守任上。

孙贲害怕曹操而想过投降，他的弟弟孙辅也想过投降曹操，只不过他不是因为害怕曹操，而是因为怀疑孙权的执政能力。

孙辅在襁褓中时父母双亡，由兄长孙贲抚养长大。孙辅、孙贲兄弟之间非常友爱，一起先随孙坚，后随孙策征战，拒袁术、讨山越、攻刘勋，屡立战功。孙辅最大的功勋是按照孙策的部署，在周瑜的支持配合下攻占了庐陵，也因此被孙策封为庐陵太守。孙辅任内安抚平定郡内所辖各城，任命官吏管理地方，由于政绩不错而升任平南将军，假节，领交州刺史。

公元200年，孙策遇刺身亡后，孙权继承江东。孙辅担心孙权没有能力保守江东，趁孙权出行时派遣使者与曹操暗中来往。结果，孙辅暗通曹操之事被人告发。孙权回来后，假装不知道此事，与张昭共同召见孙辅，对孙辅说："兄弟之间不愉快就说出来，为什么要叫外人来呢？"孙辅否认有此事。于是，孙权将孙辅与曹操往来的书信拿给张昭并让其拿给孙辅看，孙辅惭愧得无言以对。随后，孙权杀尽孙辅的近臣，削减他的部曲，将他流放到东部幽禁。数年之后，孙辅去世，孙辅的儿子孙兴、孙昭、孙伟、孙昕都依次取得官职。

三、孙静长子不消停

与孙羌复杂的身世和传奇经历不同，孙坚幼弟孙静和他的儿子们的故事却非常简单。孙坚开始兴兵起义时，幼弟孙静集合乡里及宗族子弟五六百人作为基础队伍依附于他。

公元196年，孙坚长子孙策击败刘繇，平定各县。随即，孙策进攻会稽并派人请叔父孙静，孙静带着家属与孙策在钱唐会面。当时，会稽太守王朗在固陵（今重庆市奉节县白帝城）抵御孙策，孙策几次渡水作战都不能取胜。于是，孙静对孙策说：“王朗凭险固守城池，很难马上攻破。从这里向南数十里是查渎，是通向会稽道路的要害之地，应当从那里进入王朗的后方，这正是兵法上讲的‘攻其无备，出其不意’。我得亲自率领军队作为先锋，一定能击破王朗。”孙策采纳了孙静的建议，假意命令全军说：“近日来连雨水浑，兵士喝了这些水大多腹痛，命令赶快备置瓦缸数百口澄清饮水。”到黄昏时分（《资治通鉴》写作“夜晚”），孙策命人点燃许多火把，以作为疑兵来迷惑王朗。然后，孙策派出一支部队从查渎道进袭高迁屯。王朗大惊，派遣前丹杨太守周昕等人率领军队前来迎战。孙策打败周昕等人，并将周昕斩杀。王朗逃走，虞翻追随掩护王朗，乘船渡海逃到东冶（今福建省福州市）。孙策追击并大败王朗军，王朗只好向孙策投降，于是平定会稽。

孙策平定会稽后，上表任命叔父孙静为奋武校尉，但孙静留念祖宗生活安息的故地，不乐意出外做官，请求留任故乡镇守。孙策便答应了孙静的要求。公元200年，孙权执掌江东大权后，孙静升任为昭义中郎将，后终老于故乡。

孙静有五个儿子，分别是孙暠、孙瑜（177—215）、孙皎、孙奂（195—234）、孙谦。孙暠有三个儿子，分别是孙绰、孙超、孙恭，而孙绰有个儿子叫孙綝，孙恭有个儿子叫孙峻。

公元200年夏，孙策遇刺身亡。孙策生前根本就没想过继承人的问题，而这时孙策的三个同胞弟弟和一个儿子就成了继承人的人选。临终前，孙策选的继承人是二弟孙权，而张昭原本以为孙策会选三弟孙翊。猝然而来的噩耗让孙权不知所措，更悲伤得只知道号啕大哭，但张昭及时制止了他并让其承担大任，随即为他穿上战袍，将他扶上战马，然后出去巡游各个军营，这才逐渐安定了军心民心。

听到孙策死讯，各地官员都打算前来奔丧，但时任富春县长虞翻在富春引导当时地方官员原地守丧，以避免地方空虚。孙静之子孙暠时为定武中郎将，屯守乌程，整顿兵甲，欲乘时自立以攻取会稽。会稽郡太守本是孙策，但孙策并未到任，而是以顾雍为郡丞处理郡务。孙策死后，顾雍严禁下属官员前去奔丧，全部留守以做好防叛准备。此时，顾雍获悉此事后立即紧急召集士兵、百姓守城，等待继承人的命令，同时派虞翻前往劝阻孙暠。虞翻警告孙暠说："讨逆明府（指孙策），不竟天年。今摄事统众，宜在孝廉（指孙权，说明此时孙权即位的消息还没有送达会稽），翻已与一郡吏士，婴城固守，必欲出一旦之命，为孝廉除害，惟执事图之。"孙暠听了虞翻的话，知道会稽已经有所准备，将士也誓死守城，只好退兵。就这样，这次谋逆被扼杀在了摇篮中。历史上没有孙暠后来的记载，不知他是如何死的。

四、其他侄子很忠心

除了长子孙暠，孙静还有另外四个儿子孙瑜、孙皎、孙奂、孙谦。

孙瑜，字仲异，官至奋威将军、丹杨太守。孙瑜初以恭义校尉的身份统领士兵，曾跟随周瑜、孙权等人征战，善于安抚部下、招降纳顺。孙瑜爱读古籍，又请学者马普来为将领官员的子弟讲学，于是东吴开始设立学官。

孙皎，字叔朗，初任护军校尉，领兵二千多人，号称精锐部队。后升任都护征虏将军，接替程普都统夏口，曾随吕蒙平定荆州。

孙奂，字季明，公元219年，兄长孙皎去世，孙奂接替统领其部众，以扬武中郎将的身份兼任江夏太守。公元226年，任扬威将军，封沙羡侯。

孙谦，与孙权之子孙和的三子同名，史书中没有记载他的任何事迹。

另外，孙坚还有族子孙河，字伯海，本来过继给姑姑家，后来又重回孙氏。孙河跟随孙坚四处征战，成为孙坚的心腹；后来也辅佐孙策、孙权平定江东、消灭庐江太守李术，名义上为庐江太守，实际上驻扎在京口。

京口是江东集团的军事重镇，一度江东集团的政治军事中心就设置在此地。当时，妫览、戴员驱使边鸿刺杀孙翊，而后又杀死边鸿为自己脱罪。孙河不清楚妫览、戴员的奸计，到丹杨责备二人防护不力。妫览、戴员认为孙河与孙翊的关系算不上亲密，仍然斥责自己，而孙权作为孙翊的兄长，一定不会放过他们，于是索性杀死孙河并产生了投奔曹操的想法，最后没能如愿。孙翊死后，妫览想霸占孙翊妻子徐氏。徐氏为了替夫报仇、击杀叛贼，对妫览说："等到月底给丈夫设祭摆完供后，脱下孝服再与其完婚。"妫览信以为真，待徐氏月底设祭之日便去其住处。徐氏在此间早已组织了孙翊生前亲信进行严密部署，待妫览、戴员进入孙翊宅邸后即被安排好的人马击杀。

第十九章

孙峻：东吴托孤重臣，逃得过暗杀逃不过疾病

汉末三国时期，各国除了对外不断地征伐，国家内部也斗争不断。其中，宗室内部也因为立嗣的问题明争暗斗，闹得不可开交。在不断的斗争中，权臣逐渐控制了朝政。例如，东汉末年，权臣董卓废掉汉少帝刘辩，改立汉献帝刘协。又如，高平陵之变后，司马懿、司马师、司马昭父子，自然成了曹魏的权臣。与此相对应的，孙权死后的第二任权臣就是孙峻，他也是首位宗室权臣。

一、曾经力挺诸葛恪

孙峻是孙坚的弟弟孙静的后代，孙静生孙暠，孙暠生孙恭，孙恭生孙峻。从辈分上看，孙权比孙峻大两辈。

孙峻除了宗室身份，还因其从小就展现出的骁勇果断、精明强干、胆大刚决的优点而被孙权看中。孙权为孙峻一路"绿灯"，到孙权晚年时孙峻升任武卫都尉，并任侍中。其中，武卫都尉承担护卫皇宫的重任，侍中则伴随在皇帝左右，为皇帝出谋划策。基于此，孙峻无疑获得了孙权的所有信任。此时，恰逢发生"二宫之争"，而"二宫之争"的背后则是江东大族和淮泗集团的较量。

东吴自建立割据政权以来，朝廷内部一直从未停歇的是外来势力与本土势力的斗争。东吴自孙坚与他的淮泗集团在江东打下基业的那一天起，就面

临着如何平衡各方势力的难题。孙坚死后，孙策对时局进行分析，决定摆脱袁术的束缚，带领淮泗集团向江东扩张。

过江之后，孙策率领部队打下江浙地区，占领吴郡，统一江东，建立江东政权。这样，跟随孙权打天下的淮泗集团自然是开国立宗的大功臣了。

此刻，新政权面临的问题就是如何与江东大族豪强相处？此前，孙策的夺权手法十分凌厉，采用的几乎都是以暴力强抢的方式镇压当地不服从的大族势力。

当然，这样的手段必然会造成滥杀，以至哪怕是有意亲近孙策政权的大族势力也因其猜忌而不得不身陷囹圄。所以，在孙策的铁腕手段下，江东的势力就划分为孙氏家族政权和淮泗集团，原来的本土地方势力只能在权力格局的底层苟且。

然而，暴力手段只能起一时的镇压作用。孙策很快就发现，江东本土宗族势力根深蒂固且无孔不入，一味地打压只会激化矛盾。在几番与江东大族的博弈中总结经验，孙策决定采取制衡的方式，化解江东大族对自己的仇恨。随着董袭、全柔、贺齐等江东人士在朝中任职并融入孙氏集团，江东大族的抗衡姿态才终于有所缓和。

孙策被刺身亡后，孙权接任江东集团，他开始利用淮泗集团和江东集团互相制衡。在对抗蜀军之时，孙权将更有对战优势的江东旧族弃之不用，反而重用淮泗集团。不过，淮泗集团的武将居多，可参与治国的文臣数量稀少。

为了扩张孙氏集团的文官规模，孙权主动向江东寒门子弟示好，制定了"招延俊秀，聘求名士"的政策。鲁肃、诸葛瑾、吕蒙等人的加入让孙氏集团更有实力和江东集团抗衡，且在此期间君臣和睦，江东局势逐渐稳定。

江东集团发展至后期，逐渐与孙氏政权彼此交融。自周瑜、鲁肃等人死后，吕蒙称病，属于江东集团的陆逊因破刘备攻吴之势而立功受赏走到了政权中央。后来，孙权称帝，江东大族已经掌握军事大权，文职权力的天平也开始向江东集团倾斜。

在公元229年孙权称帝即帝位后，太子人选的认定就成为后方政权斗争的主要方面。

孙权有七个儿子，每一个儿子背后或多或少都与前朝政权斗争有所牵连。同时，孙权一直致力于对各集团的制衡，这就给孙峻这个没有强大背景的后起之秀提供了和后宫勾连的契机。

孙权的第一个太子是孙登，可惜他年纪轻轻便早亡。随后，孙权改立孙和为太子，后又废黜，再立孙亮。就在孙登死后新立太子的环节中，太子孙和和鲁王孙霸都享受太子的待遇。因东吴称太子宫为"南宫"，故后人也称孙和、孙霸兄弟储位之争为"南鲁之争"，又称"二宫之争"。这时，江东大族和淮泗集团开始分帮结派，选择不同的"帮扶"对象。其中，太子党羽，主要是江东大族；鲁王孙霸党羽，主要是淮泗集团。

公元244年，孙权逐渐听闻孙和、孙霸因争储而不和的消息。为避免兄弟手足相残，孙权命二人禁止和朝臣往来，把主要精力放在学业上。

孙权的苦心，不仅没有打消孙和、孙霸及其各自党羽的仇视和竞争，反而使他们变本加厉，储争越发激烈。随着孙和、孙霸党羽的深度卷入，他们各自所属的家族成员也主动或被动地卷入储争。丞相陆逊、大将军诸葛恪、太常顾谭、骠骑将军朱据、会稽太守滕胤、大都督施绩、尚书丁密等遵循礼仪，坚决维护太子孙和；骠骑将军步骘、镇南将军吕岱、大司马全琮、左将军吕据、中书令孙弘等依附鲁王孙霸，后人称这种情况为"中外官僚将军大臣举国中分"。众公卿大臣们将个人、家族的一些恩怨也掺杂其中，使得储争更加诡谲、激荡。

孙权本以为孙和、孙霸兄弟失和只是宫廷隐秘，最初不以为意。后来，孙权见事态越发严重，甚至有失控的趋势；尤其是朝廷大臣分党结派、攻讦不已，已严重威胁到东吴政权的稳定和统一，使东吴政权面临崩溃、解体的严重危机。对此，孙权极度震怒。

作为孙权一手提拔上来的新贵孙峻，为主上分忧谏言说："子弟不睦，臣下分部，将有袁氏之败，为天下笑。一人利者，安得不乱？"孙峻直接谏言孙权，立孙亮为太子，废黜孙和，赐死孙霸。不过，幼子稚嫩如何服众？可是，孙权居然被说服了。

这里就不得不提到孙权的长女孙鲁班了。

作为孙权的长女，自小备受宠爱的孙鲁班一向争强好胜，而其母步夫人虽备受宠爱，却也饱受深宫斗争的威胁。其中，太子孙和的母亲王夫人就是步夫人最大的威胁，也正因如此一向好强的孙鲁班对他们早已怀恨在心。孙鲁班仗着孙权的宠爱，不断进谗言陷害孙和母子俩。除此之外，孙鲁班还和孙峻早已经暗自勾结、私通苟且，以拉拢朝中势力扳倒太子孙和。此时，他们一个是想要靠着辅佐未来幼主成为掌权的权臣，另一个则是需要依靠未来幼主的权势巩固自己地位的长公主。

当然，孙权也想借此削弱越来越脱离掌控的江东势力，于是便听从了孙峻的谏言。

对于孙鲁班和孙峻二人而言，他们的这些条件当然只有孙权那好掌控的幼子孙亮可以达成。太子孙和母子向来与孙鲁班母女不睦，于是孙鲁班先是站队鲁王孙霸。可是，孙霸与孙和相争局势胶着，一时难分上下。权衡之后，姑姑孙鲁班和侄子孙峻不知廉耻地私通而成了政治盟友，决定共同扶植孙权幼子孙亮。因此，孙峻和孙鲁班自然乐于看到太子孙和和鲁王孙霸相争，他们好坐收渔利。

二、酒宴中杀诸葛恪

孙权病重时，曾一度打算召回废太子孙和，但因孙峻、孙弘及全公主孙鲁班力争而作罢。随后，孙权又打算选重臣辅佐太子孙亮，当时群臣都有意于诸葛恪，孙峻也上表说诸葛恪的才干足以辅政，可以把大事托付给他。后来，孙权又嫌弃诸葛恪刚愎自用，但孙峻认为没有人能比得上诸葛恪，因此极力担保他。于是，孙权才决定向诸葛恪托付大事。

孙权临终前，孙峻受遗诏与诸葛恪、滕胤、吕据、孙弘共同辅政，孙峻被封为武卫将军，都乡侯。孙弘平时与诸葛恪不和，害怕以后受制于他，于是在孙权去世后封锁消息，想矫诏除掉诸葛恪。孙峻把这件事告诉诸葛恪，诸葛恪便以咨事为由召请孙弘趁机将他诛杀，之后为孙权发丧。

公元253年，诸葛恪不听劝谏，执意劳师动众征调大军二十万出兵攻打曹魏，这一举动使他逐渐失去民心。另外，诸葛恪围攻合肥新城，久攻不下，军中暴发疾病，很多将士病倒，将领报告诸葛恪却被认为是谎报而不予理会。直到曹魏趁势进兵，诸葛恪才撤军，使得吴军伤亡惨重，上下怨声载道。

诸葛恪出征归来后，将先前选曹奏准任命的各衙署长官全部罢免，重新挑选；又更换宫廷守卫，任用自己的亲信；后又整理军备，准备进攻青、徐二州。

公元253年冬，孙峻见诸葛恪民心渐失，与吴主孙亮密谋后发动政变。孙亮请诸葛恪赴酒宴，诸葛恪心中生疑，将车停在宫门之外，逡巡未入。孙峻此时已在帷帐内埋伏了士兵，担心诸葛恪不按时进来会导致事情败露，于是亲自出去迎接诸葛恪，说："假如你的身体不舒服，可以以后再来朝见，我去禀告陛下。"孙峻想以此来试探诸葛恪。诸葛恪说："我会尽力进去朝见的。"之后剑履上殿。

设酒时，诸葛恪怀疑酒中有毒而不敢饮。孙峻看出诸葛恪的顾虑，便说："将军身体不甚健康，一定有经常饮用的药酒，何不取来饮用？"正中下怀，诸葛恪便饮自制的药酒。酒过数巡，孙峻借口如厕，脱掉长衣，换上短服，回来时大喊："有诏书制裁诸葛恪！"诸葛恪大惊，一时竟拔不出剑来，被孙峻杀死。诸葛恪的心腹大将张约试图砍伤孙峻，反被裁去左手砍断右臂。当时，武卫之士皆冲上殿来，孙峻说："要杀的是诸葛恪，如今他已经死了。"于是命令刀剑入鞘，把宫殿打扫干净，继续饮酒。

值得注意的是，当时诸葛恪刚刚战败回来并未患病，但确常饮药酒，想必这种药酒定是身体虚弱者常饮的滋补药酒，这种药酒能在宴会上饮用必然不太难入口；而在这种宴会上饮自备药酒的事当时已非罕见，否则诸葛恪怎敢在吴主的宴会上饮此种酒？因此，三国时常饮用药酒已较流行，这种药酒的味道可能偏向于酒而药味较淡，可于宴会上饮用。

再说诸葛恪的中子诸葛竦（次长）、少子诸葛建（三子）闻讯后带着母亲逃跑，诸葛竦被孙峻派遣的骑督刘承追斩，诸葛建也在渡江后被追兵逮捕。孙峻又遣无难督（又称无难监，三国吴军事职官名称。吴国设有无难营，以无难督统率营兵。又有无难右部督一职，可见无难兵又分置左、右两部分）施宽使朱绩、孙壹、全熙前往公安攻打诸葛恪的弟弟诸葛融，后诸葛融饮药而死，他的三个儿子也被诛杀。最终，诸葛恪、张震、朱恩等皆被夷灭三族。临淮人臧均上书乞求朝廷允许诸葛恪的乡里和故吏收敛他的尸体，孙亮、孙峻听从了臧均的请求。

三、权臣治国谋伐魏

诸葛恪死后，滕胤以自己的女儿是诸葛竦之妻请求辞任，孙峻说："鲧、禹尚且罪不相及，滕侯这是干什么呢？"两人虽然关系不融洽，但表面还是互相包容，孙峻进封滕胤为高密侯，与其共事。

当时，群臣上奏共推孙峻为太尉，又商议以滕胤为司徒，但有意讨好孙峻的官员以"大权应该在公族手里，若滕胤为亚公，声名素重，众心所附，将使朝政分化"为由反对。

最终，孙峻升为丞相、大将军，都督国内外军事，授予符节，封富春侯。当时，吴国只设置丞相，而不设御史大夫。

孙峻本身并无盛名，而且性格残暴骄横，经常施刑杀人，同时还奸淫宫女，与全公主孙鲁班私通。在孙峻的统治下，吴国百姓不仅深感不安，而且大失所望。

当初，民间传言诸葛恪打算拥立废太子孙和，而全公主孙鲁班又与孙和的生母不和，遂劝孙峻对付孙和。于是，孙峻派人夺取孙和的玺绶，把他带到新都居住，又遣使者赐死孙和，其正妃张氏也随之自杀。

公元254年，吴侯孙英密谋诛杀孙峻，因事情败露而自杀。据《吴历》记载，孙和被孙峻害死后，吴国士民皆为之愤慨。因此，前司马桓虑等人招合将吏，打算杀孙峻立孙英，而孙英本人并不知道此事。事发后，桓虑等人都被处死。

公元255年春，魏将毌丘俭、文钦起兵反抗权臣司马师，与魏军交战于乐嘉（今河南省商水县）。孙峻与骠骑将军吕据、左将军留赞等率兵袭击寿春，到达东兴后得知文钦已战败。孙峻进兵橐皋（今安徽省巢湖市）时，文钦率众投降孙峻，淮南余众数万人也前来依附东吴。孙峻带着文钦等人前进到寿春，发现城池已被诸葛诞占据而无法攻克，只得引军退还。诸葛诞派蒋班率步骑四千追击吴军。孙峻遭遇魏将曹珍，曹珍败退，而留赞则为魏将蒋班所败，留赞被杀。文钦入吴后，不能屈节下人，吕据、朱异等大将都很讨厌他，只有孙峻厚待他。

同年，孙皎之子孙仪和张怡、林恂等想趁孙峻会见蜀汉使者时密谋诛杀孙峻，事情败露，孙仪自杀，林恂等伏诛，受牵连被杀者数十人。孙鲁班又诬陷孙权和步皇后的女儿朱公主孙鲁育与孙仪同谋，因此孙峻将孙鲁育也一并杀死。

由于琅邪王孙休的妻子朱夫人是孙鲁育的女儿，孙休得知孙鲁育遇害后，便哭着与朱夫人告别并将其送回建业。不过，朱夫人到建业后，孙峻又让她回到了孙休身边。

孙峻想要在广陵地界修筑城防，朝臣都认为那里难以建城，但又因畏惧孙峻而不敢劝谏，只有滕胤一人表示反对。孙峻不听从，令卫尉冯朝修城，结果百姓饥困、军士怨叛，修城之事以失败告终。

四、惊惧而死遭除名

公元256年秋，孙峻用文钦之计，遣文钦及骠骑将军吕据、车骑将军刘纂、镇南将军朱异、前将军唐咨等自江都入淮泗，以图青、徐二州。

孙峻和滕胤来到"石头城"为军队饯行，但孙峻看到吕据率领的军队部曲整齐却心生厌恶，借口心口疼痛离去。当夜，孙峻做梦被诸葛恪的冤魂击中，惊惧发病。公元256年10月19日，孙峻去世，后事托付给了从弟孙綝。

不过，诸葛恪梦袭孙峻，大约是后世的演义。从史书记载来看，孙峻可能有心脏疾病。

孙峻临终之际，选择将大权交给从弟孙綝。后来，孙綝被吴景帝孙休诛杀后，孙峻的坟墓被刨开，殉葬的印章、绶带被没收，棺椁被削薄后再重新安葬。孙休又耻于与孙峻、孙綝同族，将二人族籍从族谱中删除，称其为"故峻、故綝"。因此，孙峻虽然没有被孙休诛杀，但他最终的下场也是比较凄凉的。

至此，东吴的命运可谓一波三折，曾经的强盛早已成为过去。实际上，诸葛恪兴兵攻魏失败，国力已经严重受损；而孙峻的胡作非为，更是让东吴根基动摇。可见，一个朝代的繁荣兴盛，离不开明智的执政者，否则一人之失足以让众人受尽苦难。然而，诸葛恪昔日才华横溢，却性格有瑕；孙峻少年勇猛，成年却随波逐流、专做坏事且能力不足，而他能上位纯属古世之恩泽。东吴后期二位执政，虽各领风骚一时，但品性高下立判。

第二十章

孙綝：东吴最强权臣，何以难逃覆灭命运

在东吴历史上的三大权臣诸葛恪、孙峻、孙綝中，以孙綝年龄最小，权势最大，也是唯一敢废立皇帝的权臣。孙綝的权势既然如此之大，那他为什么没有篡位或者说没有篡位成功呢？

一、年少执政失人心

孙静的长子孙暠有三个儿子，即孙绰、孙超、孙恭，而孙绰有个儿子叫孙綝，孙恭有个儿子叫孙峻。孙权比孙峻和孙綝大两辈，孙綝则是孙峻的从弟。公元256年10月19日，孙峻去世前将后事托付给时任偏将军的从弟孙綝。于是，朝廷任命孙綝为侍中兼武卫将军，领中外诸军事，受命代理主持朝政，接替孙峻掌控了东吴的最高权力，并召还前线的军队。

此时，身在前线的骠骑将军吕据得知孙綝掌权后大怒，与文钦、唐咨等诸将联名上书推荐卫将军滕胤为丞相，希望以此分割孙綝的权力，但孙綝改任命滕胤为大司马，且要求他去代替不久前逝世的吕岱镇守武昌。

吕据知道后大为不满，于是从北伐前线率军返回建业，派人通知滕胤密谋推翻孙綝。孙綝知道后，一方面派遣从兄右将军孙宪（？—256，一作孙虑）与丁奉、施宽等率舟兵在江都抵御吕据大军，又以皇帝的名义下诏让文钦、刘纂、唐咨等人攻击吕据，另一方面派遣侍中左将军华融、中书丞丁晏前往要求滕胤立刻出发捉拿吕据。

　　滕胤自以祸反，立刻扣留华融、丁晏，拥兵自卫，并向典军杨崇及将军孙咨表示孙綝谋反作乱，逼华融等人作书驳斥孙綝。孙綝则上表宣称滕胤叛乱，派将军刘承率骑兵围困滕胤，并许诺封爵赏赐。滕胤逼迫华融等人矫诏发兵，华融等人因不从而被杀。

　　此时，滕胤尚不知吕据大军已被孙宪阻挡，依然认为吕据会依期进军与其会合，因此面色不变、谈笑如常。有部下劝说滕胤引兵至皇宫的正东门苍龙门，不明原委的禁军将士见到滕胤后必然离开孙綝而听从滕胤的调遣，那时则可进驻皇宫，以皇帝的名义下诏诛杀孙綝。

　　当时已至半夜，滕胤不敢举兵包围皇宫，又仗着吕据会依约前来支援，于是命部下继续坚守。到了早上，孙綝大举进攻，杀死滕胤及将士数十人，并诛灭其三族。不久后，吕据被擒，最终自杀身亡，其三族皆被诛灭。

　　此后，孙綝暂时控制了局面，继而迁为大将军，假节，封永宁侯。孙宪在孙峻执政时很受厚待，在帮助孙綝平定吕据等人发难后得到的待遇反而比孙峻执政时少。于是，孙宪对孙綝很不满，与将军王惇共谋将其杀死。孙綝察觉后杀掉了王惇，并逼迫孙宪服药自杀。

　　公元257年，曹魏征东大将军诸葛诞因反对司马氏专权，在寿春举兵叛变，又杀扬州刺史乐綝，并派遣长史吴纲带领其儿子诸葛靓和牙门子弟到东吴请降，要求派援兵相助。东吴遂派遣文钦、唐咨、全端、全怿、王祚等人带领三万人先行赶往救援。魏镇南将军王基（190—261）围困寿春，但文钦等成功突围入城与诸葛诞会合。于是，曹魏集中朝内外二十余万大军，彻底将寿春围困得水泄不通。

　　当时，驻守夏口的镇军将军孙壹是吕据、滕胤的妻舅，而其弟孙封又因为知道滕胤、吕据的密谋自杀。孙綝派遣镇南将军朱异自虎林（今安徽省池州市贵池区乌石村）袭击夏口，迫使孙壹率部曲千余口逃奔曹魏。

　　东吴任命朱异为大都督，假节，率领三万人屯居安丰（今安徽省霍邱县）。曹魏兖州刺史州泰率军与朱异交战，朱异大败，死伤两千人。孙綝亲率大军进屯位于巢湖西北的镬里（今安徽省巢湖市巢湖北岸），又派遣朱异率领丁奉、黎斐等人的五万军队攻打曹魏。当时，朱异屯于黎浆（今安徽省寿县南），遣将军任度、张震等募勇敢六千人，在屯西六里处搭建浮桥夜渡淮河，准备修筑半月形的营垒，但被曹魏监军石苞及州泰发现后将之击破。朱异又制造攻城武器车厢围逼五木城（依托高地用车辆围作营垒的阵法），再次大败。与此同时，曹魏泰山太守胡烈（220—270）以奇兵五千从小路奇袭吴军屯放辎重的所在地都陆（今安徽省寿县），焚毁了朱异军队全部的军备粮草。

孙綝又再派兵三万命令朱异与魏军死战，朱异不从，孙綝大怒，要求朱异前往相见。此时，跟随朱异军中征战的柴桑督、奋威将军陆抗，制止朱异去见孙綝，但朱异说道："子通，家人耳，当何所疑乎！"朱异坚持前往。孙綝见到朱异后，马上让力士将其从座位上抓起来。朱异说："我吴国忠臣，有何罪乎？"孙綝下令杀掉朱异。之后，孙綝改派弟弟孙恩救援，他自己则退回建业。

寿春城中听闻孙綝退兵，军心不稳，同时文钦等多次试图突围未果。诸葛诞部将蒋班和焦彝出城投降，不久后吴将全怿和全端等人见援兵已绝，也率所部数千人出降。次年春，寿春沦陷，诸葛诞突围途中被杀。孙綝没有成功拯救诸葛诞，却将吴国的重要将领朱异杀死，因此一时间朝野对其愤恨不已。

当时，驻守吴国西部边境的骠骑将军朱绩担心，如果孙綝继续秉政，将使大臣们猜疑离心，使吴国陷入政治混乱，从而让曹魏可以乘衅入侵东吴。于是，朱绩密书暗中联系蜀汉，让他们事先制订吞并吴国的计划。

二、巅峰时刻擅废立

孙綝从前线返回建业后，吴帝孙亮已经开始亲政，且派人问责孙綝救援不成而诛杀大将之过。孙綝害怕会对自己不利，回到建业后称病不上朝谒见孙亮。随后，孙綝在朱雀桥南边修建宫室，命令其弟威远将军孙据负责宿卫宫禁苍龙门，其弟武卫将军孙恩、偏将军孙幹、长水校尉孙闿分别驻守各个营地，想以此来控制朝政以求自保。

公元258年，孙亮因为对孙綝不臣的行径大为不满，于是追究其三姐朱公主孙鲁育被杀事件的原委。全公主孙鲁班将责任推给朱据的两个儿子虎林督朱熊、外部督朱损，于是孙亮降诏怒责二人当年没有匡正孙峻诛杀公主孙鲁育的错误。孙綝上表入谏求情，但孙亮不予准许，派遣左将军丁奉诛杀了朱熊与朱损。朱损的妻子是孙峻的妹妹，因此孙綝更加忌惮孙亮。

此时，孙亮与孙綝的矛盾已经公开化了，并私下与全公主孙鲁班、太常全尚、将军刘承等讨论诛杀孙綝事宜。但孙亮谋事不密，被其中一个妃子知晓，而那个妃子是孙綝的从外甥女，于是偷偷向孙綝密报此事。（另一说全尚没有远虑，把事情告诉妻子孙氏——孙氏是孙綝的从姐——于是把事情告诉了孙綝。）

孙綝连夜带兵缉拿了全尚，并派遣其弟孙恩在苍龙门外杀害了刘承。然后，孙綝举兵包围皇宫，命令光禄勋孟宗到宗庙祭祀先帝，召集群臣宣布废掉孙亮。对此，群臣十分震惊，但无人敢违抗孙綝的命令。孙綝乃派遣中书郎李崇夺取了玉玺，以诏书的形式向全国公布孙亮所谓的罪状。尚书桓彝不肯在诏书上署名，被孙綝杀害。

就这样，孙亮被废为会稽王。典军施正劝孙綝立孙权六子琅邪王孙休为皇帝，孙綝表示同意，于是派遣宗正孙楷进奉书信给孙休说："我以浅薄的才能，被授予重任，不能辅佐引导陛下。近几个月以来，陛下多次任意妄作，亲近刘承，迷悦女色，征调官员百姓家中的女子，挑选出漂亮者，留在后宫之中；挑选出部队中十八岁以下的年轻人三千多名，在宫苑中操演，夜以继日地吵吵嚷嚷，毁坏武库所藏的矛戟五千多支，用作戏闹的器具。朱据是先帝的老臣，他的儿子朱熊、朱损都能继承父亲的事业，能自守忠诚道义，之前杀害朱公主，本是全公主起始设谋，而陛下不重新查清事情的原委，便杀死朱熊、朱损，对他劝谏他不采纳，各位下臣无不惶恐嗫声。陛下还在宫内造小船三百余艘，用金银饰成，工匠日夜不停地干。太常全尚，几代蒙受圣恩，不能督察自己的各位亲属，而全端等人更是弃城投奔魏国。全尚权位过于显要，却没有发一句劝谏陛下的话，反而与敌人往来，派人传递国家的消息给敌国，恐怕他必定会危害毁灭社稷。推案旧典，气运集于大王身上，因此我擒拿全尚、斩杀刘承，以陛下为会稽王，故派孙楷前来奉迎大王。百官翘首，夹道欢迎。"

随后，孙綝派宗正孙楷与中书郎董朝将孙休迎回建业登基。同时，孙綝另派孙耽将孙亮送到封国；全尚被流放至零陵郡，途中被孙綝派人追杀；全公主孙鲁班则被迁徙至豫章郡。

孙綝志得意满，开始肆意妄为，甚至破坏民间信仰，烧掉伍子胥庙，后又破坏各地的佛寺，斩杀僧人。

孙休即位后，孙綝自称草莽臣，到宫门上书说："臣自我反省，不是主持国家大政之才，只因是皇上近亲，地位才居于群臣之上，损伤皇帝名声，污坏皇位，罪责昭彰，寻究罪过，日夜忧惧。为臣听说天命辅助诚信，必定亲近有德之人，故此周幽、厉二王失去法度，而宣王中兴。陛下有圣明的德行，继承帝业，应得贤良辅佐，以此调谐朝政，即使唐尧那样德行盛广，尚且需要后稷与契的辅佐，以协助明圣的德行。古人有言：'陈力就列，不能者止。'为臣虽然竭力施展自己的能力，但对各种朝政没有什么补益。谨此呈上印玺、绶带、符节、斧钺，退归故里，以此给贤者让出道路。”

孙休劝慰孙綝，又下诏说：“朕以无德之身，驻守藩国于朝外，值此变革机会，各位公卿士大夫找到我这个人，让我奉祀宗庙。朕因此怅然，如涉深渊、薄冰。大将军忠诚的计谋出于内心，扶危定倾，安定康复社稷，功勋赫然。从前汉宣帝登基，霍光尊贵显赫，褒扬贤德、奖赏功绩，这是贯通古今的道理。现以大将军为丞相、荆州牧，增食五县。”

随后，孙綝之弟孙恩被封为御史大夫、卫将军，孙据为右将军，二人皆封县侯。孙幹为杂号将军、亭侯，孙闿也受封为亭侯。就这样，孙綝一门五侯，而且皆掌管禁军部队，权力远远超过皇帝，是东吴的大臣中一直以来未曾出现的事情。

三、权臣末路夷三族

孙休登上帝位后，深知孙綝权倾朝野，尾大不掉，因此对他时刻提防小心。有一次，孙綝奉献牛酒给孙休，孙休没有接受。于是，孙綝用酒宴请左将军张布，喝到尽兴时口出怨言道：“当初废黜少主（指孙亮）时，不少人劝我应该自己即位称帝。我认为当今陛下贤明，所以把他迎立为天子。皇帝没有我就不可能即位，如今我奉上礼品却遭到拒绝，只是把我当作一般的臣子来对待而已，看来我必须再次改变计划了。”

随后，张布将此事告诉给孙休。孙休谨记在心，但怕孙綝会犯上作乱，于是对其多次给予赏赐，下诏说：“大将军忠诚发自内心，首建大计来安定国家，朝廷内外文武百官一致赞同他的建议，一同有功劳。从前霍光定计，百官同心，也未超过今天的情形。按照前些天与大将军商议定下的参加告庙仪式的人员名单，依照旧例应该加晋爵位者都要尽快办理。”不久后，孙休又下诏说：“大将军执掌朝廷内外诸多军务，事务头绪繁多，现加授卫将军、御史大夫孙恩为侍中，与大将军分担省察各种事务。"

当时，有人告发孙綝怀怨在心，侮辱圣上，意图谋反，于是孙休将此人抓住交给孙綝发落。孙綝杀了该告密者，但此后他也开始感到惶恐不安，便通过孟宗向孙休表示自己要出屯武昌。孙休答应了孙綝的要求，敕命孙綝所督率的中营精兵万余人跟随前往，同时军队所需要的武库兵器都下令给予。孙綝求带走两名中书郎，自己管荆州诸军事，同时上奏给自己的文件也由二位中书郎管理，不向外界吐露。孙休特地应允，孙綝的所有请求，一律答应。

将军魏邈劝告孙休，表示如果让孙綝出屯地方的话将会造成国家动乱，而武卫士施朔也举报孙綝有谋反的举动。

于是，孙休秘密询问张布解决办法，张布和丁奉商议后决定在腊祭之日设宴来谋杀孙綝。在腊祭宴会当天，孙綝因为此前听到一些风声，遂以身体不适为由拒绝出席。孙休派出使者十余人去请孙綝赴宴，孙綝无法再推托，只得前往。行前孙綝与家中约定，在宴会过程中家人可在府内放火，他就以这个借口伺机返回。

后来，孙綝见府中火起，于是向孙休请求返回，孙休不准许。孙綝准备强行离席，丁奉、张布此时示意左右将孙綝捆绑起来。孙綝方才醒悟，跪下叩首道："臣愿意被流放到交州赎罪。"孙休答道："卿当初为何不流放滕胤、吕据，而却将他们诛杀？"孙綝再次请求道："臣愿意受罚沦为官奴。"孙休又答道："为什么当初不让滕胤、吕据成为官奴？"随后，孙休下令将孙綝斩首示众，并宣布曾与孙綝同谋作乱者一概予以赦免，于是孙綝部众放下兵器请降者多达五千人。时为公元259年1月18日事。孙綝弟孙闓乘船想要渡河北降曹魏，在逃亡途中被吴追兵所杀。孙休下令夷灭孙綝三族，且发掘出孙峻棺木，取出其陪葬印绶，将棺木砍薄后再重新埋葬，以此追究其当年杀害朱公主孙鲁育的罪行。

孙休认为与孙峻、孙綝同族是耻辱，特地从宗族中取消了他们的名字，将他们称作"故峻、故綝"。孙休又下诏说："诸葛恪、滕胤与吕据原来是无罪，而是受到孙峻、孙綝兄弟所残害。我为此感到痛心，希望能为他们改葬，并加以祭祀。因为他们而牵连被流放者，都可以回来。"

孙綝之死是三国时期唯一的一起小皇帝扳倒权臣的案例，也是历史上第一次小皇帝没有借助宦官之手扳倒有废立之权的权臣。当然，孙綝之死并不能让东吴起死回生，因为当一个王朝的土壤已经足够能培养出权臣时，杀掉个别权臣只会让其他野心家出头而已。孙休虽然想要改变，但他根本无力扭转这个建国不到四十年却已经步入暮年的王朝。对于权臣而言，一般只有两个结局，要么如曹操、司马懿那样，完成谋权篡位，自己家人当皇帝；要么就如董卓、孙綝这样，疯狂过一把瘾后身死族灭。孙峻和孙綝作为东吴的旁系宗室，纯粹是靠孙氏血缘起家，虽然掌权，却是志大才疏、色厉内荏之辈，并对大臣将领甚至是皇室宗亲一味打压甚至斩尽杀绝，这些行为让东吴的大臣们人人自危、人心浮动，对其恨不得人人得而诛之。最终，靠血缘关系起家的孙峻和孙綝二人只会铲除异己、得罪豪族，一味地强硬嗜杀，所以其很快败亡也就是理所当然了。

第二十一章

大乔和小乔：红颜暗消，姐妹花的坎坷命运

汉末三国，不仅仅是男人的世界，也有很多奇女子纵横江湖。其中，有一对亲姐妹，即孙策的妻子大乔和周瑜的妻子小乔。"遥想公瑾当年，小乔初嫁了"，这是宋人苏东坡在《赤壁怀古》词里面的句子，写的是周瑜和小乔。在魏、蜀、吴三国中，东吴濒海，其美女自然和别处不一样，个中名气最大的就是大乔和小乔。

一、江东二乔姓什么

关于大乔、小乔存在的真实性，陈寿在《三国志·吴书·周瑜传》中做了明确的记载："策欲取荆州，以瑜为中护军，领江夏太守，从攻皖，拔之。时得桥公两女，皆国色也。策自纳大桥，瑜纳小桥。"此处，"桥"通"乔"，亦作大乔、小乔。裴松之《三国志注》引《江表传》记载："策从容戏瑜曰：'桥公二女虽流离，得吾二人作婿，亦足为欢。'"这件事应该发生在公元199年左右。

公元199年，刚刚脱离袁术不久的周瑜与割据江东的小霸王孙策合作。孙策与周瑜同龄，早年就相识，又都属于青年才俊，所以他们的合作颇有点英雄相惜的感觉。孙策对这位兄弟也不薄，无论是在任用上还是在待遇上，对周瑜都是高看一眼。因此，当他们合力攻下庐江太守刘勋的大本营皖城（今安徽省潜山县），意外得到当时正住在皖城东郊的桥公两个国色天香的女

儿，两人也自然是二一添作五了。孙策比周瑜大一个月，所以娶了姐姐大乔，周瑜则娶了妹妹小乔。

在《三国志》中，陈寿以"时得桥公两女"表示，而此"得"字用得很绝：强行霸占也是"得"，自愿送上门也叫"得"，不知孙策、周瑜当时到底是哪一种"得"法。当然，结果是两个东吴的青年才俊把这对姐妹花娶回家了，想必大小乔应该有非同一般的美貌和才艺。

至于大小乔到底有多美，正史中对于她们的记载仅《三国志》一处且再无下文，甚至连名字都没留下。不过，历代文人却被史书中所称大小乔"皆国色也"所吸引，其中最有名的要数唐代诗人杜牧的诗句："东风不与周郎便，铜雀春深锁二乔。"意思是说，在赤壁大战中，如果周瑜不是有东风相助，趁风势火烧曹操战船取得胜利，那大小乔早就成了曹军的战利品，被关到曹操建的铜雀台去了。

二、铜雀春深的误会

唐代诗人杜牧（803—852）曾经掀起过晚唐诗歌的盛世，他曾写过一首《赤壁》："折戟沉沙铁未销，自将磨洗认前朝。东风不与周郎便，铜雀春深锁二乔。"杜牧这首诗一出，似乎曹操率领八十三万大军攻打赤壁是为了抢夺大小乔。历史的事实当然是否定的，因为赤壁之战发生在公元208年，而铜雀台是公元210年开始修建的。换言之，铜雀台与赤壁之战之间没有任何关系，与大小乔更是风马牛不相及了。

公元210年，曹操的北伐、东征均获得胜利，其时曾经占据河北的汉末最强割据势力袁绍父子也被灭掉了。当时，曹操住在邺城，晚间突然看见远处金光大放，次日便派人到那个地方掘地三尺，不想竟然挖得了一尊铜雀像。谋臣荀攸说这是吉兆，曹操自然十分高兴，大喜。于是，曹操决定在漳水之上建铜雀台，以彰显自己平定四海的功德。

那么，铜雀台是用来做什么的呢？

据《水经注》记载，严才叛乱之时都打到宫殿边门了，王修赶紧去宫门救援。此时，曹操看到有人去宫门救援，于是推测说肯定是王修。可见，当时的铜雀台是一座高台，是作为战略攻防屏障来使用的，具有十足的军事价值，或者说相当于军事要塞。

除此以外，所谓"建安风骨""魏晋风流"，会集了不少文人墨客，如"建安七子""竹林七贤"。实际上，开启魏晋风流的正是建安风骨，而建安风骨的代表人物就是"建安七子"和"三曹"，其中首推曹操的成就最高。

那时，清谈之风盛行。文人墨客以文会友，便让有才之人登上高台发表高谈阔论或吟诗作对。曹操的文学素养有目共睹，有"东临碣石，以观沧海"的千古名句，更有学者说"建安风骨，乃是曹孟德一人之功"。同时，曹植那篇传唱千年的《洛神赋》就是在铜雀台上所作。另外，汉末才女蔡文姬也曾登高台作赋。所以，铜雀台又兼有会客、吟诗雅地的作用。

在曹魏时期，铜雀台就是一处风雅之地。不过，曹操死后不足百年，后赵第三位皇帝石虎（295—349，于334年称天王，349年称皇帝）占据了铜雀台，这里被其变成了玩弄女性的不堪之地。石虎不光把曹魏的铜雀台城墙加高，在里面设置了一百二十个房间并安置了女妓和侍女，而且还在地下挖了两个大井存放粮食和财宝。

据《三国志·魏书·武帝纪》记载，曹操《遗令》中对曾经侍奉自己的歌姬妻妾进行了安置，让她们到铜雀台居住："吾婢妾与伎人皆勤苦，使着铜雀台，善待之。月旦、十五日，自朝至午，辄向帐中作伎乐。诸舍中无所为，可学作履组卖也。"这说明曹操生前未曾将姬妾困在铜雀台，在其将死之际也没有让姬妾陪葬，并给她们妥善之所安置好让她们继续活下去，还叮嘱可以编草鞋换钱度日。

铜雀台久经岁月后，明末时大半淹没于漳水之中，如今只剩下遗址了。

三、江东二乔幸福吗

从大小乔方面来说，一对姐妹花同时嫁给两个天下英杰，一个是雄略过人、威震江东的孙郎（孙策），一个是风流倜傥、文武双全的周郎（周瑜），堪称美满姻缘了。按常理，郎才女貌，结成伉俪，当然应是两情相悦、恩爱缠绵。然而，大小乔是否真的很幸福呢？

其实，大乔的命是很苦的。孙策娶大乔的那年二十五岁，大乔则是十八岁，可惜天妒良缘，半年多后孙策死去。当时，正当曹操与袁绍大战官渡之际，孙策准备阴袭许昌以迎汉献帝，从而从曹操手中接过"挟天子以令诸侯"的权柄，却被前吴郡太守许贡的门客刺成了重伤。在生命垂危之际，孙策回到江东，死时年仅二十六岁。

当时，大乔仅二十出头，身边只有襁褓中的儿子孙绍，何其凄惶！从此，大乔只有朝朝啼痕，夜夜孤衾，含辛茹苦，抚育遗孤，且岁月悠悠，红颜暗消，一代佳人不知何时已渐渐凋零！

小乔的处境比姐姐大乔好一些，她与周瑜琴瑟相谐，恩爱相处了十二年。周瑜容貌俊秀，精于音律，至今还流传着"曲有误，周郎顾"的民谚。小乔和周瑜恩爱情深，并随军东征西战，经历过著名的赤壁之战。战后二年，"瑜还江陵，为行装，而道于巴丘，病卒，时年三十六岁"。在这十二年中，周瑜作为东吴的统兵大将，江夏击黄祖，赤壁破曹操，功勋赫赫，名扬天下；可惜年寿不永，在准备攻取益州时病死于巴丘，年仅三十六岁。这时，小乔也不过三十岁左右，乍失佳偶，其悲苦也可以想见。

周瑜留下二子一女，至于是否皆为小乔所生，史无明文。由于周瑜的特殊功勋，孙权待其后人特别优厚：其女嫁给孙权的太子孙登为周妃，但太子孙登三十三岁时早亡；长子周循娶了当朝公主，拜骑都尉，颇有周瑜弘雅潇洒的遗风，可惜"早殇"；次子周胤亦娶宗室之女，后封都乡侯，但因"酗淫自恣"，屡次得罪，废爵迁徙，最终仍被孙权赦免，后病卒。

美人命薄，天妒英才，孙策和周瑜的英年早逝终使得一代佳人未能逃过红颜暗消的命运。

当然，有关大小乔和孙策、周瑜的故事，很大程度上属于后人的美好愿望。从史书的"纳"可以看出，大小乔仅仅是妾，在家中的地位就不言自明了。当然，对于乱世中的大小乔而言，能嫁给天下闻名的英雄，也算是一个不错的归宿了。

不过，也有人认为仅仅凭一个"纳"字不能武断大小乔的身份为"妾"，她们也可能是孙策和周瑜的妻室，因为在《三国志》里同样有娶妻用"纳"字的记载。

例如，《三国志·蜀书·二主妃子传》："先主既定益州，而孙夫人还吴，群下劝先主聘后，先主疑与瑁同族，法正进曰：'论其亲疏，何与晋文之于子圉乎？'于是纳后为夫人。建安二十四年，立为汉中王后。"

《三国志·蜀书·二主妃子传》："后主敬哀皇后，车骑将军张飞长女也。章武元年，纳为太子妃。"

据《三国志·吴书九》中记载，大乔、小乔为"桥公"之女。清人沈钦韩（1775—1831/1832）在《两汉书疏证》一书中说："桥公者，太尉桥玄也。汉制为三公者方称公。"沈钦韩的意思是，只有官至"三公"（太尉、司徒、司空）的人才能被称作"公"，因此《三国志·吴书九》中记载的"桥公"必为汉太尉桥玄。此后，沈钦韩的说法被多方引用，几成定论，但此说实际上是没有史实依据的。

学者卢弼（1876—1967）在其所著的《三国志集解》中指出："弼按：权呼张昭曰张公，时人呼程普为程公，世人呼庞德公为庞公。'河南守吴公治平为天下第一'，见《汉书·贾谊传》。'于公治孝妇狱，郡中大敬重于公'，见《汉书·于定国传》。是皆不必三公始称公也。"可见，在当时并不是只有官至"三公"的人才能被称作"公"，因此沈钦韩的说法是不成立的。

卢弼在《三国志集解》里还指出："又按：本传桥公二女为攻皖时所得，据《寰宇记》，桥公为舒州怀宁人，即汉之庐江郡皖人。范书（范晔《后汉书》）《桥玄传》玄为梁国睢阳人，两不相涉。果为玄女，则阿瞒方受知于玄，铜雀春深，早已如愿相偿，伯符、公瑾不得专此国色矣。范书（范晔《后汉书》）、陈志（陈寿《三国志》）绝无一字及之，沈说之误无疑矣。"这里再一次论证了沈钦韩的说法有误。

另外，按《三国志》的记载，孙策、周瑜分别纳大乔、小乔是在攻破皖城之后，即是公元199年的事。但是，桥玄早在公元183年就已去世，死时已有七十五岁，从年龄上来看也不可能是大乔、小乔之父。

第二十二章

孙尚香:"进妹固好",实为孙刘联盟牺牲品

在三国时期,有一个特别的女人,她身手敏捷、刚强勇猛,身边有一百多个侍婢,个个都执刀守卫在其身边。这个女人叫孙尚香,孙权是她的兄长,刘备是她的丈夫。

一、孙刘联盟的背景

裴松之《三国志注》引《志林》记载:"坚有五子:策、权、翊、匡,吴氏所生;少子朗,庶生也,一名仁。"也就是说,孙仁原本是孙坚庶出的一个儿子的名字。那么,孙仁何时成了孙权的妹妹、刘备的妻子的名字了呢?

实际上,关于"孙仁"是孙权的妹妹之名的说法,从未出现在正史中,只是在《三国演义》中才有了此说。至于"孙尚香"这个名字,最早出现在清代戏剧《龙凤呈祥》(又名《甘露寺》)和《别宫·祭江》中。也就是说,孙权的妹妹、刘备的妻子是否叫孙仁或孙尚香的说法,正史中未有确切记载,此处暂且遵从通常的说法。这样,孙权的妹妹、刘备的妻子的名字才最终"完整"了,即孙仁,字尚香。

孙仁,即孙尚香,其名"仁"出现在她的活动年代大约1200年之后,而表字"尚香"则出现在她的活动年代大约1500年之后。当然,关于孙夫人的相貌,正史中没有任何描写。

　　关于孙权进妹联姻的背景，是赤壁之战后刘备征荆南四郡。公元208年，赤壁之战后，刘备得到了休养生息的机会，势力逐渐扩大。据《三国志·蜀书·先主传》记载："（备）又南征四郡。武陵太守金旋、长沙太守韩玄、桂阳太守赵范、零陵太守刘度皆降。庐江雷绪率部曲数万口稽颡。"

　　此时，孙权怎么样呢？据《三国志·蜀书·先主传》记载："权稍畏之，进妹固好。""稍"，即"逐渐"。这句话的意思是，孙权在刘备征伐荆南四郡的过程中逐渐对其产生了畏惧心理，因此"进妹固好"。孙权亦人杰，彼时提领江东近十年，他为何会对刘备逐渐产生畏惧心理呢？因为刘备征伐荆南四郡的过程相当血腥，令人闻风惊惧。就是在这种大背景下，孙夫人被迫嫁与刘备，以巩固孙刘联盟。

　　据《三国志·吴书·周瑜传》记载，周瑜对刘备有明确的认知，"刘备以枭雄之姿，而有关羽、张飞熊虎之将，必非久屈为人用者"，而周瑜生前更是对入川念念不忘，"瑜领南郡守，扼守入川通道，而备亦欲入川功劫刘璋，以资大业。故与瑜不睦"。怎么对付同样企图入川的刘备呢？周瑜曾劝孙权杀刘备，但孙权没有听从。周瑜又劝孙权引刘备入京口（彼时孙权治所），广置玩物以娱其耳目，使刘备居于东吴控制之下："愚谓大计宜徙备置吴，盛为筑宫室，多其美女玩好，以娱其耳目，分此二人，各置一方，使如瑜者得挟与攻战，大事可定也。"周瑜人雄，此计甚毒。周瑜原本希望将刘备控制在京口，但孙权则反其道而行，想将妹妹安插入公安。最终，孙权并非质刘备于东吴，而是将妹妹安插在了荆州。值得注意的是，对于周瑜和孙权的计策，刘备是欣然接受的，反正是孙权派人把自己的妹妹送到荆州，恰好其身边的甘夫人和麋夫人等几任妻妾均已过世，如此何乐而不为呢？然而，此事的结局却非东吴所愿，正所谓"周郎妙计安天下，赔了夫人又折兵"。

　　就这样，孙夫人和刘备开启政治联姻，时年刘备四十八岁，孙尚香二十多岁。

二、孙刘间的夫妻情

刘备子嗣稀薄，且多丧兵祸，故"开枝散叶，延续统嗣"成为其紧要事务。公元207年，刘备四十六岁时生太子刘禅，其后又有梁王、鲁王陆续出生。不过，孙夫人与刘备成婚数载，竟一无所出。

究其原因，在于孙刘二人之间剑拔弩张、异常紧张的关系。对于刘备和孙尚香夫妻二人来说，婚姻的愿望是美好的，但现实是残酷的。

第一个方面的原因，孙刘政治联姻的现实。尽管刘备算是那个时代少有的英雄，孙尚香可能也有真心实意嫁给刘备的成分，但孙尚香仍然要背负着妻子和"间谍"的双重身份，在东吴和蜀汉的"国事"中间两头为难。在这期间，孙尚香难免会遭到刘备的猜忌，从而影响到两人的和谐关系。

第二个方面的原因，孙尚香本人的性格。史书上说，孙夫人性格刁蛮，为人豪爽。平时我行我素惯了的孙夫人，喜欢舞刀弄枪，不仅自己带武器，就连身边的侍女都带着武器。婚后，孙夫人也一如既往，竟然在自己的住处安排了百余名手执利刃的侍女，"妹才捷刚猛，有诸兄之风。侍婢百余人，皆执刀侍立"。因此，刘备每次去孙夫人的住处都胆战心惊，仿佛上战场看到了刀光剑影的样子，"备每入，心常凛凛"。不仅如此，刘备见孙尚香也很不方便，需要先让侍女去通报后才能与之相见。据《三国志·蜀书·法正传》记载，诸葛亮在回忆刘备在荆州的这段时光时曾说："主公之在公安也，北畏曹公之强，东惮孙权之逼，近则惧孙夫人"变生肘腋之下"；当斯之时，进退狼跋。"在诸葛亮看来，当时刘备的处境非常艰难，曹操在北面大军压境，孙权在东面步步紧逼，内又担心孙夫人生变制造事端。

在诸葛亮列举的刘备的三大敌人中，孙夫人的威胁已经跟曹操和孙权并列了，这是多么恐怖的事情。所以，诸葛亮和法正都劝说刘备与孙夫人离远点儿，毕竟刀剑不长眼，万一出事就很危险了，因此让刘备"提防之"。就这样，听诸葛亮与法正等大臣这么一说，刘备也觉得有道理，慢慢地便与孙夫人疏远了，并为此还专门命人划出一块地给孙夫人住，让她不要在其他的地方"惹是生非"。恰好此时，刘璋邀请刘备入川，于是刘备没有带孙夫人一同前往，而是把她留在了荆州。

三、孙刘联姻的实质

公元211年，刘备入川，留张飞、赵云等人守荆州，尤其是让赵云监视孙夫人。据裴松之《三国志注》引《云别传》记载："先主孙夫人以权妹骄豪，多将吴吏兵，纵横不法。先主以云严重，必能整齐，特任掌内事。"果不其然，刘备西征未几，孙夫人便欲携刘禅与所将吏兵东奔还吴。此时，孙权"闻备西征，大遣舟船迎妹"，"而夫人内欲将后主还吴，云与张飞勒兵截江，乃得后主还"。由此可见，刘备的一举一动都在孙权的眼皮子底下。公元213年，赵云、张飞亦率部入川。可见，孙夫人欲携刘禅东奔就在此期间，至于孙权如何得知出奔的具体时间自不必多说，彼时左将军府早已被"东吴吏兵"渗透成了筛子。

赵云、张飞闻讯孙夫人欲携刘禅东奔，勒兵截江，夺刘禅以归。然后，孙夫人还吴，即所谓"大归"（指被夫家遗弃，永归母家），自此不见史书记载。据陈寿撰《三国志·蜀书·后妃传》无孙夫人记录可知，孙夫人彼时应已遭刘备弃遣，而孙夫人亦不以刘备为意。刘备与孙夫人真可谓"貌离神离"，彼此视若寇仇，觅得机会便要刀兵相向并直插死穴。孙夫人与刘备的结合，可谓汉末三国最为不幸且也最为荒诞的政治联姻。

孙夫人与刘备的联姻，最早缘于周瑜"分备制衡"之策。随着刘备征伐荆南，攻劫城邑，其枭雄本色日渐显露，而周瑜昔日的预言——成真，于是孙权对其逐渐畏惧，故"进妹固好"。换言之，孙刘联姻本就各怀鬼胎。

至于刘备得川蜀后妄作大言"须得凉州，乃还荆州"，引发孙权暴怒，遣吕蒙攻略荆南，也便理所当然了。关羽骂孙权为"貉子"，孙权骂刘备为"猾虏"，可知孙刘联盟的基础脆弱而可笑。在此背景下，互相拆台、安插眼线简直成为人所共知、不可避免的必然。就这样，孙夫人便充当了孙权安插在刘备幕府的耳目，而且孙夫人以盟军兼主母身份在荆州可以直插机要，兼有大量随行而至的"东吴吏兵"以为羽翼，使得刘备时刻担心"变生肘腋之下"。与此同时，孙夫人对刘备亦无甚感情，乃至刘备每入见侍婢持刀环绕便"心常凛凛"。

孙夫人与刘备结婚数载竟然一无所出，或许既有刘备之不喜，也有孙夫人之憎恶。刘备西征，孙夫人果然"变生肘腋之下"，甚至孙权能够提前"大遣舟船以迎"而欲劫夺刘禅为质，幸好张飞、赵云忠勇而使刘禅回还。随后，孙夫人亦一去东吴而不归。应该说，孙夫人与刘备离异，对双方可能都是一种解脱。对于孙刘二人来说，孙夫人风华正茂，可归乡寻觅江东才俊，欢度余生；而刘备欲谋大业，亦可联姻刘瑁寡妻，镇抚川地。当然，历史的真相不能假设，甚至有时还异常荒诞惨烈。

四、被演绎的孙尚香

在孙夫人与刘备联姻过了一百多年后，东晋史学家习凿齿（317—384，一说325—393年或328—413年）在《汉晋春秋》一书中说，刘备夷陵之战失败后病死于白帝城，孙夫人身在东吴听说后想去看看，但是吴蜀两国当时敌对而无法成行，只好终日立在长江岸边遥望西蜀哭泣。

习凿齿补充的这一则孙夫人结局看起来非常感人，而且成了小说《三国演义》中孙夫人听说刘备去世后跳江殉情这段情节的原型。但是，习凿齿补充的这个故事可信度极低。因此，生于习凿齿之后的裴松之，他在《三国志注》中便没有引用这则故事。

由于历史上孙夫人与刘备的矛盾非常尖锐，成书于宋元时期的《三国志平话》又将孙夫人描写成了一个奉孙权命令前来杀掉刘备、后来又企图抢走刘禅的恶人。在《三国志平话》中，孙夫人从此前的历代故事中开始了华丽的转型，虽然还是跟刘备关系恶劣，但孙夫人在《三国志平话》中有两个重要的"情节突破"：一是孙夫人虽然执行的是杀掉刘备的任务，但是据说她被刘备的王霸之气给镇住了，而且对刘备还多少产生了一些感情，并主动破坏了周瑜杀掉刘备之策的计划；二是孙夫人在携带刘禅私自奔逃东吴的过程中被张飞在马上大骂，她深感自己的行为对不起刘禅，竟然羞愧地从船上跳江自杀了。

有了上述两个"情节突破"之后，孙尚香的形象开始向正面人物转型了，到了《三国演义》中终于彻底完成了孙尚香的人物形象大转变。通过《三国演义》"梦笔生花"的演绎，孙尚香终于变成了"不爱红装爱武装"的舞剑美女且"美女爱英雄"，并多次在关键时刻帮刘备脱困，甚至即便是后来孙夫人带刘禅回东吴，也是孙夫人被东吴张昭等人欺骗所致。总之，《三国演义》演绎的孙尚香才是我们现在所熟悉的那个孙夫人，美丽、活泼、知礼、贤惠、善良且又有那么一点骄横，即她用美丽和悲剧成就了刘备的戏剧人生。

关于《三国演义》为什么下大力气来大幅度"改造"出一个如此惹人怜爱的孙夫人，理由就是其要塑造一个仁义无双的刘备形象而已。

第二十三章

孙鲁班：最会玩弄权术的东吴全公主

在汉末三国的奇女子中，孙权与步练师所生的长女全公主孙鲁班，则被称为三国最会玩弄权术的女人。

一、孙权长女两嫁汉

东汉末年，天下大乱，出身淮阴大族步氏的步骘迁居到江东避乱，后于公元200年被孙权任命为主记。此后，步骘一路升迁，直到公元246年担任丞相。步骘避乱江东时，其族人步练师（？—238）也随母亲迁徙居庐江。庐江被孙策攻占后，步练师母女东渡长江。后来，步练师因出落得美丽而被孙权纳为妾室，并于公元212年起宠冠后庭，先后生下了两个女儿——孙鲁班和孙鲁育。步练师性格不妒，经常举荐他人，因此长久受到孙权宠爱和尊敬。

孙权曾多次打算立步练师为王后/皇后，但太子孙登及朝中群臣商议认为，步练师一非元配二无儿子，应该立太子孙登的养母徐夫人为后。于是，孙权索性不再册立皇后。公元238年，步练师去世，群臣终于联名上书请求追封。因此，孙权以皇后的礼仪为步练师举殡，并追封她为皇后。另外，孙权还发了一道情真意切的诏书，追悔自己当初没有坚持立步练师为皇后。孙权一直对步练师情深意重，加上心怀愧疚，所以待步练师所生的两个女儿十分娇宠，尤其是对长女全公主孙鲁班更是纵容之至。

孙权的长女名孙鲁班，字大虎。早在孙权为吴王时，他便为太子孙登聘娶周瑜之女为太子妃，又将长女孙鲁班嫁于周瑜的长子周循，并拜周循为骑都尉。可惜，周循年纪轻轻就病逝了，孙鲁班遂成为年轻的寡妇。孙权称帝后，孙鲁班改嫁给卫将军全琮，故被称为全公主（孙权的次女孙鲁育，因嫁给左将军朱据，故被称为朱公主）。

　　孙鲁班嫁给全琮之前，全琮已经有了长子全绪和次子全寄。婚后，全公主孙鲁班又生了两个儿子，即全怿和全吴。在史书上，步练师、周循、全琮留下的名声都非常好，但是跟他们关系密切的孙鲁班却并非如此，甚至截然相反。

二、插足政治不平凡

　　随着步练师的去世，孙权立谁为后的事情再度提上议事日程。恰在这个节骨眼儿，公元241年，太子孙登（周瑜的女婿）也病逝了。由于次子孙虑（213—232）死得更早，三子孙和就成了新任太子的不二人选，但孙权很喜欢四子鲁王孙霸（孙和的同母弟弟），便给了孙霸与太子孙和一样的待遇。

　　此后，东吴朝廷分成了两派：支持太子孙和的，有全公主孙鲁班的妹夫、娶了朱公主孙鲁育的骠骑将军朱据等人；支持鲁王孙霸的，有全公主孙鲁班生母步练师的族人步骘、孙鲁班的丈夫全琮、孙鲁班的堂侄孙峻等人。全公主孙鲁班支持谁呢？她谁也不支持，因为这两个同父异母的弟弟的生母琅琊王夫人曾与其生母步练师争宠，故对此怀恨在心。孙鲁班不但不肯让王夫人当皇后，更不想让这两个同父异母的弟弟中的任何一人继承帝位。当然，孙鲁班也知道自己不能直接跟这两个同父异母的弟弟硬碰硬，只能有事没事就在父亲孙权面前编排王夫人的不是。渐渐地，孙权对王夫人产生了偏见。

　　偏巧，此时孙权又生了一场大病。于是，全公主孙鲁班时刻不离父亲孙权病榻前，一边端汤送药好生照看着孙权，一边说着自己的所见所闻：什么王夫人面有喜色，什么王夫人想让孙和早点上位，等等。病中的孙权一听，顿时勃然大怒。

奇怪的是，孙权病愈后不久，王夫人便因"权深责怒，以忧死"。可以想见的是，王夫人当然不是"忧"死的，只是后来的史家"为尊者讳"而不敢明说而已。

王夫人死了，太子孙和却没有意识到危险的来临。孙权患病期间，太子孙和前往祖庙祭祀祈福。住在祖庙附近的太子妃张氏的叔父张休（205—245）盛情邀请太子孙和到家里小坐，太子孙和就去了。全公主孙鲁班得知此事后，马上添油加醋地汇报给了父亲孙权，说太子孙和趁孙权病重之际与一干外戚私下聚会，不知道他们在密谋些什么。孙权联想到此前王夫人的"所作所为"，对太子孙和更加怀疑了。

当然，废立储君毕竟是国家大事。支持孙和的自不必说，就是反对孙和的也只同意立孙霸为新太子。但对于全公主孙鲁班来说，若废孙和立孙霸，岂不是换汤不换药？那么，找谁做帮手一并把孙霸也除掉呢？恰好此时全公主孙鲁班的丈夫全琮死了，于是徐娘半老的孙鲁班看中了"志同道合"的堂侄、侍中孙峻。

作为皇族近亲，孙权十分信任长得英俊潇洒的孙峻。平时，孙峻在东吴后宫出出入入，经常借机勾搭孙权的侍妾，已是人所共知的事情，只是瞒住了孙权而已。由于全公主孙鲁班的特殊地位，孙峻立即与堂姑勾搭在了一起。在孙峻看来，孙权幼子孙亮被立为太子最合适，因为孙权为孙亮定下的娃娃亲小全氏就是全尚之女，而孙峻的姐姐是全尚的妻子。这样，如果孙亮能够登基为帝，孙峻既是小皇帝的侄子，又是小皇帝的外家舅父——侄子做了大舅爷了，如此便是亲上加亲。

全公主孙鲁班的胞妹朱公主孙鲁育是个善良的女人，她不赞成姐姐的做法，而朱公主的丈夫朱据又是太子孙和一党的，于是全公主和朱公主姐妹之间便产生了嫌隙。

在全公主孙鲁班和孙峻等人的努力下，公元250年秋，孙权下诏：废黜太子孙和，赐死鲁王孙霸，立年仅八岁的孙亮为太子，劝谏的骠骑将军朱据等数十名臣僚或灭族，或处死，或降职，或流放。如此，"二宫相争"的结果，正所谓"鹬蚌相争——渔翁得利"。孙亮当上太子后，很快便和小全氏完了婚。孙亮的生母潘氏成为孙权的皇后，而孙峻更当上了武卫将军。

潘皇后的父亲本是小吏，因违反法律被处死，后潘氏与姐姐一同没入宫中的织布工房为婢。孙权见到潘氏后，觉其非比寻常，遂从织布工房将其召入后宫。

当上了皇后的潘氏，马上就开始报复从前那些看不起她的宫人，对孙权也不像从前那么百依百顺了。更可怕的是，当孙权再次患病时，喜上眉梢的潘氏居然迫不及待地向东吴重臣们请教吕后掌权的手段。

此时，孙权追悔莫及，便想以"侍父疾"的名义重新召回废太子孙和。全公主孙鲁班再次联合孙峻等人，阻止了孙权的行动。不久后，全公主孙鲁班和孙峻更是通过孙权之手下诏：废太子孙和迁为南阳王，贬居长沙；另一位南阳王夫人所生的儿子孙休为琅琊王，出居丹杨；仲姬所生的儿子孙奋为齐王，出居武昌。

后宫中的侍从们眼看孙亮登基已成定局，潘皇后就要做皇太后了，不禁对未来深感恐慌。于是，侍从们便趁着潘皇后熟睡之机，将她勒死了。孙权虽然未见得对潘氏真的有什么情意，但后宫中的侍从居然在皇帝的眼皮子底下谋杀皇后，还是让孙权产生了英雄末路之叹。随后不久，孙权去世，少帝孙亮登基，全尚的小女儿全氏被立为皇后。全家一门五侯，成为东吴最有实权的外戚。最后，全公主孙鲁班成了最大的赢家。

孙权死后，两位托孤大臣孙峻和诸葛恪把持朝政。公元253年，全公主孙鲁班又联合孙峻借少帝孙亮之手将诸葛恪铲除，二人一同把持朝政。为了讨全公主孙鲁班的欢心，孙峻先将废太子孙和迁到新都，然后又派使者赐死孙和。孙和的正妻张氏也愤而自杀，但其小妾何姬说："若皆从死，谁当养孤？"于是，何姬努力生存下来，抚养她的儿子孙皓和孙皓的三个弟弟。后来，孙皓成为东吴的末代皇帝。

三、政变之后被流放

公元255年，东吴将领孙仪等人不服孙峻欲密谋将其除掉，不料事情败露，孙仪自杀。全公主孙鲁班便说朱公主孙鲁育也是孙仪的同谋，于是孙峻下令诛杀了朱公主。同时，朱公主的女儿、孙权第六子琅琊王孙休的王妃也受到牵连，最终被流放。公元256年，孙峻病故，其堂弟孙綝把持朝政。至此，全公主孙鲁班势力不再。

此时，厌恶孙綝专权的少帝孙亮开始追究朱公主孙鲁育被害之事，向知情的全公主询问朱公主的死因。但全公主栽赃于朱据之子，说："我实不知，皆据二子熊、损所白。"

朱熊、朱损是朱公主孙鲁育的第一任丈夫朱据庶出的儿子，而朱公主只给朱据生了一个女儿，即琅邪王妃。朱据被赐死后，朱公主改嫁给车骑将军刘纂。

少帝孙亮当即派遣老将丁奉诛杀了孙綝的亲信朱熊与朱损。此后，少帝孙亮和孙綝的矛盾越来越大。为了对抗孙綝，全公主孙鲁班与少帝孙亮结盟，准备设计擒杀孙綝。

公元258年，少帝孙亮与全公主孙鲁班、太常全尚、刘承等人讨论诛杀孙綝事宜。但全尚过于信任妻子（孙綝的堂姐），将这件事告知妻子，于是其妻便偷偷向堂弟孙綝密报了此事。孙綝连夜带兵缉拿了全尚，派其弟孙恩杀了刘承，后发动宫变废少帝孙亮为会稽王，改立孙权六子琅邪王孙休为帝。同时，孙綝把孙亮夫妇赶出宫外，押送到会稽居住。孙休的妻子琅琊王妃是朱公主的女儿，当上了皇后。

全公主孙鲁班被迁徙至豫章郡，而全尚则被流放至零陵郡。对于全公主孙鲁班最终的结局，有两种说法：一种是被孙綝流放到豫章郡后举家投降司马昭，另一种是在路上被人杀死。

纵观全公主孙鲁班的一生，历任两位丈夫皆是人中之龙，后又遇上堂侄孙峻权倾朝野，其感情经历倒是波澜壮阔。不过，全公主孙鲁班热衷权势，既影响了父亲孙权的立储，又参与了宫廷政变想杀当权的孙綝，甚至还害死了自己的弟弟和妹妹，其心肠和手段都是狠辣之极，最终得此结局也算是咎由自取。

当然，细看全公主孙鲁班的弄权，也可以发现她的权力其实还是建立在男人身上的。最初，全公主孙鲁班依赖的是父亲孙权，有吴大帝做后盾自然谁也不怕；后来，又多了一个丈夫全琮，他是孙权最信任的将领，官至吴国大都督；再往后，又出来一个侄子孙峻，权倾朝野。当这些人都离她而去之后，全公主孙鲁班碰到了更为强势的孙綝，最终便只能草草收场了。

不管怎样，全公主孙鲁班亲手搅乱了东吴内政，导致大量文臣武将凋零，也使得东吴国力逐渐削弱。同时，全公主孙鲁班因害死了自己的弟弟和妹妹等诸般行径，成为三国时期当之无愧的最狠毒的公主。

第二十四章

诸葛恪：号称比孔明还聪明，何以满门被诛

诸葛家族是汉末三国时期重要的政治家族：从东汉末年初露头角的第一代泰山郡丞诸葛珪，到第二代权力炙手可热的蜀汉丞相诸葛亮、东吴大将军诸葛瑾，再到第三代掌握大权的东吴权臣诸葛恪（203—253）以及名过其实的蜀汉卫将军诸葛瞻（227—263），都是官居显职，名播四方。直至诸葛瞻最后战死绵竹，诸葛恪被满门抄斩，诸葛家族的辉煌才告终止，但也可谓雄霸一方、势可敌国了。不过，诸葛恪是三国时期诸葛家族最后的荣耀，也正是因为诸葛恪后来的一系列犯糊涂的做法，才导致了整个诸葛家族的迅速湮灭。那么，诸葛恪到底是个怎么样的人呢？这一切都是怎么发生的呢？

一、号称比孔明聪明

在汉末三国的历史上，一直有这么一个特殊的群体——曹丕兄弟、袁谭兄弟、司马师兄弟，他们都属于广义上的"官二代"。但从某种程度上讲，他们都不是真正的"官二代"，而是"官N代"。同样，被曹操所杀的孔融和杨修等人，也属于"官N代"。实际上，汉末三国历史上真正意义上的"官二代"，只有孙坚的儿子孙策、孙权兄弟和诸葛瑾的长子诸葛恪等极少数。当然，诸葛瑾的长子诸葛恪不仅是"官二代"，而且还是个极有天赋的人，非常聪明。据《江表传》记载："恪少有才名，发藻岐嶷，辩论应机，莫与为对。"

　　诸葛恪，字元逊，是吴国大将军诸葛瑾的长子。诸葛恪少有才名，文采斐然，谈吐奇妙不凡，辩论灵活机敏，无人能与之匹敌。后来，孙权见到诸葛恪后，对他的才能感到非常惊讶，遂对其父诸葛瑾称赞道："蓝田生玉，果然名不虚传。"后世，"蓝田生玉"这个成语便用来比喻贤父生贤子、名门出贤良。诸葛恪成年后被拜为骑都尉，后来又成为孙权的太子孙登的宾客，前途似锦。

　　关于诸葛恪的聪明机敏，历史上有很多故事。

　　有一次宴会上，孙权问诸葛恪道："你的父亲和你的叔父（指诸葛亮）谁更优秀？"诸葛恪应声回答："我的父亲更优秀。"孙权问其原因，诸葛恪说："我的父亲知道应该服侍谁，而叔父不知，所以我的父亲更优秀。"孙权又问："你能不能比得上丞相（指诸葛亮）？"诸葛恪说："我胜过他。"孙权说："丞相受命辅佐处理政务，国家富足，刑法严明，民众安定。虽然昔日的伊尹遵循皇天的意旨，周公影响到四方极远的地方，也没有超过丞相多少，况且又是你叔叔，怎么可以说胜过他呢？"诸葛恪回答说："事实确实如陛下你说的一样，但是如果投靠昏庸的君主，甘心为非法的君主服务，违背天命，则不如我从容地效忠清明安泰的朝廷，为天下赞扬的君主效力。"孙权听罢大笑。诸葛恪这番回答可谓应对巧妙，明面上贬损自己的叔父诸葛亮，实际上是在夸孙权是明君。

　　所谓聪明，无非来自先天的遗传和后天的努力两个方面。事实上，先天的聪明，其实并不多见。作为吴国重臣诸葛瑾的长子，诸葛恪自幼便知道蜀汉丞相诸葛亮是他的亲叔叔，也知道人们常常将其父诸葛瑾与叔叔诸葛亮做比较。与此同时，对于孙权来说，诸葛瑾和诸葛亮兄弟二人谁更优秀，似乎也是一个可以比较的问题。因此，对于诸葛恪来说，其父母应该早已在家里教给他合适的答案了，自然而然也就能巧妙应对了。由此可见，有些聪明并非先天决定的，而是后天家庭教育的结果。

当然，作为一个出身权贵之家的"官二代"，诸葛恪仅仅够聪明是远远不够的，其第二个优势便是应变能力强。孙权经常拿为人忠厚老实的诸葛瑾来开玩笑，于是诸葛恪就经常帮父亲化解尴尬。一天，孙权差人牵一头驴来，在驴的脸上挂一个长标签，并写上"诸葛子瑜"字样。诸葛恪跪下来说："乞求给我一支笔增加两个字。"于是，孙权让人给了诸葛恪一支笔，他在后面接下去又写了"之驴"二字，于是标签就变成了"诸葛子瑜之驴"。孙权无可奈何，只好把这头驴赐给了诸葛恪。

作为出身于吴国重臣家庭的孩子，自幼在家里的所见所闻更多的是官场之间的斗智斗勇。作为"官二代"的诸葛恪，其青少年时代的必修课想必就有学会如何在官场上斗智斗勇，以捍卫整个家族的利益和尊严。

除了聪明、机敏，诸葛恪说话办事也很圆滑周到，总能夸人于无形，让人有如沐春风之感。这是诸葛恪的第三个优势，即性格优势。蜀国有使者到东吴，孙权遂召群臣集会。孙权对蜀国使者说："诸葛恪很喜欢骑马，回去告诉诸葛丞相，为他的侄子选一匹好马送来。"诸葛恪当即跪在孙权面前拜谢。孙权感到奇怪，问诸葛恪道："马还没有送到，你为何就当面称谢呢？"诸葛恪说："蜀国就好像陛下在外面的马厩。如今有了陛下的旨意，好马就一定能送到，我如何敢不谢呢？"从这一段简短的对话看，诸葛恪自己完全没有任何损失，还哄得孙权很开心，何乐而不为呢？

当然，诸葛恪说话的水平高，不但能哄吴大帝孙权开心，还能让那些久经沙场的老将们无法辩驳。这便是诸葛恪的第四个优势。

一次宴会上，孙权看诸葛恪年龄小，叫他依次给大家斟酒。诸葛恪斟到老臣张昭面前，张昭已有了几分酒意而不肯再喝，对诸葛恪说："这样的劝酒，恐怕不符合尊敬老人的礼节。"孙权对诸葛恪说："你能否让张公理屈词穷地喝下这杯酒呢？"于是，诸葛恪反驳张昭道："吕尚年九十，依然高举白旄，手持兵器，指挥部队作战，还没有告老还乡。如今战场上的事，将军你跟在后边；聚会饮宴的事，将军你总被请到前面，这还不够尊敬老人？"张昭无话可说，只好饮酒。

另一次聚会，有只白头鸟飞停在宫殿前。孙权随口问道："这是什么鸟？"诸葛恪答道："这是白头翁。"张昭年龄最大，满头白发，怀疑诸葛恪在戏弄他，便对孙权说："从来没有听过有鸟叫这个名字，如果有'白头翁'，那诸葛恪能再找出一只'白头婆'吗？"诸葛恪答道："不是所有鸟的名字都能成双成对，有种鸟叫'鹦母'，将军能再找出一只'鹦父'吗？"张昭不能回答。

二、平山越稳操胜券

诸葛恪毕竟是"官二代"，加之又有以上诸多天赋，长大以后走上官场也是必然的。诸葛恪做官之后，除了本身的天赋异禀，他的实干能力也很强，绝对属于"全能型选手"。

从孙策执政时期的公元198年以来，到诸葛恪三十而立之时的公元233年，丹杨的山越人已作乱三四十年，成为东吴政权的一大隐患。东吴政权屡伐山越人，虽然屡有所胜，但因为丹杨的山越人在山区，经常游击出战，始终没有剿灭干净。诸葛恪却屡次上书孙权，要求率军讨平丹杨山越，并立下军令状表示不仅要讨平山越人，而且三年内就可征得甲士四万人。

朝中官员议论纷纷，认为丹杨地势险阻，地形四通八达，那里的百姓自制兵器，崇尚习武，出山就为强盗，遇征讨就躲回山中不见踪影，因此自汉朝以来就无法管制。当时，人人皆认为诸葛恪的想法不太可能实现，连其父诸葛瑾亦认为不会成功，更说："恪不大兴吾家，将大赤吾族也。"意思是，诸葛恪不会兴盛我们诸葛家族，反而会给家族带来灭顶之灾。

公元234年，由于诸葛恪坚称他必会成功，于是孙权提拔诸葛恪为抚越将军，领丹杨太守，拨给他手执棨戟的骑兵三百人。授官仪式完毕后，孙权还特意命令摆好仪仗，兴作鼓吹，引导簇拥着诸葛恪回家。诸葛恪到任后，采用武力围困与招抚并用的策略，发放公文给四郡所辖属县的长官，命令各郡严守疆界、严肃法纪，已归顺的山民一律设屯聚居。随后，诸葛恪调集各路将领，派兵据守险要峪口，修筑围困工事，不与山越交兵，并令士兵全部抢收田野成熟的稻谷。山越人新谷无收，旧谷食尽，因饥馑而被迫出山归降。诸葛恪下令："山民扬弃恶习，接受教化，应当安抚。迁到外县的山民，官府不得随便怀疑，加以拘禁。"山民周遗曾横暴为恶，如今困迫无路，只好出山，但心仍存异志，准备伺机为乱。臼阳县长胡伉知周遗心思，把他绑送到郡府。然而，诸葛恪认为胡伉违反了"不得拘禁山民"的教令，遂将其斩首。山民听说胡伉被杀经过，知道官府只是想让大家出山，没有别的意思，于是大批山民扶老携幼地纷纷归降。三年后，诸葛恪先后收服山民达十万余人，与预期的效果完全相同。诸葛恪将其中壮丁四万余人编入军队，自己统领一万人，其余的分给了其他各位将领。孙权嘉赏诸葛恪的功绩，派尚书仆射薛综赴军慰劳，拜诸葛恪为威北将军，封都乡侯。诸葛恪请求率兵在庐江皖口屯田，他到皖口后派轻兵袭击舒县，俘获该县百姓，然后回军。诸葛恪还向远处派遣侦察人员，察看道路和险要关隘的形势，想要攻取寿春，但孙权认为时机不成熟，没有同意。

公元245年，陆逊病逝，诸葛恪升任大将军，接替陆逊镇守荆州。

三、成败全都因伐魏

由于孙权的长子（太子）孙登、次子孙虑早年去世，三子孙和遂被立为太子，后与四子鲁王孙霸因为争太子之位而导致朝野大乱（"二宫之争"）。于是，孙权废黜三子孙和的太子之位，赐死四子鲁王孙霸。五子孙奋之母是袁术孙女仲姬，因此政治因素而被排除在继承人之外。最后，六子孙休和七子孙亮二人年龄相差八岁，但孙亮时年八岁，生母潘氏为小吏之女，同时宠臣孙峻和全公主孙鲁班用力推之，故孙亮被立为太子。

　　由于太子孙亮年龄太小，于是孙权仿照刘备和曹丕等人的办法立辅政大臣。群臣都属意于诸葛恪，但孙权嫌弃诸葛恪刚愎自用的性格。孙峻认为当今朝臣没有比得上诸葛恪的而坚持担保他，于是孙权征诸葛恪来建业。诸葛恪在孙权病床前受诏："吾疾困矣，恐不复相见，诸事一以相委。"诸葛恪悲泣道："臣等皆受厚恩，当以死奉诏，愿陛下安精神，损思虑，无以外事为念。"孙权便令大将军诸葛恪兼太子太傅，中书令孙弘兼太子少傅，太常滕胤、右将军吕据、侍中孙峻等人亦为托孤大臣。这时，诸葛恪为托孤之首，位高权重。可以说，诸葛恪已然到了人生中最辉煌的时候，而他对未来也是信心满满，立志北伐来展现自己的雄心壮志。

　　公元252年，孙权病危，又召集诸葛恪、孙弘、太常滕胤、将军吕据以及侍中孙峻处理身后事。孙权去世后，由于太子少傅、中书令孙弘平时和诸葛恪不和，害怕被诸葛恪整治，于是想先下手为强封锁孙权去世的消息而密不发丧，并想假造诏书杀掉诸葛恪；而另一托孤大臣侍中孙峻将孙弘的密谋告诉了诸葛恪。诸葛恪不动声色，派人请孙弘前来议事，然后在席中把孙弘杀了。然后，孙权发丧，太子孙亮即位，拜诸葛恪为太傅，滕胤为卫将军，吕岱为大司马。可以想象，孙权布置孙弘、诸葛恪这对冤家共同辅政少帝，目的是让这两个有实权的人互相牵制而其他辅政大臣平衡，但是没料到孙弘和诸葛恪一开始就决出了胜负，如此只能说孙权只看到了开头而没算到结果。

　　诸葛恪主政后，为收取民心广施德政，取消监视官民情事的制度，罢免耳目之官，免掉拖欠的赋税，取消关税。可以说，诸葛恪的每一举措都尽量给百姓以德泽实惠，民众无不高兴和称赞。诸葛恪每次外出，都有很多人引颈相望，想一睹其风采。

吴大帝孙权去世后，作为东吴第二任皇帝孙亮的第一托孤大臣，诸葛恪需要一场军事上的胜利来证明自己的能力。与此同时，在曹魏方面，自从权臣司马懿去世后，司马懿之子、颇有野心的司马师也同样需要一场军事上的胜利来证明自己的实力。于是，双方磨刀霍霍，一场大战随时可能发生。

可是，这场恶战会在哪里发生呢? 诸葛恪把目光对准了长江北岸的东兴（今安徽省含山县）。当孙权去世后，诸葛恪便算准曹魏权臣司马师会趁东吴皇位迭代且政局不稳之机南下攻吴。所以，诸葛恪马上调集军队在东兴建筑大堤，东与濡须山、西与七宝山相接，中间建筑了两座城堡，各留一千多人作为前哨，以防备魏军偷袭。公元252年冬，魏军胡遵、诸葛诞果然率众七万攻打东兴。

由于两座城堡地势险要、易守难攻，魏军倾巢出动，一举占据了大堤，进而围攻两座城堡。诸葛恪闻讯，亲自率军到东兴前线驰援。但是，对东吴来说，敌众我寡，这场战役怎么打呢? 诸葛恪命冠军将军丁奉带所部人马，丢弃所有手中的长枪和身上的铠甲，然后裸衣爬上东兴大堤。当时，正值漫天飘雪十分寒冷，胡遵等魏将纷纷饮酒御寒，士兵们也都围坐一团烤火取暖，但一群习惯了干冷的北方人在巢湖大堤上仍然被冻得手脚发木。当魏将见到东吴的人马如此裸衣上阵，他们只顾大笑而全然毫无戒备。魏军根本就不知道，东吴军队已经习惯了南方冬天这种湿冷的天气，更关键的是下雪天穿铠甲更加冻人，而且爬上大堤之后长兵器不如短刀更为方便，所以吴军才会裸衣上阵。在爬上东兴大堤之后，丁奉所部立即突袭魏军营垒，吕据、留赞、唐咨等部也相继到达。魏军惊慌而逃，因争渡浮桥超载而断，落水及互相践踏的死者皆有万人，而魏军留下的大批军需物资均被吴军缴获。

作为诸葛恪的成名之战，东兴之战中诸葛恪的表现颇为可圈可点：一是事先便有准备，不但建筑了大堤，而且还在大堤上建筑了两座城堡，正是这两座城堡为东吴军队的反攻直至胜利奠定了必要的基础；二是在战场瞬息万变且随时有生命危险的情况下，诸葛恪敢于亲自到前线驰援并指挥；三是诸葛恪居然能在大雪纷飞的寒冷冬日想出裸衣上阵让对方毫无戒备的计策。

当然，每个人都会有缺点和问题，天赋异禀、才干卓著的诸葛恪也不例外。诸葛恪出身好、天赋佳、能力强，但他身上有个致命的缺陷，用现代的话说就是"逆商"太低，因为他从小活在赞誉中，盛名之下便极度自傲，而极度自傲则会产生极度盲目，从而无法认清现实。

东兴之战获胜后，诸葛恪对司马师掌控的曹魏政权产生了轻敌之心。公元253年初夏，诸葛恪不顾群臣劝阻，发兵二十万攻魏之合肥新城。结果久攻不克，士卒疲劳，加上天热和饮水等原因患腹泻、脚气病的达半数以上，死的伤的更是随处可见。此时，诸葛恪虽自知攻魏失策，但又以攻城不下为耻，遂怒形于色。将军朱异提了点不同看法，诸葛恪大怒并立夺其兵权；都尉蔡林屡次献策，诸葛恪都不采纳，于是导致其策马投魏。魏国知晓吴军疲病后，命司马孚、毌丘俭趁势率军疾进合击吴军。公元253年夏末秋初，诸葛恪被迫率军撤退，回到建业。一路之上，吴军士卒受伤染病流落于道路，有的倒地填沟，有的被魏军捕获。就这样，诸葛恪不接受自己的失败，让无辜的人为此付出了惨重的代价，但其仍然安然自若。从此，东吴百姓对诸葛恪大为失望，怨恨情绪产生并愈演愈烈。

四、权臣诸葛恪被诛

公元253年冬，孙峻和吴主孙亮定下计策，置酒请诸葛恪赴宴。

在诸葛恪将要晋见孙亮的头天晚上，他的精神烦躁不安，通宵不能寐。

天亮起床后，诸葛恪洗漱时总闻到水里有腥臭味，侍者递给他衣服时也觉得有臭味。诸葛恪对此感到奇怪，换水换衣仍觉臭味依旧，不禁惆怅不乐。诸葛恪整装后快步走出来，但家里的狗咬住了他的衣服。诸葛恪说："狗不想让我去吗？"回来坐下，过了一会儿又起身，但狗又过来咬住了他的衣服。但是，诸葛恪权衡之后令随从赶跑了狗，遂登车上路。

到了要朝见吴主孙亮时，诸葛恪将车停在宫门之外，逡巡未入。孙峻此时已在帷帐内埋伏了士兵，担心诸葛恪不按时进来事情败露。于是，孙峻出来迎接诸葛恪说："使君若尊体不安，自可须后，峻当具白主上。"想以此来试探诸葛恪。诸葛恪说："不自觉入。"这时，散骑常侍张约、朱恩等偷偷写条子给诸葛恪，上面写着："今日张设非常，疑有他故。"诸葛恪看到后准备返回，在大门处遇到了太常滕胤。诸葛恪说："卒腹痛，不任人。"滕胤不知孙峻的计划，对诸葛恪说："君自行旋未见，今上酒请君，君已至门，宜当力进。"诸葛恪犹豫了一会儿又返回去，遂带剑上殿，向吴主行礼入坐。侍者端上酒来，诸葛恪迟疑不饮。孙峻说："使君病未善平，当有常饮药酒，自可取之。"诸葛恪喝着自己带来的酒，心情这才安定下来。酒过数巡，吴主孙亮起身回内殿，孙峻假托如厕脱掉长衣，换上短装，出来后却厉声喝道："有诏收诸葛恪！"诸葛恪惊起欲拔剑，尚未出鞘，孙峻的刀却已经接连砍下。随从张约从旁边砍杀孙峻，反被裁去左手、砍断右臂。此时，卫士皆冲上殿来，孙峻说："所取者恪也，今已死。"于是命令刀剑入鞘，把宫殿打扫干净，继续饮酒。

先前有童谣唱道："诸葛恪，芦苇单衣篾钩落，于何相求成子阁。"成子阁，其反语即"石子冈"。建业城南有一条长长的丘陵，名为"石子冈"，是埋葬死人的地方。钩落，就是校饰皮带的东西，民间称它为"钩络带"。诸葛恪死后，被苇席裹了身体用竹篾束在腰上，然后抛尸在石子冈。

纵观诸葛恪的一生，幼年时聪慧异常，替父亲解围，为世人所喜；长成后拜入东吴最贤明的太子孙登麾下，结为知己；而后靠着平定山越之功，封侯拜将；直到拜大将军，受孙权临终所托总领朝政；再到新率大军战东兴，终大捷扬威天下；其后一意孤行再伐魏，终致民怨沸腾。最终，诸葛恪落了个乱刀砍死的下场，不禁令人唏嘘。换言之，诸葛恪聪明一世，极度自傲，而极度自傲带来的极度盲目终究害了他。

第二十五章

濮阳兴和张布：三国最不靠谱的托孤重臣

在中国古代历史上，帝王临终前把自己年幼的儿子托孤给重臣屡见不鲜。这样的托孤虽然有成功的案例，比如刘备白帝城托孤给诸葛亮，但毫无疑问绝大部分的托孤都没达到期望的效果，甚至还导致帝位易主、国家动荡。三国时期最不靠谱的托孤重臣东吴丞相濮阳兴（？—264）和左将军张布（？—264），便是其中最为著名的代表。

一、交好孙休始发迹

濮阳兴，字子元，陈留（今河南省开封市）人。其父濮阳逸与陈国陈融、沛郡蒋纂、广陵袁迪等人皆是单贫有志之士，与吴郡人陆瑁交游相处，而陆瑁常分出自己珍美物品与他们共同享受。东汉末年，濮阳逸躲避战乱到江东，官至长沙太守。

濮阳兴少时有才士的声名，在孙权时期任上虞县县令，逐渐升至尚书左曹，以五官中郎将的身份出使蜀国，回朝后任会稽太守。

当时，琅琊王孙休居住在会稽，濮阳兴与他交结深厚。

公元252年夏，权臣诸葛恪将孙权第六子孙休迁往丹杨居住，并授意手下人多次以律法为由侵扰他。孙休不胜其扰，便接连向朝廷奏请迁居会稽，得到诸葛恪批准。孙休迁居会稽六年间，濮阳兴跟他深相结纳，两人由此建立亲密关系。公元258年秋，权臣孙綝废黜少帝孙亮，并在濮阳兴和左右将督张布等人建议下迎立孙休为帝。

张布在孙休受封为琅邪王时为左右将督，素见信爱。孙休即帝位后，张布因辅导勤劳，由长水校尉迁为辅义将军，封永康侯。孙休又征召濮阳兴入朝任太常、卫将军，负责军国事务，封爵外黄侯。

孙休即位不久，丞相孙綝带着牛酒请孙休饮食，孙休不接受。孙綝遂请张布一同饮食，喝到尽兴时孙綝口出怨言道："初废少主时，多劝吾自为之者。吾以陛下贤明，故迎之。帝非我不立，今上礼见拒，是与凡臣无异，当复改图耳。"张布遂将这件事情告诉孙休，孙休怕孙綝会作乱犯上，于是对其多次给予赏赐。孙休、孙綝的关系逐渐恶化，孙綝求出屯武昌。孙休手下说孙綝打算谋反，孙休密问张布，于是孙休、张布等人密谋诛杀孙綝。张布向孙休推荐丁奉，说："丁奉虽不能吏书，而计略过人，能断大事。"孙休于是召丁奉前来，对丁奉说："綝秉国威，将行不轨，欲与将军诛之。"丁奉回答："丞相兄弟友党甚盛，恐人心不同，不可卒制，可因腊会，有陛下兵以诛之也。"孙休采纳此策。

公元259年1月18日，东吴进行腊祭，孙綝以身体不适为由拒绝出席。孙休派出使者十余人去请其赴宴，孙綝无法再推托，只得前往。行前孙綝与家中约定，在宴会过程中家人可在府内放火，他就以这个借口伺机返回。后来，孙綝见府中火起，于是向孙休请求返回，孙休不准。孙綝准备强行离席，丁奉、张布此时示意左右将孙綝捆绑起来，同日孙綝伏诛。

孙綝死后，孙休以左将军张布讨奸臣有功，加封他为中军督，并封其弟张惇为都亭侯，并给兵三百人以张惇之弟张恂为校尉。

二、专擅国事被托孤

公元260年，都尉严密修建丹杨湖田，筑浦里塘（江苏省南京市溧水区）。孙休诏令百官相聚商议，都认为费工太多而湖田不保证能造成，只有濮阳兴认为可以成功。于是，濮阳兴召集众多兵士、百姓前去兴修，工程所费人力财力不可胜数，士卒死的死、逃的逃，百姓十分怨恨。

公元262年冬，濮阳兴升任丞相。孙休以濮阳兴与左将军张布过去对自己即帝位有恩，故而将重要事务委托给他们。张布掌管官内官署，濮阳兴执掌军国大事，二人互为表里，群臣失望。

孙休专心于古典书籍，想与博士祭酒韦曜（204—273）、博士盛冲讨论学问理论和技艺。但韦曜、盛冲两人一向耿直，张布害怕他们入侍皇帝后会用古今事例警诫孙休、揭发自己的过失，使自己不能独断专行，故在孙休面前胡诌并花言巧语，以阻止孙休与韦曜、盛冲两人接近。孙休回答说："孤涉猎学问，各种书籍都浏览一遍，所读的东西不少了。那些明君昏主、奸臣贼子、古今贤愚成败的事情，我无所不知。现在韦曜等进宫，只是想他们与我讨论和讲解书而已，不是说我再就韦曜等人从头学习，即使跟他们从头学起，又有什么损失的呢？你只是担心韦曜等人说出臣下奸诈邪恶的事，故此不想让他们入宫。像这样的事情，孤早已有所防备，不须韦曜等人说出来后才知晓。这些都没有什么损害的，你只是因为心里有所顾忌而已。"

得此诏书后，张布马上向孙休表示歉意，重新改换口气陈述，说是担心孙休读书讨论会妨碍政事。孙休回答说："书籍这东西，就怕人们不去喜爱它，喜欢读书并无坏处，无所谓不是。你认为不应该，是因为孤有所爱好而已。政务与学业，两者各有不同，互不相碍。想不到，你如今任官行事，对我进行这方面的管束，实在不可取。"

张布奉上奏表，叩头请罪。孙休回答说："姑且相互开导，怎至于到叩头谢罪的地步呢？像你的忠诚，远近都知道。以往的事情令我感激，这就是你今日显赫的原因。《诗经》有言：'靡不有初，鲜克有终。'善终实在困难，希望你能有始有终。"

孙休知道张布获得大权后做出了许多无礼的事情，明白他是害怕被揭发，但其心里也对此不痛快，更担心张布因此怀疑畏惧。最终，孙休同意了张布的意见，废止自己讨论学问的行动，不再让韦曜、盛冲等人入宫。

公元264年秋，孙休病重不能说话，于是手书唤濮阳兴入宫，令太子孙𩅦出来拜见。孙休抓着濮阳兴的手臂，指着太子孙𩅦，将他托付给了濮阳兴。

事实上，放眼整个东吴，每位皇帝身边都出现了有强权的辅臣。孙权即位之初，"内事不决问张昭，外事不决问周瑜"，周瑜去世后鲁肃、吕蒙和陆逊分别握有军中大权。孙亮即位后，先是诸葛恪，后有孙峻、孙綝兄弟。因为自孙策开创基业开始，就是以"外来户"的身份入主江东，想要站稳脚跟就必须得到江东各大世族的支持，但作为皇帝又势必不甘心做这些世族手中的提线木偶，因此就会培养从北方流亡到江东的所谓"流亡北士"作为自己的心腹。到孙休时代，这种局面并未发生大的改变，而濮阳兴便是一名典型的"流亡北士"。

公元264年9月3日，孙休去世。当时，太子孙𩅦只有十岁上下，而蜀汉政权刚刚灭亡，东吴的交趾地区又发生叛乱。在此大背景下，吴国朝臣认为应该改立年长的君王。左典军万彧曾担任乌程令，素来与乌程侯孙皓友好，于是多次在濮阳兴、张布面前说乌程侯孙皓才识明断，能与长沙桓王孙策相比，且又好学、奉遵法度。

张布、濮阳兴二人计议认为当下正是多事之秋，太子幼弱恐怕难以保国，不如迎立乌程侯孙皓，便把此事禀告给太后朱夫人（孙休之妻）。朱夫人说："我只是个寡妇，怎么懂得社稷大事呢？只要能保证吴国无损，宗庙有所依赖就可以了。"濮阳兴、张布便废孙休的适子（嫡子）而迎立乌程侯孙皓为帝。孙皓即位后，加授濮阳兴为侍郎，兼任青州牧。

三、托孤重臣被夷族

孙皓生于公元242年，是孙权三子、废太子孙和的长子。孙峻杀孙和后，其正妻张妃也跟着殉情自杀，而偏房何姬（孙皓的生母）说："如果都死了，谁来养孩子呢？"于是孙皓和三个异母弟一起被何姬抚养大。然而，由于童年丧父的阴影影响，孙皓是一个严重的精神病患者。孙休即位后，封他的侄子孙皓为乌程侯，并且聘娶滕牧的女儿滕芳兰为正妃。在前往封地途中，一个叫景养的西湖居民给孙皓看相后说他将来的前程不可限量，于是孙皓心里很高兴，但不敢向外人泄露。

公元264年秋，孙皓被迎立为帝，时年二十二岁。

人越是位高权重，做事越要慎重。然而，濮阳兴、张布、万彧迎孙皓为帝则是选人不当，不仅三人皆受其害，而且连带害死无数人，并加速了东吴的灭亡。

孙皓即位后，采取了一系列的举措来巩固自己的帝位。一方面，孙皓大行封赏，将迎立有功的丞相濮阳兴加封侍中，兼领青州牧；左将军张布升为骠骑将军，加封侍中；又把吴国宿将施绩、丁奉升为左、右大司马，以拉拢臣子。另一方面，孙皓发放粮食救济穷人，从皇宫放出大量侍女让她们可以婚配，并放归宫中圈养的一些野兽，以一系列惠民政策来争取民心。当时，人们都把孙皓称为明主。

然而，权力容易滋生腐败，更容易暴露一个人的真实面目。一段时间后，初时治国有成、志得意满的孙皓便显露出鲁莽暴躁、骄傲自满、迷信以及好酒色的一面，并设立了诸多酷刑。孙皓曾杀死或流放多名东吴宗室，如杀害孙奉，流放孙霸二子，诛杀孙奋及其五子，杀死异母弟孙谦、孙俊等。在孙皓统治之下，群臣只要对朝政稍有微词，就会丢掉性命。为了威慑群臣，孙皓特意重用酷吏，并让他们设计出诸般酷刑，其中最残忍的莫过于剜眼和剥面皮。孙皓如此残暴好杀，以至宗室、大臣们每次上朝之前都要和家人做诀别，一旦平安回来便不啻重生一次。就这样，朝堂内外人心唯危，没有人会感到安全。

除滥杀以外，孙皓还沉溺于酒色和营建之中，在国内大范围征集五千名美女入宫，以供其玩乐，同时在建邺、武昌等地大规模营造宫室，导致劳民伤财、怨声四起。除此之外，孙皓还痴迷于谶纬之学，经常凭借运历、望气、筮卜、谶语之类来决定如迁都、战争、皇后废立等重大事件，并梦想着消灭晋朝、统一南北。上述行为，无疑把东吴搞得乌烟瘴气，为它的灭亡埋下了伏笔。

对于孙皓的种种暴虐荒唐举动，濮阳兴看在眼里忧上心头，为此难免会和张布在暗地里唉声叹气，悔不该当初背弃孙休的遗嘱改立孙皓为帝。然而，濮阳兴和张布绝没想到，他们的一举一动早就被万彧盯上，而后者一直想取代他们的位置。

为此，万彧在紧张搜罗一番"罪状"后，便在孙皓面前控告濮阳兴、张布在背后诽谤皇帝并准备行废立之事。孙皓虽然表面上尊崇濮阳兴、张布，但内心很忌惮两人的权势，总想找个机会把他们铲除，而万彧的控告无疑是再好不过的借口。正因如此，孙皓利用上朝议政的机会，派侍卫抓捕濮阳兴、张布，随即把他们流放到广州。然而，孙皓在万彧的撺掇下很快又改变主意，派人在半路上杀死濮阳兴、张布，并夷灭其三族。时在孙皓即帝位的同年冬，距其上台仅仅四个月而已。

张布被杀后，孙皓强纳张布的小女儿入后宫并宠幸。一日，孙皓问小张氏："你父亲在哪里？"小张氏答道："被贼人所杀！"孙皓听后大怒，将小张氏棒杀。之后，孙皓又思念小张氏美色，便令能工巧匠以木头刻出其形象置于座旁。孙皓又问身边的人："张布还有女儿吗？"身边的人答道："张布的大女儿嫁给了曾担任卫尉的冯朝之子冯纯。"孙皓听后当即将冯纯的妻子夺入自己后宫并大为宠幸，不再理朝政。张布的大女儿死后，孙皓将她大葬于苑中，"作大冢"。孙皓也在冢中治丧半年不出，甚至由于葬礼太过奢华被人以为是孙皓自己死了。

万彧又如何了呢？万彧凭借自己与孙皓有深交而屡次劝谏，惹怒了孙皓，也招来杀身之祸。公元272年，万彧与留平商议废立之事，但走漏了消息。孙皓宴请万彧、留平二人，并在酒中下了毒。负责添酒的侍者偷偷减少了赐给万彧的酒量，而留平用药解毒，二人才逃过一劫。万彧回家后，在忧郁之中自杀。一个月后，留平也抑郁而死。

吴国原本就不太强盛，自孙权之后又屡遇奸佞当道、国主残暴，以致名臣凋零、国力孱弱，于是就渐渐出现了土崩瓦解的趋势。在孙皓这样残暴的国君手里，吴国的灭亡就只是时间问题了。诸如濮阳兴这样身居宰辅的重臣，却虑不经国，协张布之邪，纳万彧之说，最终搬起石头砸了自己的脚，可谓误人误己又误国。